Skål, Admiral von Schneider!

SERIE PIPER

Zu diesem Buch

Die Trinkfreudigkeit der Skandinavier ist berühmt-berüchtigt. Schon den Wikingern eilte der Ruf voraus, raufen, feiern und vor allem Unmengen an Met trinken zu können. Ihre Nachfahren scheinen dem in nichts nachzustehen. Zahlreiche bekannte skandinavische Autorinnen und Autoren von Elmer Diktonius und Anna-Leena Härkönen bis zu Peter Seeberg und Laila Stien erzählen von wilden Gelagen, unklugen Lebensentscheidungen, fatalen Begegnungen und alkoholgeschwängerten Verstrickungen mit dem Schicksal. Ob wüst und komisch, ob zutiefst melancholisch oder liebevoll spöttelnd: Diese Geschichten gewähren einen tiefen Einblick in die Seele unserer nordischen Nachbarn.

Gabriele Haefs, geboren 1954 in Wachtendonk, *Christel Hildebrandt*, geboren 1952 in Lauenburg, und *Dagmar Mißfeldt*, geboren 1964 in Hamburg, leben heute als Übersetzerinnen und Herausgeberinnen in Hamburg. Sie haben renommierte Autoren wie Jostein Gaarder, Håkan Nesser, Anne Holt, Lars Saabye Christensen oder Liza Marklund ins Deutsche übertragen und viele erfolgreiche skandinavische Anthologien, darunter »Racheengel«, herausgegeben.

Skål, Admiral von Schneider!

Die schönsten skandinavischen Geschichten rund ums Trinken

Herausgegeben von
Gabriele Haefs, Christel Hildebrandt und
Dagmar Mißfeldt

Mit 20 Zeichnungen von Günther Jakobs

Piper München Zürich

Mehr über unsere Autoren und Bücher:
www.piper.de

Von Gabriele Haefs, Christel Hildebrandt und Dagmar Mißfeldt herausgegeben, liegen bei Piper im Taschenbuch vor:
Racheengel
Skål, Admiral von Schneider!

Ungekürzte Taschenbuchausgabe
Dezember 2008

Deutsche Erstausgabe:
Typographische Werkstatt & Verlag Stegemann, Radebeul / Dülmen 2003
Umschlaggestaltung: Cornelia Niere, München
Umschlagabbildung: plainpicture / Deepol / Frank Kunert
Illustrationen: Günther Jakobs
Satz: Typographische Werkstatt & Verlag Stegemann
Druck und Bindung: CPI – Clausen & Bosse, Leck
Printed in Germany ISBN 978-3-492-26289-7

Inhalt

Vorwort

»IN MOSS GEHT MAN zweimal pro Woche aus. Und zwar immer an denselben zwei Tagen. An diesen Tagen trinkt man, bis man umfällt. Das ist in Ordnung so. Sollte man jedoch an einem anderen Tag ausgehen, mitten in der Woche, dann wäre das nicht in Ordnung. Man kann dann drei Bier trinken und nach Hause gehen und gilt trotzdem als Problemfall. Ich bin ein Problemfall.«

So beschreibt der norwegische Autor Jonny Halberg die Trink-Etikette in seiner norwegischen Heimat.

Für Außenstehende können die Trinksitten im Norden wirklich wie ein Kuriositätenkabinett wirken. Da werden Wein und Schnaps nur in düsteren staatlichen Läden mit Namen wie »Vinmonopolet« oder »Systembolaget« oder »Alko« verkauft, die immer dann geschlossen haben, wenn man sie am dringendsten braucht, samstags nachmittags zum Beispiel oder am Tag vor einem Feiertag. Da bringen Festgäste ihre eigene Flasche mit, trinken nur selbst daraus und hüten sie eifersüchtig, damit ja niemand ihnen einen Tropfen des kostbaren Naß wegtrinkt. Da ist es – in Norwegen und Finnland – verboten, sich mit dem mühsam ergatterten Getränk auf eine Parkbank zu setzen, so als könne der Anblick von in der Öffentlichkeit Alkohol konsumierenden Menschen der Allgemeinheit Schaden zufügen und andere zur Nachahmung anregen. Daß zehn Meter weiter, im Parkcafé, die Gäste vor Augen der zartbesaiteten Öffentlichkeit die gleichen Getränke zu sich nehmen, gilt dagegen als ungefährlich, vermutlich, weil diese Gäste einen gewaltigen Preis gezahlt haben, denn Alkohol ist teuer im Norden.

Wie schon in alten Zeiten die Wikinger, so zeichnen sich heutzutage auch ihre Nachfahren nicht nur durch Reiselust, sondern auch durch Trinkfestigkeit aus. Weshalb alle norddeutschen Küstenstädte die berüchtigten Sufftouristen aus Skandinavien kennen, Reisegruppen, die in Bussen hergeschafft werden, um sich mit – für ihre Verhältnisse – billigen Getränken mal so richtig vollaufen zu lassen. Und weil es zwischen den nordischen Ländern ein starkes Preisgefälle gibt, sind diese Reisenden auch in Dänemark, dem Land, in dem der Alkohol am billigsten ist, berühmt und berüchtigt. Wie sehr, das zeigt eine kleine Episode aus einer Kopenhagener Straßenbahn: Vormittags, die Straßenbahn hält, einige Meter neben der Haltestelle kniet ein Mann auf dem Boden und kotzt. Ein Kind, vielleicht drei oder vier Jahre alt, fragt seine Mutter: »Mama, ist der arme Mann krank?« Die Mutter winkt ab: »Nein, das ist ein Schwede.«

Auf Island schließlich, wo alles noch anders ist und der einheimische Schnaps, dessen Konsum nur unbeschadet übersteht, wer von Kindesbeinen an daran gewöhnt ist, »Schwarzer Tod« heißt, war bis vor wenigen Jahren der Import von Bier strengstens untersagt. (Warum Bier als gefährlicher galt als der hochprozentige »Schwarze Tod«, bleibt ein weiteres Geheimnis der geheimnisvollen Alkoholgesetzgebung der nordischen Länder.) Islands mit dem Nobelpreis gekrönter Nationaldichter Halldór Laxness schildert in seinem Roman »Die Litanei von den Gottesgaben« folgendes Schreckensszenario: Gerüchte verbreiten sich, es seien in einem kleinen Hafen im Norden Islands mehrere Fässer Bier an Land gebracht, bei Nacht und Nebel, und offenbar schon ins Landesinnere geschafft worden. Entsetzen breitet sich aus bei den Temperenzlerverbänden und allen, denen das Wohl des Volkes am Herzen liegt. Was, wenn das Bier in die Hände der heranwachsenden Jugend gerät? Die

Folgen sind nicht auszudenken. Das Bier bleibt verschwunden, doch nach einigen Tagen kommen Erklärung und Entwarnung: Die Tonnen enthalten kein Bier, sondern Arsen. Das ganze Land atmet erleichtert auf und ruft: »Gott sei Dank, daß es kein Bier war!«

Ob der erschwerte Zugang zum Alkohol die Leute vom Trinken abhält, darüber streiten sich die Gesundheitspolitiker. Daß Not erfinderisch macht, ist eine bekannte Tatsache, und die Statistiken sprechen eine deutliche Sprache: In Norwegen ist schätzungsweise nur ein Drittel des dort konsumierten Alkohols auf legale und hochbesteuerte Weise in den staatlichen Monopolläden erworben worden. Das zweite Drittel wird aus dem Ausland eingeschmuggelt, beim letzten Drittel handelt es sich ganz einfach um schwarzgebrannten Fusel. Regelmäßig melden die Zeitungen, daß in Oslo nach einer Razzia ein Nobelrestaurant dichtmachen mußte. Nicht etwa wegen unhygienischer Zustände in der Küche, wie wir das aus anderen Ländern kennen, sondern weil in der Bar Wodkaflaschen entdeckt wurden, in denen der edle Wodka nur noch als Spurenelement vorhanden war. Aufgefüllt wurden die Flaschen mit Schwarzgebranntem. Vor einigen Jahren meldete Islands meistgelesene Tageszeitung, *Morgunblaðið,* einen Triumph der isländischen Polizei: Sie hatte die größte Heroinmenge beschlagnahmt, die je auf der Insel gesichtet worden war, ein ganzes Gramm. Dieselbe Ausgabe der Zeitung meldete, daß die Polizei in der vergangenen Woche nicht weniger als drei illegale Bierbrauereien ausgehoben und danach Bier im Werte von vielen Millionen isländischer Kronen vernichtet habe, doch das ist alltäglich, keine Sensation.

Solche Verhältnisse inspirieren natürlich auch die Literatinnen und Literaten wie die drei Herausgeberinnen der vorliegenden Anthologie. Gemixt haben wir einen Cocktail aus nordischen Geschichten über den Alkohol, der besungen, gefeiert und verflucht wird. Wir laden unser Lesepublikum zu einer literarischen Verkostung dieses hochprozentigen Inhalts ein. »Skål!« wie schon Admiral von Schneider, einer der bekanntesten schwedischen Trinker, die Hacken zusammenschlagend, jedes Jahr zu Silvester ausruft.

Gabriele Haefs, Christel Hildebrandt, Dagmar Mißfeldt

ANNA-LEENA HÄRKÖNEN

Der Lottogewinner

SIE LAGEN NEBENEINANDER unter einer großen Decke im Bett, die drei blassen, nicht ganz schlanken Frauen.

»Immer gewinnen im Lotto die falschen Leute«, sagte Leena.

Sanna und Eeva brummten zustimmend.

»Und dann versaufen die das Geld auf Nimmerwiedersehen, so wie dieser Typ da, dieser Sulkanen aus Kauniainen«, fuhr Leena fort. »Stellt euch vor, der hat die ganzen drei Millionen vom Lottogewinn versoffen. Hat Hundertmarkscheine in der Bar vom Hotel Seurahuone verteilt. ... Un' stellt euch jetzt mal vor, der is' im Suff durch die Wand in ein Einfamilienhaus gefahren, über den Besitzer drüber, als der auf dem Sofa Glotze geguckt hat. Steht in der Zeitung.«

»Du meine Güte.«

»Wirklich. Der war so blau, daß er im Wohnzimmer wieder gestartet is', um abzuhauen. Un' der andere lag platt wie 'ne Flunder am Boden. Der Mann war so schwer verletzt, daß er nun im Rollstuhl sitzt. Un' der Lottogewinner kriegt Knast, das is' wirklich wahr. Mein Gott, ich würd' mir 'was Besseres einfallen lassen, um soviel Geld auszugeben!«

In Leenas Stimme begann sich langsam Weinen zu mischen.

»Un' jetzt haben die Schweine von der Steuer den Alleinerziehenden obendrein auch noch Geld gestrichen! Wollen die uns eigentlich umbringen?«

»Hör jetzt auf mit dem Gejammer«, tröstete Sanna sie. »Ich hol' uns 'n Bier.«

Sie hatten sich ein Kissen in den Nacken gestopft und süffelten das Bier aus der Flasche. Leena schnaubte sich inzwischen die Nase in ein Stück Toilettenpapier.

»Manchmal könnt' ich einfach ausrasten«, sagte sie. »An manchen Tagen knall' ich einfach durch vor Frust, und ich könnt' 'nen Welpen im Wasser ertränken, so wie in diesem einen Film da. Wenn so 'was erst mal passiert is', dann wundern sich die Leute und schütteln bloß den Kopf, aber dann is' es zu spät. – Ich will Geld verdammt noch mal, Geld!«

Plötzlich sprang Eeva auf.

»Ladies. Ich hab' 'ne Idee. Wir strippen für den.«

»Für wen?« fragte Sanna.

»Na, für den Lottogewinner! Erst machen wir den besoffen, un' dann ziehen wir die Show ab. Wir nehmen 'ne ordentliche Gage, so 'n paar Tausender pro Nase.«

»Aber der sitzt doch im Knast, oder?« wunderte sich Leena.

»Nee. Der hat das Gerichtsverfahren noch vor sich. Den rufen wir an.«

»Was sagen wir dem?«

»Gar nix. Wir stöhnen einfach nur in den Hörer!« Leena prustete das Bier auf den Kopfkissenbezug.

»Und dann fragen wir direkt, ob der interessiert ist? Wir geh'n doch nich' umsonst dahin.«

Sulkanens Telefonnummer und Adresse hatten sie schnell im Telefonbuch nachgeschlagen. Eeva nahm schlürfend einen Schluck Bier aus der Dose und begann, die Nummer zu wählen. Sanna und Leena rückten dicht ans Telefon, um mitzuhören.

»Hört jetzt auf zu lachen«, zischte Eeva.

Am anderen Ende läutete es viermal, dann wurde der Hörer mit einem heftigen Ruck abgenommen.

»Sulkanen«, meldete sich undeutlich eine tiefe Männerstimme.

»Hallo«, sagte Eeva schnurrend. »Mein Name ist Lola.«

Sanna kicherte. Leena preßte ihr die Hand auf den Mund.

»Hast du Lust auf 'ne kleine Sexshow? Du wirst sicher auf deine Kosten kommen«, sagte Eeva.

»Was?« Sulkanen klang verblüfft.

»'ne Striptease-Nummer.«

Am anderen Ende war es erst still, dann lachte Sulkanen verlegen.

»Soll das 'n Witz sein?«

»Nein, wir meinen das völlig ernst. Das kostet natürlich 'was, aber das dürfte für dich kein Problem sein.«

»Wieviel?«

»Drei Mille pro Kopf. Wir sind zu dritt. Mit neun Mille bist du dabei. Und wir sind Profis.«

»Scheiße«, begeisterte sich Sulkanen. »Warum eigentlich nicht?«

»Wir sind in 'ner Stunde da«, schnurrte Eeva. »Alles klar«, sagte Sulkanen.

Als Eeva aufgelegt hatte, schrien sie alle durcheinander und sprangen wie wild herum.

»Jetzt ziehen wir unsere Klamotten an«, bestimmte Eeva. »Hol alle Unterwäsche her, die du hast!«

Auf dem Boden türmte sich ein Haufen aus Spitze und Satin in den unterschiedlichsten Farben. Eeva suchte sich einen violetten BH, Tangas und weiße Stay ups aus. Sanna zog einen cremefarbenen Body an und dazu Strapse. Leena trug einen Teddy in rosa und Netzstrümpfe. Knallroter Lippenstift, Wimperntusche, toupierte Haarteile, Perlen, Ohrringe, mit Poison parfümiert, noch mehr Bier und danach Whisky.

»Es is' höchste Zeit, daß die Kerle uns 'mal zu schätzen lernen, so wie die uns das Leben immer schwer machen«, verkündete Leena feierlich. »Un' daß einer allein 'ne Million verpraßt, kommt nicht in Frage. Da muß auch für uns 'was abfallen!«

»Stellt euch doch nur mal vor, ganze drei Mille! Ich kauf' mir diese Jacke mit Schalkragen von Pukeva«, sagte Sanna. »Un' irgend 'ne schöne Creme von Lacôme.«

»Ich kauf' mir neue Sportschuhe«, meinte Leena. »Und für Akseli 'nen Schneeanzug und 'n Mumin-Video.«

»Erst die Arbeit, dann das Vergnügen«, sagte Eeva, während sie den zweiten Strumpf hochzog.

Der Taxifahrer starrte sie lange an, als sie mit ihren hochhackigen Schuhen über den vereisten Hof gestöckelt kamen.

»Nach Kauniainen«, kommandierte Eeva.

»Is' 'ne große Fete im Gange?« fragte der Taxifahrer, als er sie im Rückspiegel beäugte.

»Kann schon sein, Kumpel, wir haben heute Dienst«, sagte Eeva. »Wir haben 'nen Auftritt. Das Leben als darstellende Künstlerin ist manchmal ganz schön anstrengend.«

Leena und Sanna plinkerten hysterisch hinter ihren vorgehaltenen Handschuhen.

»Un' ... was macht ihr so auf der Bühne?« wollte der Taxifahrer wissen.

»Das kann man nicht so einfach erklären«, antwortete Eeva. »Das ist eher 'ne visuelle Angelegenheit.«

Der Wagen fuhr durch das Zentrum von Kauniainen und setzte seine Tour durch eine dunklere Gegend fort, in der dicht an dicht immer wieder dieselben Reihenhäuser standen. Sie nahmen einen letzten Schluck aus der Whiskyflasche.

»Daraus wird nix«, wimmerte Sanna. »Ich mach' da nich' mit!«

»Hör auf. Denk an Lacôme. Denk dran, deshalb machst Du 's!« brüllte Eeva.

»Wie soll ich Jampi erklären, woher ich plötzlich drei Mille hab'?« regte Sanna sich auf.

»Sag einfach, du hättest sie auf der Straße gefunden!«

Das Taxi hielt vor einem der weißen Reihenhäuser. Sanna schüttelte den Kopf.

»Ladies, ich bitte euch von ganzem Herzen, reißt euch zusammen!«

»Fangt jetzt nich' an durchzudrehen.«

»Aber ich bin schon so blau, daß ich das nich' mehr durchhalt', die ganze Show geht daneben.«

»Wir schaffen das schon.«

Vor dem Haus stand ein roter, glänzender Audi.

»Was, kann der sich kein besseres Auto leisten?« wunderte sich Leena.

»Das is' natürlich in der Garage, damit nich' irgend so 'n pubertierender Bengel den aus purem Neid zu Klump haut«, erklärte Eeva.

Sulkanen hatte die Haustür für sie angelehnt gelassen. Sie gingen auf dem Fußweg zum Haus. Die Umrisse der Wohnräume konnten sie nur vage erkennen.

»Ich hab' eigentlich mehr Luxus erwartet«, murmelte Sanna.

»Männer haben eben vom Einrichten keine Ahnung«, sagte Eeva halblaut.

Sulkanen saß mit einem Whiskyglas in der Hand versunken in einem Ledersessel und stierte auf den Fernseher. Als sie im Türrahmen auftauchten, machte sich ein Ausdruck von Verwirrung auf seinem Gesicht breit. Vielleicht hatte er nicht wirklich auf sie gewartet oder er hatte häßlichere Frauen erwartet. Sie stellten sich in einer Reihe vor ihm auf und lächelten gewinnend.

»Tschau«, begrüßte ihn Eeva.

»Ich träum' wohl«, lallte Sulkanen. »Wie seid ihr hier 'reingekommen?«

»Die Tür stand auf«, antwortete Eeva.

Sulkanen versuchte, seinen Blick zu schärfen. Er wirkte viel blauer als am Telefon.

»Was ... wie heißt ihr?« fragte Sulkanen.

»Ich bin Lola, das is' Ursula, un' das is' Annabella.«

Sanna unterdrückte ein Kichern.

»Willst Du uns nich' 'was zu trinken anbieten?« fragte Leena.

Sulkanen erwachte aus seinem Geglotze.

»Ach ja, natürlich, nehmt euch 'was zu trinken, Mädels!«

Sulkanen deutete auf die Jim-Beam-Flasche auf dem Tisch. Er selbst war nicht aufgestanden, um ihnen etwas einzuschenken, das war ihm vielleicht zu anstrengend oder er fürchtete, daß eine einzige Bewegung die drei Frauen in Luft auflösen könnte.

Eeva schenkte allen ein Glas voll ein, sie stießen miteinander an, hoben ihr Glas auch auf Sulkanen und nahmen einen kräftigen Schluck. Dann zogen sie ihre Mäntel aus.

Sulkanens Verwirrung steigerte sich in größte Verwunderung. Er öffnete und schloß seinen Mund wie ein Fisch auf dem Trockenen.

»Alle Achtung!« rief er aus.

Eeva reckte sich nach dem Schalter, um das Licht der Deckenlampe zu einer stimmungsvollen Beleuchtung zu regulieren.

»So, jetzt entspannst du dich«, sagte sie mit sanfter Stimme. Sulkanen ließ sich mit noch immer aufgerissenem Mund in seinen Lehnsessel niedersinken.

Leena holte aus der Küche einen Stuhl und setzte sich so sexy wie möglich darauf, Busen raus, die Beine eine Idee gespreizt. Sanna plazierte sich auf allen Vieren auf den Boden und ließ eine Haarsträhne über ihre Schulter hängen, so wie Cindy Crawford.

Beide fixierten sie Sulkanen mit ihren Blicken. Der schlürfte seinen Whisky und lehnte sich in seinen Sessel zurück. Seine Augen glänzten.

Eeva stellte den Kassettenrecorder an und setzte sich davor auf den Boden. Als die Musik begann, streichelte sie sich langsam selbst. Ihre Hände glitten von ihren Schenkeln über ihren Bauch bis zu ihren Brüsten und wieder zurück. Sie hielt die Augen geschlossen und den Mund geöffnet, den Kopf hatte sie wollüstig in den Nacken gelegt.

Sulkanen gab kaum einen Ton von sich, und sein Gesicht strahlte vor vollkommener Glückseligkeit.

Eevas Hände glitten über ihren Slip. Sie liebkoste sich einen Augenblick und flüsterte gleichzeitig mit dem Sänger zur Musik. Mit langsamen, wiegenden Bewegungen begann sie, sich Sulkanen zu nähern.

Ein paar Meter vor Sulkanen hob sie ihren Arm, zog langsam ihren BH aus und warf ihn in die Ecke. Sulkanen schluckte. Eevas Brüste überzogen sich vor Anspannung mit Gänsehaut.

Sulkanens Visage war ein einziges zufriedenes, dummes Grinsen.

»Oh, mein Gott«, stöhnte er. »Mein Gott ...«

Sanna und Leena erhoben sich aus ihrer Stellung und drehten sich zum Takt der Musik zur Zimmermitte. Jetzt waren sie an der Reihe, sich zu entblättern.

Aber keine von ihnen konnte schnell genug reagieren, als Sulkanen aus seinem Lehnstuhl emporschoß und sich an Eevas linker Brust festkrallte.

»Aber, aber«, sagte Eeva und schlug Sulkanens Hand weg.

»Fummeln is' nich' im Preis inbegriffen.«

»Was für 'n Preis?«

»Toller Witz. Geld auf 'n Tresen!«

»Was für Geld?«

»Stell dich nich' so blöd an, Sulkanen.«

Der Mann kniff die Augen zusammen.

»Ich heiß' nich' Sulkanen.«

»Wie heißt du denn sonst?« schrie Eeva.

»Ruotamo. Jussi«, sagte der Mann.

Die Frauen starrten einander für Sekunden an. Leena lachte hysterisch.

»Scheiße!« stöhnte Eeva. »Wo zum Teufel wohnt denn dieser Sulkanen?«

»Das is' mein Nachbar«, sagte der Mann.

»Warum haste nich' gleich gesagt, wer du bist!«

»Ihr habt nich' nach meinem Namen gefragt!«

»Blechen mußt du aber trotzdem, ob du nun Sulkanen bist oder nich'. 'nen Tausender pro Kopf! Das war hier keine Wohltätigkeitsveranstaltung!«

»Ich hab' euch nich' herbestellt«, brüllte der Mann. »Verdammte Huren, verpißt euch! Oder ich rufe die Polizei!«

Der Mann schnappte sich den BH in Sannas Hand und warf ihn durch die Tür in den Flur.

»Und jetzt raus!«

Vor dem Haus fing Leena an zu weinen. »Das war schrecklich! Mein BH is' da noch drin'n! Und 'n Taxi kostet auch 'n Vermögen!«

»Schschsch«, beruhigte Eeva sie und nahm ihre Hand. »Nix wie weg hier.«

»Da drüben is' bestimmt das Fenster von Sulkanen«, sagte Sanna.

Hinter dem Fenster wurde ein weißes Rollo hinuntergezogen.

»Da, der wartet auf uns! Zieht schon die Fenster zu, damit die Nachbarn nix mitkriegen!«

Eeva führte Leena zum Bürgersteig. Sanna sah sich noch mal sehnsüchtig nach Sulkanens Fenster um.

»Sollen wir 's nich' doch noch mal ...«

»Nein. Ich ganz bestimmt nicht. Mein Strip is' gestrippt«, keifte Eeva.

»Wie wollen wir denn nach Hause kommen, unser Geld reicht nich' mehr für 'n Taxi zurück«, jammerte Leena.

»Mit 'm Bus.«

»Aber ich hab' hier gar keinen Bus fahren sehen.«

»Muß aber.«

Sie gingen den dunklen Bürgersteig entlang und spürten

den Wind auf ihrer Haut, der durch die dünnen Strümpfe drang.

»Guckt mal, was ich hier hab'«, sagte Sanna.

Sie öffnete ihre Hand, darin funkelte eine schwere Uhr.

»Woher haste die denn?« fragte Eeva.

»Von der Kommode im Flur. Das is' 'ne echte Cartier. Die bringen wir ins Pfandhaus.«

»Das geht nich'. Die zeigen uns an.«

»Wenn schon. Das glaubt uns sowieso niemand. Daß drei Frauen an einem Samstag abend zu jemandem zum Strippen waren. Die Story wär' wirklich filmreif.«

Eeva mußte plötzlich lachen.

»Der Typ is' billig weggekommen. War jedenfalls 'ne gute Show, muß ich schon sagen.«

Sie liefen weiter geradeaus. Es war eben Neuschnee gefallen, so daß ihre hochhackigen Schuhe darin versanken. Von weitem war eine breite, von Straßenlaternen gesäumte Straße zu erkennen.

»Wenn da kein Bus fährt, dann fährt nirgendwo einer«, sagte Sanna.

Aus dem Finnischen von Dagmar Mißfeldt

Anna Heinämaa

Ich weiß, was Sie meinen

Meine Worte sind wie gefangene Tiere in einem Käfig. Sie stürzen zur versehentlich offengelassenen Tür hinaus in die Freiheit und laufen orientierungslos vor dem Käfig auf und ab, bis der Wärter sich von seinem Kater erholt hat und sie wieder hinter Gitter bringt. Und sie warten, während sie apathisch mit dem Schwanz auf den Betonfußboden klopfen und zur geöffneten Tür hinausgucken, ohne den Mut zur Flucht.

Linda sah Joakim an, der weit weg am anderen Ende des Tisches saß. Die Hände lagen auf dem weißen Tischtuch zwischen Weinglas und Teller, den Kopf etwas zur Seite geneigt. Joakim lächelte beim Sprechen. Rechts neben ihm saß eine Frau mit gezupften Augenbrauen und vielen Fingerringen, die ihm ruhig und konzentriert lauschte. Linda konnte nicht hören, was Joakim sagte, aber sie ging davon aus, daß die Unterhaltung interessant war.

»Darf ich Ihnen noch Champagner einschenken?«

Linda lächelte und streckte ihr Champagnerglas dem Mann entgegen, der neben ihr saß. Silvia flüsterte Linda etwas ins Ohr, doch Linda verstand nicht, was sie sagte. Sie hatte allerdings soviel begriffen, daß der Kommentar sich auf den Mann bezog, der ihr gerade Champagner einschenkte. Der Mann drehte sich wieder zu Linda und stellte das Champagnerglas vor ihr auf den Tisch. »Sind Sie schon lange hier?«

Er hatte einen Schnurrbart. Sie mochte Männer mit

Schnurrbart nicht. Alle Milizsoldaten haben Schnurrbärte. Und wahrscheinlich auch alle Sadisten und Perverslinge.

»Fünf Jahre«, antwortete Linda und nahm einen Schluck aus ihrem Glas. Süß, dachte sie. Oder zumindest halbsüß.

»Dann können Sie mir wohl sagen«, fuhr der Mann, das Champagnerglas in der Hand, fort, »wo in diesem Land eigentlich das Problem liegt.«

Linda trank ihr Glas aus und hoffte, der Mann würde es bemerken und nachschenken. Er berührte mit seinen Lippen den Rand seines Glases, atmete tief durch die Nase ein und stellte das Glas zurück auf den Tisch.

»Gerade das meine ich«, sagte er, sich abermals an Linda wendend. »Wie kann dieses Volk, das sich in einer derart desolaten Lage befindet, einen solch hervorragenden Champagner hervorbringen?« Der Mann spähte um sich, als erwartete er, daß plötzlich einer der Anwesenden aufstehen, sich öffentlich zu Worte melden würde, um allen zu erklären, warum ein Volk, das Champagner herstellen kann, in der Scheiße sitzt.

»Er ist süß«, sagte Linda und streckte ihr Glas wie ein nicht eingelöstes Versprechen der Champagnerflasche entgegen, die in der Mitte des Tisches zwischen Kaviar und Zungenaufschnitt stand. Der Mann merkte noch immer nichts.

»Was sagten Sie?«

»Ich sagte, daß er süß ist. Oder zumindest halbsüß. Und ich warte darauf, daß Sie mir noch etwas einschenken, wie dem auch nun sei.«

Der Mann reckte sich, um die Champagnerflasche aus dem Metallkübel zu nehmen.

»Leider leer. Wir müssen davon unbedingt noch eine bestellen. Herr Ober, Herr Ober! Excuse me!«

»Die verstehen hier kein Englisch«, sagte Linda und linste über die Schulter zu Silvia. Silvia unterhielt sich mit ihrem Tischnachbarn, ohne etwas mitzubekommen. Wenn sie nicht bald aufhört, muß ich ihr unter dem Tisch einen Tritt geben, dachte sie. Der Mann erhob sich von seinem Platz und ging ans Tischende zu Joakim. Linda sah, wie Joakim den Ober zu sich rief und mit ihm sprach. Der Schnurrbartmann klopfte Joakim auf die Schulter und sagte etwas zu der dunkelhaarigen Frau, die zu lachen anfing. Linda suchte unter dem Tisch mit ihrem Fuß tastend nach Silvia.

»Die Sache ist geregelt, meine kleine Freundin. Wir bekommen noch mehr von diesem köstlichen Gesöff.«

Der Mann setzte sich wieder neben Linda. Ob er wohl schwedischsprachig ist, dachte Linda. Er spricht so merkwürdig.

»Sie haben mir noch immer nicht erzählt«, begann der Mann wieder, »wo Ihrer Meinung nach in diesem Land das Problem liegt.«

»In diesem Land soll es ein Problem geben?« fragte Linda, als sie ihr leeres Champagnerglas mit Weißwein füllte. In Gedanken dankte sie Gott dafür, daß sich die Weinflasche in ihrer Reichweite befand.

»Aber ich bitte Sie, Sie als Bewohnerin der westlichen Hemisphäre können doch nicht leugnen, daß dieses Land auf dem Weg in den wirtschaftlichen Ruin ist, daß das Volk nichts zu essen hat und daß, wenn die nächste Getreideernte schlecht ausfällt, wir in Finnland Abertausende von Flüchtlingen aus dem Osten zu erwarten haben. Der Hunger treibt die Menschen vorwärts. Der Hunger.«

Der Ober tauschte die leere Champagnerflasche gegen eine neue aus, und Linda blieb es vorerst erspart, ein Urteil über die wirtschaftliche Lage des Landes und deren nähere Zukunftsaussichten abzugeben. Der Mann hielt die Champagnerflasche in der Hand, um das Etikett zu studieren.

»Was steht da geschrieben?« fragte der Mann, auf den oberen Schriftzug des Etiketts deutend.

Linda wandte ihren Blick auf die Champagnerflasche.

»Halbtrocken.« Joakim mußte dafür gesorgt haben, daß sie einen trockeneren bekommen hatten.

»Gosagroprom GSSR.«

»Ach so«, sagte der Mann. Er schenkte Lindas Glas noch immer nicht nach.

Linda schien es, als erwartete der Mann nicht mehr, daß sie ihr Urteil abgebe über die aktuelle Wirtschaftslage der Sowjetunion und die hungrigen Herden von Flüchtlingen aus dem Osten, die in Finnland einfallen würden. Der Mann hatte sich seinem Tischnachbarn zur Rechten zugewandt und erklärte ihm etwas, während er die Champagnerflasche schräg über den Tisch hielt, so daß das Etikett im Schein der Kerze leuchtete. Der Tischnachbar lächelte Linda über die Schultern des Mannes zu.

»Da man uns nun diesen hervorragenden Champagner gebracht hat«, sagte Linda, den Mann unterbrechend, »wäre es da vielleicht möglich, daß Sie mir auch etwas davon einschenken könnten?«

»Wie ich gerade sehe, haben Sie Weißwein in Ihrem Glas«, antwortete der Mann, während er in Lindas Glas guckte.

»Stimmt, aber das ist so ziemlich das einzige Glas auf diesem Tisch.«

Der Mann flüsterte seinem Tischnachbarn etwas zu und goß Linda Champagner nach. Dann nahm er sein eigenes Glas, stieß mit Linda an und trank einen kleinen Schluck. Idiot, dachte Linda, während sie den Nacken des Mannes anstierte. Der Mann hatte sich wieder von Linda abgewandt, diesmal sichtlich entschlossener. Die dunkelbraune Mittelnaht starrte Linda hinter der Stuhllehne an. Linda trank ihr Glas Champagner aus. Der Mann hatte das Glas nur halbvoll gegossen.

Linda sah sich im Restaurant um. Eine Blumenverkäuferin in einem goldfarbenen Kunstfaserkleid drehte ihre Runden zwischen den Tischen und verkaufte Rosensträuße an die männlichen Gäste im Lokal. Der Georgier am Fenstertisch kaufte drei Sträuße. Er lächelte die Blumenverkäuferin an, daß seine Goldzähne funkelten. Diese verschwand irgendwohin und kam nach einer Weile mit einer Blumenvase wieder. Sie stellte die Vase auf den georgischen Tisch und machte weiter ihre Runden.

»Wieviel kosten die?« fragte Linda die Blumenverkäuferin, als sie bei ihr vorbeikam.

Die Blumenverkäuferin blieb neben Linda stehen und begann, Blumensträuße aus dem Korb zu nehmen, damit Linda sie sehen konnte.

»Die großen Sträuße kosten zehn Rubel und die kleinen sieben.«

Die Blumenverkäuferin sagte noch etwas, was Linda nicht mehr verstehen konnte. Auf der Tanzfläche mitten im Restaurant hatte sich eine Gruppe Volkstänzer aufgestellt. Das Balalaikaorchester in seinen silbernen Stiefeln und Plunderhosen spielte Kalinka, während sich hellblaue Gestalten auf der Tanzfläche drehten. Linda suchte aus ihrem Portemonnaie einen Fünfundzwanzig-Rubelschein heraus und reichte ihn der Blumenverkäuferin. Der Schnurrbartmann klopfte auf der Tischkante den Takt zu Kalinka mit.

Als Linda die Blumen in Empfang nahm, wollte sie zuerst die Verkäuferin um eine Vase bitten, änderte aber dann ihre Meinung und legte die Blumen vor dem Schnurrbartmann auf den Tisch.

»Eine Sitte des Landes«, sagte sie und streckte sich an dem Mann vorbei, um sich die Champagnerflasche zu angeln. Lindas Hand streifte das Glas des Mannes, das zu Boden fiel und zerbrach. Bin ich etwa schon betrunken? Linda versuchte sich zu erinnern, wieviel Gläser Champagner sie geleert hatte. Sie schaute zum anderen Ende des Tisches. Die dunkelhaarige Frau erklärte Joakim etwas. Joakim sah Linda über den Tisch an.

Der Schnurrbartmann interessierte sich wieder für Linda.

»Ich habe gar nicht gewußt, daß Sie Joakims Frau sind«, sagte er.

Linda war sich nicht sicher, ob der Satz des Mannes Joakim, ihr oder dem Mann selbst galt, und beschloß, nichts zu erwidern. Sie schaute an dem Kerl vorbei zu dessen Nachbarn, der gerade Kaviar auf einem Stück Schwarzbrot verteilte, ohne von Lindas Blick Notiz zu nehmen. Linda lächelte dem Mann zu und dachte bei sich, daß das sicherlich als Antwort reichen würde.

»Joakim ist auf jeden Fall der beste Leiter unserer Vertretung, den wir seit vielen Jahren gehabt haben«, fuhr der Mann fort, vergeblich darauf wartend, daß Linda etwas von sich gab. »Sie können stolz auf Ihren Mann sein.«

»Ich bin stolz auf ihn«, antwortete Linda und hoffte, der Mann würde das Thema wechseln.

»Wie lange sind Sie schon hier? Sie haben das vielleicht vorhin schon erwähnt, aber ich habe es wahrscheinlich vergessen.«

Sehr wahrscheinlich, dachte Linda. »Fünf Jahre«, sagte sie laut.

»Ja, ach ja, wir haben schon darüber gesprochen. Es ist doch schrecklich, aber trotzdem glaube ich, daß dieses Land danach wieder auf die Beine kommt. Wir müssen einfach daran glauben, nicht wahr?«

Linda gab zu, daß man es mußte. Man mußte daran glauben, daß alles besser wird, daß die goldene Blumenverkäuferin nicht mehr in einem billigen Kunstfaserkleid herumlaufen und verwelkte Rosen verkaufen muß, daß weder Schneematsch noch verschreckte Fußgänger am Straßenrand zu finden sind, daß der Sommer kommt und Marias Hund seine Pfote wiederbekommt.

»Ist in dieser Flasche überhaupt noch Wein?« Linda hob ihr Glas vom Tisch. Der Mann goß den Rest aus der Flasche in Lindas Glas.

»Sie bekommen einen Sohn«, sagte die junge Frau zu

Lindas Linken auf russisch und lächelte. Die Frau hatte den ganzen Abend kein Wort gesagt.

»Ich will keinen Sohn«, antwortete Linda. Sie nahm die leere Weinflasche vom Tisch und hielt sie so lange mit dem Flaschenhals nach unten, bis ein paar Tropfen zum Vorschein kamen und ins Glas der Frau fielen.

Die hellblaue Tanzgruppe war von der Tanzfläche verschwunden. Eine Sängerin in einem tiefausgeschnittenen, schwarzen Kleid, ein Mikrophon in der Hand, wiegte ihren Körper im Rhythmus der Musik. Die Anfangsmelodie einer russischen Romanze erfüllte das Restaurant. Die Frau löste ihre rechte Hand vom Mikrophon und beschrieb in der Luft rasch einen unsichtbaren Bogen. Der von schwarzem, glänzendem Stoff bedeckte Busen hob und senkte sich im Takt der Atemzüge.

»Garii, garii moja zvezdaa ...«

Wo habe ich das Lied schon mal gehört? Leuchte, leuchte mein Stern. Linda betrachtete die Frau und summte leise vor sich hin. Sie versuchte, die verschwommene Erinnerung festzuhalten, aber die Erinnerung entzog sich ihren Gedanken und verflüchtigte sich irgendwo zwischen Noten und Worten. Das Lied kam zum Ende, und die schwarz gekleidete Frau blieb vor dem Podest mit dem Orchester stehen und hob ihre rechte Hand zur Decke des Restaurants.

Die Musik hatte das Gespräch des Mannes übertönt, aber nun war es wieder zu hören. Linda versuchte, Silvia mit ihren Blicken einzufangen. Sie sah, daß sie zum anderen Ende des Tisches gewechselt war. Die dunkelhaarige Frau hatte sich von Joakim weggedreht und unterhielt sich jetzt an Joakims Stelle mit Silvia. Wäre doch nur Maria hier; Linda überlegte, warum sie wollte, daß Maria da wäre.

»Oder was meinen Sie?«

Linda gab sich Mühe, sich zu erinnern, wovon der Mann vor einem Augenblick gesprochen hatte, aber es gelang ihr nicht. »Was meine ich wozu?«

Linda erschrak über ihre eigene Stimme, die vielleicht ein bißchen allzusehr verärgert klang.

»Aber andererseits ist es sicher schwer für Sie, überhaupt ein Urteil darüber abzugeben«, fuhr der Mann fort, »Sie leben doch so losgelöst von dieser Wirtschaft.«

»Von welcher Wirtschaft?« fragte Linda. »Gibt es davon mehrere?« Sie hatte die vage Vermutung, daß Joakim sie wieder über den Tisch hinweg beobachtete.

»Ich will sagen, daß Sie auf diese Art nicht in Berührung mit deren Problemen kommen. Sie haben Ihre eigenen Geschäfte, Ihre Häuser und Ihre Mercedes – oder ist jetzt Volvo in? Die Einheimischen haben es schwer. Wirklich schwer, aber wir hatten es auch schwer nach den Kriegen, und trotzdem mußte man sich irgendwie durchschlagen.«

Linda hob ihr Champagnerglas und betrachtete den Mann, während er sprach, durch das Glas. Sein Gesicht zog sich in die Länge. Die Augen wuchsen zusammen und bildeten oberhalb der Nase einen dunklen Streifen. Die Lippen und der Schnurrbart verschmolzen zu einem unförmigen Farbfleck.

»Ich weiß, was Sie meinen«, sagte Linda und guckte nach wie vor durch das Glas. »Wir unterhielten uns vorhin mit Silvia über dasselbe Thema, deshalb weiß ich ganz genau, was Sie sagen wollten. Sie meinen – Sie meinen doch, daß wir in einer Seifenblase leben?« Der Mann lächelte Linda aufmunternd zu. »So kann man die Sache auch ausdrükken«, sagte er ein wenig unsicher.

»Nein, jetzt verstehen Sie mich nicht. Das ist keine Frage des Sichausdrückens – das Wesentliche daran sind gerade die Seifenblasen. Erlauben Sie, daß ich es Ihnen erkläre. Ich habe hier eine Freundin. Ihr Name ist Maria – obwohl ihr Name nichts zur Sache tut. Sie hat sich selbst eine Seifenblase mit ihrem Hund geschaffen und, wenn ich mich recht erinnere, aus Wein und Sternen. Oder eigentlich ist sie selbst eine Seifenblase, und Sterne gibt es ziemlich wenig. Als ich

sie zuletzt gesehen habe, haben wir zusammen einen Stern gesucht und ihn dann schließlich gefunden. Sie haben ganz recht mit der Seifenblase. Aber ich weiß nicht ganz genau, ob wir versuchen sollten, aus unserer Seifenblase herauszukommen. Silvia hat gesagt, das hat nichts zu bedeuten, aber ich finde, das hat sehr wohl etwas zu bedeuten.«

Am Ende ihres Redeschwalls angelangt, hielt Linda ihr leeres Glas hoch. Der Schnurrbartmann war irgendwohin verschwunden, und Joakim erschien an seiner Stelle. Oder vielleicht hatte sich der Schnurrbartmann in Joakim verwandelt. »Liebling, trink nichts mehr«, sagte Joakim und nahm Linda bei der Hand.

Aus dem Finnischen von Dagmar Mißfeldt

ANN MARGARETH LARSEN

Der Hund

DIESE GESCHICHTE hat Bob erzählt, neulich, bei Simon.

Wir saßen hinten im Hof und tranken, und dafür, daß grad Nationalfeiertag war, war das alles gar nich so daneben, und das Riesenkatzenviech vom Nachbar spazierte auf dem Tisch rum und schnüffelte an den Kippen im Aschenbecher. War also ziemlich nett. Und Bob legte los:

»Ich war neulich hier bei Simon und hatte ganz schön was gekippt, und dann wollt ich nach Hause. Ich bin durch die Rathkesgate gegangen, war sternklar und schönes Frühlingswetter, typisch Mai also. Ich glaub, ich wußte gar nicht so richtig, wie blau ich war. Ich ging weiter und fand das Leben ganz nett und dachte an Ellen und daß wir nach Israel fahren wollen, und dann hab ich mir überlegt, warum zwei Menschen wohl zusammenkommen und was das für'n Mysterium ist, und dann hab ich an euch beide gedacht.«

»An uns?« fragte ich und legte meine Beine über Simons Oberschenkel.

»Ja«, sagte Bob. »An euch. – Also, ich komm also unten bei der Brauerei an und bleib auf der Treppe stehen. Keine Ahnung, warum, aber ich wollt wohl ein Fleckchen für mich haben, nehm ich an. So aus purem Instinkt, zur Entspannung. Und dann isses passiert.

Da kam so ein Typ mit nem Hund, Promenadenmischung, braun und weiß mit Schlappohren, und dann bog so ne Karre um die Ecke von der Søndre gate. Mazda. Ich konnte auch den Fahrer hinterm Lenkrad sehen. Der hatte ne Sonnenbrille auf, mitten in der Nacht. Wieso, weiß ich auch nicht.

Aber jedenfalls, in dem Moment, wo ich die sah, Mann, Viech und Karre, wußte ich, was passieren würde. Ich glaub, ich bin noch losgerannt, um das zu verhindern, aber vielleicht bin ich auch ganz still stehengeblieben, und im nächsten Moment kam dann der Knall. Der Mann auf der Straße umgekippt, das Viech meterweit weggeschleudert, bis zur Rasenfläche. Die Leute drängten sich um den Mann, und der stand auf und wackelte durch die Gegend, und der Fahrer stieg aus dem Mazda und nahm die Brille ab. Alle waren total durcheinander.«

»Du auch?« fragte ich und räkelte mich auf Simons warmen Beinen und griff nach der Bierflasche.

»Ich auch«, sagte Bob. Er nahm sich eine Zigarette, steckte sie an und schnippte vor der Nase der Katze die Asche in den Aschenbecher.

»Aber dann hab ich entdeckt, wie blau ich war. Ich hab alles doppelt gesehn. Wie der Typ aufstand und sich den Staub von der Hose wischte, wie die Leute zusammenströmten, die Karre, das Viech.

Aber irgendwie hab ich doch bloß das Viech gesehn.

Das saß im Gras und schrie wie ein kleines Kind, und das Blut strömte nur so aus dem Unterleib und von den Hinterbeinen, und alle konnten sehen, daß da nix mehr zu machen war. Und dann ist irgendwas in mir ausgerastet, das Schreien ging mir echt durch Seele und Mark und Bein. Ich dachte: Warum zum Henker tut denn niemand was für das Viech?

Ich machte zwei Schritte auf die Leute zu und hob die Hand, so irgendwie autoritär, und fragte, kann bitte irgendwer einen Tierarzt holen?

Mehr weiß ich nich.

Dann wurde ich auf der Notstation wieder wach. Ich lag zusammen mit ner Handvoll von anderen Suffköppen auf ner Matratze auf dem Boden. Ab und zu kam ne Krankenschwester nach uns sehen, so ne große, energische, und schließlich kriegte ich Frühstück. Ein Salamibrot. Hab ich auch aufgegessen. Eigentlich bin ich ja Vegetarier, aber ich dachte, ich könnte doch da nich in meinem Kater rumliegen und mich übers Menü beschweren, versteht ihr? Oder?«

»Alles klar«, sagte ich.

»Alles klar«, sagte Simon.

»Und dann haben die mich in nem Rollstuhl durch die Gegend gefahren, ich durfte nich selber laufen, sondern mußte die Beine anheben, um nich mit meinen Holzschuhen den Boden zu zerkratzen, und dabei hab ich meine Tasche umklammert. So ungefähr wie ne senile Alte im Heim. Aber am Ende haben sie mich dann entlassen. Seht mal!«

Er zog einen Zettel aus der Brieftasche. Den schnappte ich mir. Und gab ihn an Simon weiter. Wir lasen:

»Oslo Komm. Notstation – Allg. Abt.

Name: Bob Katzini

Adresse: Studentenwohnheim Kringsjå.«

Und weiter (wir lasen voller Interesse):

»Studiert Kunst. Soll in betrunkenem Zustand über die Straße gegangen sein, als ein Hund von einem Taxi angefahren wurde. Daran erinnert er sich selber. Danach bat er den Fahrer, einen Tierarzt zu verständigen. Mehr weiß er nicht, gibt zu, unter Alkoholeinfluß gestanden zu haben. Laut Zeugenaussagen fiel er rückwärts um, ohne Krämpfe. Die Zeugen hielten ihn für stark betrunken. Er wurde in einem Krankenwagen hergebracht, und auch die Kollegen hielten ihn für stark betrunken. Er erbrach sich im Krankenwagen und auch später. Klagt nur über Übelkeit, nicht über Schmerzen. RR 120/80 Puls 84 reg. Cor/pulm. o. B., Pupillen: rund, gleichmäßig, reagieren normal auf dir./indir. Licht. Otoskopie: Normale Trommelfelle beids. Keinerlei Hämatympanon. Zur Beob. wg. commotio cerebreri.

Pat. fühlt sich fit, ist wach und bei klarem Bewußtsein

und informiert über Zeit und Ort. Schürfwunden im Gesicht. Keine Schmerzen. Wird nach Hause geschickt.«

Genau das stand da.

Ham wir gelacht!

Bob stopfte seine Bescheinigung wieder in die Brieftasche.

»Die rahm ich mir ein und häng sie an die Wand.«

»Gehn wir doch noch einen trinken«, sagte Simon.

Also gingen wir in die Kneipe, ich, Simon und Bob. Ich in der Mitte. Um uns herum wuselten die Leute in Blau-Weiß-Rot, und der Himmel bewölkte sich langsam. In der Kneipe kippte ich mir glühendheißen Tee über den Oberschenkel. Da saß eine Frau mit roten Stiefeln und schwarzen Shorts, und Bob glotzte sie an, und Simon fand mich in schwarzer Strumpfhose schärfer als in der gelben, die ich grad anhatte.

Abends ging ich allein nach Haus.

Ich kam an der Stelle vorbei, wo das Viech krepiert war. Da saß ein Vogel auf dem Boden. Grau und weiß, wippte mit dem Schwanz. Plötzlich hob er ab und drehte einen eleganten Bogen. Er stieg zum Himmel, höher und höher, und plötzlich, ich wußte gar nicht, was los war, war er verschwunden.

Wie durch Zauberei.

Nachts wurde ich dann wach. Mein Oberschenkel war dick geschwollen an der Stelle, wo mich der Tee getroffen hatte, und brannte wie bescheuert. Ich dachte, jetzt sterb ich.

Hab ich aber natürlich nich getan.

Und das alles bloß wegen Bob und Simon und dem Nationalfeiertag. Ich dachte sogar an den Arzt, der diese beknackte Bescheinigung ausgeschrieben hatte.

Ich ging zum Kühlschrank und fand ein bißchen Joghurt und beschmierte mir damit den Oberschenkel. Und dann fiel mir was ein. Zu dem Vogel. Daß der bestimmt die Seele von

dem toten Viech war, und wenn er so hoch und immer höher flog, dann weil er etwas suchte.

Und dort, irgendwo weit weg, mit nagelneuen Beinen und braunen Augen und Schlappohren, saß das Viech und wartete auf ihn.

Ganz ohne Schmerzen.

So war das.

So muß das gewesen sein.

Da bin ich mir ganz sicher.

Und Bob muß das auch kapiert haben, eh er umgekippt ist.

Das glaub ich wirklich.

Ganz bestimmt.

Aus dem Norwegischen von Gabriele Haefs

Arne Berggren

Samstag, 3. September, irgendwo in Sørlandet

Es ist 13.01 Uhr. Ich fahre vor dem Lebensmittelgeschäft kurz vor Risor rechts ran. Ich stelle den Motor ab, mache das Licht aus und begebe mich zur Eingangstür. Für einen Moment denke ich, daß das Geschäft vielleicht geschlossen ist, aber dann entdecke ich drinnen Menschen. Es ist fast 13.02 Uhr, als ich den Laden betrete und den Blicken von zwei Angestellten begegne sowie von einem, von dem ich annehme, daß er zu den Einheimischen gehört, teilweise aufgrund des offenherzigen und jovialen Gesprächstons, gleichzeitig ist etwas an seiner Kleidung, das ihn als zugehörig ausweist, ohne daß ich das näher beschreiben könnte.

Die Uhr zeigt inzwischen 13.03. Ich habe entdeckt, wo die Bierkästen stehen, ich nehme mir einen Einkaufswagen. Als es ungefähr 13.03.30 ist, springt ein Mann vor mich und hin zu den Bierkästen. Er legt kleine Plastikdecken über die Kästen – für mich sehen sie aus wie Einkaufstüten, die auseinandergeschnitten sind –; die Decken verbergen die Bierkästen nicht, sie machen es nur mühsamer, eine einzelne Flasche herauszuziehen. Der Mann, der schließlich alle Kästen bedeckt hat, murmelt: »Eins!« Ich versuche zu verstehen, was er sagt, denke, daß das vielleicht ein örtlicher Spezialausdruck ist, eine Art Gruß. (Dialekte können vielerlei Überraschungen beinhalten und oftmals mit einem einzelnen Wort oder Laut eine ganze Menge ausdrücken.) Deshalb lächle ich ihn an, sage nichts, sondern lege meine Finger um die Griffe eines Bierkastens. Fast gleichzeitig wiederholt der Mann: »Eins!« Dieses Mal deutet er auf ein Schild, eine Bekanntmachung. Darauf steht: »Der Bierverkauf endet samstags um 13.00 Uhr.« Ich kann in seinem Gesicht lesen, daß ich zu spät dran bin, und zwar mehrere Minuten. Also setze ich eine verzweifelte Miene auf. Ich schaue verwirrt auf meine Armbanduhr, um zu signalisieren, daß ich ja im Grunde damit einverstanden bin, daß die Gesellschaft ihre Spielregeln hat, daß mir heute aber meine Uhr einen Streich gespielt haben muß. Der Mann zuckt mit den Schultern; einen Moment lang glaube ich, er will damit sein Verständnis für meine Situation ausdrücken und gleichzeitig kundtun, wie hoffnungslos diese Bestimmungen doch sind, die den Verkauf von Alkohol regulieren, und ich glaube, seine Schulterbewegung drückt zudem, wenn nicht Verachtung, dann zumindest eine Art Opposition gegenüber der kommunalen Bürokratie aus. Aber ich interpretiere ihn falsch. Vollkommen falsch. Die Uhr zeigt 13.04, ich habe den Bierkasten jetzt in Hüfthöhe. Der Mann, der nach seinem Kittel zu urteilen hinter den Fleischtresen gehört, deutet auf das Schild und sagt: »Der Bierverkauf ist geschlossen!« Mir fallen der mangelnde Kompromißwille der Serben und danach die Gäste ein, die ich in wenigen Stunden bei mir erwarte und die ich ausdrücklich gebeten habe, nichts zu trinken mitzubringen, und ich denke an ein Grillfest, an dem ich vor ein paar Jahren teilnahm, ganz ohne Alkohol.

Die Situation scheint verfahren. Ich kann den Kasten wieder auf den Boden stellen oder tun, als sei nichts gewesen. Ich entscheide mich für letzteres und begebe mich zur Kassiererin. Ich stelle das Bier auf den Tresen und lächle offen die Dame an der Kasse, soweit ich annehme, die Ehefrau des Schlachters, an. Ich schaue auf meine Armbanduhr, teilweise, um mit offenen Karten zu spielen und anzudeuten, daß es mir wohl bewußt ist, in welche Situation ich mich verfangen habe, um aber gleichzeitig verborgen anzudeuten, daß ich mich schon seit mehreren Minuten innerhalb der

Ladentüren befinde. Die Dame an der Kasse sagt: »Ja, gleich ist es fünf nach.« Ich habe das Gefühl, ich hätte ebensogut fragen können, ob ich ihre Tochter für die Dreharbeiten zu einem Pornofilm im örtlichen Gasthaus ausleihen könnte, ich hätte ebensogut fragen können, ob jemand wüßte, ob es hier Heroin zu kaufen gäbe, ich hätte ebensogut mit dem Megaphon auftauchen und das gesamte Sørlandet bitten können, mich doch am Arsch zu lecken, während ich aufs Alte Testament pißte. Es gibt Schlachten, die werden gewonnen, andere verloren. Diese ist offenbar eine letzterer Sorte, und ich überlege, ob ich bei meinen Gästen einen Placebo-Effekt erreichen könnte, wenn ich ihnen heimlich in der Küche alkoholfreies Bier ausschenken würde.

Die Dame an der Kasse ist nicht etwa häßlich, sie hat ein offenes Gesicht, perlweiße Zähne, wie man so sagt, und sie hat ihr Haar in einer Art Siebziger-Jahre-Hochfrisur aufgesteckt, die viele Frauen immer noch schick finden. »Das geht in Ordnung«, sagt sie. »Es ist gerade erst fünf nach. Wir haben ein bißchen Spielraum.« Ich höre mich selbst »vielen Dank« sagen und daß das schön sei, während ich darüber nachdenke, was wohl mit dem geschieht, der um 13.06 Uhr im Laden ankommt. Aber ich nehme an, daß es keinen Spielraum für den Spielraum gibt, das würde ja in der schlimmsten Konsequenz zu Bierverkauf den ganzen Tag über führen.

Und wenn der Alkoholverkauf jetzt dem angepaßt ist, der spontan tagsüber trinkt, oder dem, der Ordnung in seinem Dasein hat und seinen Rausch brav plant, so ist eine andere Regelung denkbar, nach der man tagsüber nur Alkohol bestellen könnte, um ihn erst daheim angeliefert zu bekommen, wenn die Party beginnt und nicht, bevor man ihn wirklich braucht. Vielleicht könnte der Kaufmann oder sein Vertreter draußen in einem Kühlwagen warten und die Flaschen einzeln verkaufen, was nicht zu kostenintensiv wäre, wenn man dafür sorgen würde, daß innerhalb eines Distrikts die

Feiern alle am gleichen Abend stattfinden, so daß der Kaufmann mehrere Häuser gleichzeitig bedienen könnte. Wir spielen ja nicht Einkaufsladen. Und auch wenn es für einige von uns genauso schwierig ist, 13.05 Uhr einzuhalten wie genau 13.00 Uhr, so ist es doch trotz allem Ausdruck für ein gewisses Verständnis für das Unerwartete, das sogar den Zeitplan und die Vorsätze des pedantischsten Menschen durcheinanderbringen kann, dieser großzügige Spielraum, der in der Region um Risør praktiziert wird. Wie die Dame an der Kasse mir sagt, als die Uhr auf 13.05.00 umspringt: »Das wäre doch nicht in Ordnung, wenn wir jemanden abweisen würden, der rechtzeitig eine Flasche Bier in seinen Einkaufswagen gestellt hat, dann aber am Fleischtresen die Zeit vertrödelt.« Ich begreife, daß ich, wenn es hart auf hart kommt, auch aus dieser Kategorie herausfalle, verstehe aber, daß die Frau des Schlachters Gnade vor Recht ergehen lassen will – diesmal. Also bezahle ich und verlasse das Geschäft. Ich stelle den Bierkasten in den Kofferraum. Die Uhr zeigt 13.07. Ich fahre nordwärts.

Aus dem Norwegischen von Christel Hildebrandt

Bernt Carlson

Ich rülpste und ließ einen fahren

Wir versuchten, in die nächstbeste Kneipe reinzukommen, aber Pustekuchen. Ein Stück weiter klappte es, wir kippten jede Menge ziemlich leichter Drinks, ohne viel dabei zu reden. Mit dem Abendessen war es ja Essig gewesen, deshalb hatte ich großen Hunger und aß irgendein undefinierbares, aber nahrhaftes Zeug. Wir beschlossen, zu ihr nach Hause zu gehen. Ich trat am Ausgang neben die Stufe und landete auf dem Hintern.

Trotz relativer Betäubung lag Spannung in der Luft, hatte was von der Episode in Mariannelund in Småland, als ein sogenanntes Ufo die Hochspannungsleitung entlangglitt und der Stadt die Energie raubte. Alles wurde schwarz. Und eine Postbotin aus dem Ort namens Marianne Lund war seitdem allem und jedem gegenüber schreckhaft. Das erzählte ich Pija, als sie die Tür aufschloß.

»Überall diese bescheuerten Humanoiden«, stellte sie trocken fest.

In dem schwarzgestrichenen Flur stieg ich aus meinen Schuhen.

»Bin ich hier schon mal gewesen?« wunderte ich mich.

»Das fragst du noch«, sagte sie und sah mich nachdenklich an.

Ich verduftete zum Klo, wo zwei Todesanzeigen schief an der Wand hingen. Mir war klar, daß Pija meine Symmetrie nie würde aufbauen können.

Trotz des Rausches kapierte ich, daß ich geradewegs in

etwas hineinschlitterte, das nicht vorgesehen war – es ging am Anfang eigentlich um eine originelle Affäre.

Als ich ins Zimmer kam, war es von starkem Rauch eingenebelt. Pija hatte sich die Lippen knallrot angemalt und lag, in einen schwarzen Kimono gehüllt, ausgestreckt auf einem Diwan. Sie rauchte eine Zigarette mit Mundstück, und ich steckte die Hände in die Hosentaschen und versuchte, ganz locker auszusehen.

»Von allen Schweinen«, sagte sie, »bist du das größte! Du hast etwas an dir, das mich unglaublich wütend macht. Etwas Verkommenes, Unausgelebtes, Pissiges. Du hängst einfach Todesanzeigen in kleinen Scheißhäusern auf. Du beleidigst die lieben Ärzte. Du säufst ein so anständiges Mädchen aus gutem Hause wie mich in Grund und Boden. Was verdammt nochmal hast du dazu zu sagen?«

Ich hatte keine Lust, dazu etwas zu sagen, sondern fragte statt dessen: »Du hast keine Aufgabe hier, die zu erledigen ist? Ich kriege gerade Abstinenzprobleme ...«

Sie glotzte mich beinahe schon haßerfüllt an. Ich wußte nicht, wen ich da vor mir hatte.

»Doch«, sagte sie metallisch. »Da gibt es noch etwas, worum du dich kümmern kannst. Aber das sage ich dir jetzt nicht. Komm lieber sofort her und küß mich!«

Ich tat es. Sie zog mein Gesicht kräftig an ihres. Ihre Lippen waren wie zwei gekochte Schnecken, die Zunge war sonderbar kühl, aber rauh – ungefähr so wie die einer Katze. Sie mußte sie noch etwas nachschmirgeln, bevor sie mich losriß, wobei sie mich am Haar packte.

»Du bist ja zum Kotzen kalt wie ein Fisch!« sagte sie verächtlich. »Ich werde dir verraten, was ich mit dir vorhabe, aber hau erst mal ab in die Küche und mach eine Flasche Wein auf. Gläser findest du hier unter dem Diwan.«

Es standen eine Menge Flaschen im Kühlschrank, ich entschied mich für einen Mâcon Blanc und fand einen Korkenzieher.

»Verdammt, du hast die Gläser unterm Bett ...«

Ich bückte mich und holte zwei hervor. Just in dem Moment, als ich wieder hochkommen wollte, trat sie mir mit voller Wucht in die Rippen. Das tat verflucht weh. Ich richtete mich auf, und es fehlte nicht viel, und ich wäre auf sie drauf geflogen.

»Wenn du das noch einmal machst, dann scheuer ich dir eine!«

Der stechende Rauch hatte eine merklich beruhigende Wirkung. Ich goß zwei Gläser randvoll und zog einen Stuhl zum Diwan und begann, sie zu betrachten.

»Na, und was wolltest du noch mit mir machen ... außer mir in die Rippen treten?«

Da lachte sie lässig und lächelte spöttisch. Ich wartete ab, lächelte zurück, bohrte in der Nase und tat so, als hätte ich einen Popel und aß ihn auf, rülpste und ließ einen fahren. Karl hatte mir beigebracht, die Bräute so zu behandeln. Sonst würde das Ganze in den Arsch gehen. Man muß gleich zeigen, wo der Hammer hängt, wenn es soweit ist. Verfügte man, wie Karl, über eine Menge schwarzes Kraushaar da unten, konnte man schnell wie der Teufel abspritzen! Nun war vielleicht die Situation nicht gerade danach, denn es war Krieg, mich jedoch beruhigte zu wissen, daß ich einen Haufen Präser in meiner Jacke draußen im Flur hatte. Was für ein Tag!

Etwas dösig dachte ich daran, als Pija sich rasch erhob, den Wein ausspuckte und schrie: »Warum zum Teufel darf man keine Tiere essen?! Überall wimmelt es von diesen Gesundheitsfanatikern, die sagen, man darf keine Tiere essen! Warum zum Teufel darf man keine Tiere essen, sag mir das, du verdammte, nietzschistische Krabbe!«

Ich war cool und sanftmütig und ein bißchen biblisch angehaucht durch den Rauch und die Situation – oder wodurch auch immer.

»Ich bin verdammt klebrig von deinem Lippenstift«, sagte ich. »Hör mal, Pija, ich wisch ihn jetzt ab.«

»Nein, das tust du nicht! Das ist verdammt wichtig, daß der dranbleibt!«

Ich fuhr mir langsam mit dem Handrücken über den Mund.

»Siehste, nun ist der Schmierkram weg!«

Sie warf sich auf mich. Der Stuhl kippte um, und ich fiel auf den Rücken, und der Wein lief mir übers Hosenbein. Sie setzte sich rücklings auf meinen Brustkorb und fixierte mich. Ich spielte die vor Schreck erstarrte Maus – mit einer anderen Art Maus ganz in der Nähe – vor der Katze. Sie beugte sich herab und begann, mich mit gewaltigem Heißhunger zu küssen.

»Hier hast du mehr Schmierkram, du verdammte schopenhauersche Krabbe! Und ... hier ... hast du noch mehr Schmierkram! ... Und hier ... hast du noch ... noch ... noch ... mehr Schmierkram!!«

Die vollkommen rauhe Katzenzunge fuhr mit meiner im Kreis, und jetzt war diese eine veritable Maus. Es war alles andere als unangenehm. Ich fragte mich, ob es sich an einer anderen Stelle genauso rauh anfühlen würde.

»Warum darf man keine Tiere essen, frage ich dich! Hörst du mir nicht zu, du verdammte marquezianische Laus?«

Ich gab keine Antwort, sondern massierte statt dessen ihre kleinen Brüste.

»Du darfst nicht mit mir bumsen«, sagte sie. »Im Moment jedenfalls nicht ... Aber jetzt, du bukowskisches Dromedar, werde ich dir erzählen und zeigen, was ich mit dir machen werde!«

Ich knetete weiter. Ich fand es komisch, daß sie sich so »gesittet« und literarisch referierend auszudrücken verstand, obwohl sie blau war. Und wenn man dann noch die geringere Leberkapazität bei Frauen bedenkt ... Und es kümmerte mich nicht, was sie mit mir anstellen wollte, solange das Geld noch da war, wo es hingehörte ...

»Komm jetzt«, sagte sie und stieg von mir herunter wie

ein siegreicher Preisboxer, und ich stand auf, torkelte ihr mit der Buddel in der Hand nach und kam mir vor wie eine Mischung aus Cop und alter Schullehrerin. Wer von beiden überwog?

Wir landeten im anderen Zimmer, das nahezu unmöbliert und kalt war.

»Komisch«, sagte sie, »das macht doch nichts, wenn wir Tiere essen. Die würden uns doch auch essen, wenn sie könnten!«

Ab da weiß ich nicht mehr genau, wie alles seinen Lauf nahm. Ich landete jedenfalls zu Pijas Füßen, während sie auf einem hohen Stuhl saß. Ich spürte deutlich, daß ich unter Einwirkung von Drogen stand.

»Eigentlich«, begann sie barsch, »solltest du dafür zuständig sein, daß es verdammt lange läuft und nikotin- und alkoholfrei zugeht. Und du solltest finanziell unabhängig sein. Dann würdest du auch mit der praktischen Seite klarkommen ... nach meinen Anweisungen.«

Was zum Teufel soll das?, dachte ich.

»Du könntest mir was Leckeres zu essen besorgen und es mir servieren, während ich dich mit Fingern füttere. Dir gefallen meine Nägel, was?«

Was zum Teufel soll das nun wieder?!

»Du sollst genüßlich einen Finger nach dem anderen ablecken. Aber zuerst sollst du mir einen Jahrgangswein servieren, den du selbst auch mal probieren darfst – aus der Nukkelflasche, weil du ein großes Kind bist! Kriegst du das mit dem Mund gut hin, dann kriegst du eine Belohnung. Dann darfst du meinen Busen aus dem BH holen und bis zum Orgasmus saugen. Kriegst du das nicht hin, dann wirst du bestraft. Mit Reitgerte und Hundeleine! Jetzt machen wir aber nichts davon, jetzt machen wir statt dessen das.«

Sie streckte das eine Bein aus.

»Küss meinen Fuß! So ja, genau. Leck mein Fußgelenk!«

Das machte sich umgehend in der Hose bemerkbar.

»Nimm jetzt dein Glas und befriedige dich selbst. Die ganze Portion ins Glas!«

Ich knöpfte den Hosenschlitz auf und holte den Ständer raus und versuchte, mir erregt in Richtung Glas einen runterzuholen. Sie lachte mir frech ins Gesicht. Ich wichste frenetisch wie ein wild gewordener Affe, und sofort kam ich in einer ordentlichen Kaskade. Die eine Hälfte ging ins Glas, die andere Hälfte auf ihren Fuß.

»Gieß jetzt Wein ins Glas und trink alles zusammen aus!«

Das tat ich und kippte den ganzen Weinspermadrink in einem einzigen Zug.

»Jetzt hast du es dir verdient, mit mir zu schlafen«, sagte sie. »Komm, Boris. Ich bin so müde, so müde. Wir müssen unter die Decke kriechen und uns verstecken, die Tiere essen uns sonst auf, wenn sie in die Verlegenheit kommen ...«

Aus dem Schwedischen von Dagmar Mißfeldt

Ernst Jensen

Ein schöner Abend

Sie waren frühmorgens mit dem Trawler eingelaufen, und gegen Mittag waren sie mit dem Löschen und Aufräumen an Bord fertig, dann bekam die Mannschaft ihre Heuer ausbezahlt. Es war eine schöne Fahrt gewesen. Natürlich harte Arbeit – drei Wochen nur mit Pausen für Schlafen und Essen. Aber man verdiente auch gut dabei!

Jonas klopfte sich zufrieden auf seine Tasche. Das war ein ordentliches Bündel Geldscheine geworden. Jetzt würde es Spaß machen, sich ein paar Tage zu erholen und was zu erleben! Gemeinsam mit Jørgen, seinem Kumpel vom Trawler, ging er den Hügel zur Stadt hinauf. Sie kamen am KGH-Laden vorbei. Er war geöffnet, aber man konnte nicht einmal ein paar Bier für den Anfang kaufen. Scheißbestimmungen! Nun ja, da blieb ihnen eben nichts anderes übrig, als zu warten.

Durch das Schaufenster der Bäckerei sah er Sofie, die dort bediente, und er ging hinein, um mit ihr zu sprechen. Jørgen wartete solange draußen.

Sofie tippte einen Betrag in die Kasse ein, schaute dann aber auf und entdeckte ihn.

»Hallo!« sagte sie freundlich, »hallo Jonas!«

Er lächelte sie an.

»Gib mir ein paar Kuchen!« sagte er, als er an der Reihe war. »Von diesen hier!« Er deutete ins Schaufenster.

Sofie nahm die Kuchen mit einer Zange und legte sie in eine kleine Schachtel, die sie soeben aus weißer Pappe gefaltet hatte.

»Du warst diesmal lange weg, Jonas! Es ist eine ganze Weile her, seit ich dich gesehen habe. War es eine gute Fahrt?«

»Prima!« sagte Jonas. »Aber ich habe dich vermißt. Kommst du heute abend ins Hotel? Ich habe reichlich Geld verdient. Ich kann einen ausgeben!« Er schlug sich mit einer Hand auf die Tasche.

»Vielleicht«, antwortete Sofie zögernd. »Ich weiß nicht so recht ... es ist nämlich so ... ich sollte eigentlich ...«

»Ach was«, schnitt Jonas ihr das Wort ab. »Komm einfach! Du hast doch sonst nie nein gesagt zu einem lustigen Abend – mit Tanz und so ...!«

Der Bäckereikittel stand ihr gut. Sie war schlank, mit festen, runden Formen. Ihr langes, schwarzes Haar war mit einem Band im Nacken zusammengefaßt. Sie lächelte ihn mit schönen, weißen Zähnen an.

»Es ist so lange her, Sofie«, sagte Jonas. »Und wir ... du ...«

Er hatte Lust, ihr etwas besonders Wohlformuliertes, Schönes zu sagen, wie er es im Film gehört hatte. Aber da kam eine ältere Dame herein und wollte ein Schwarzbrot kaufen.

Sofie nahm das Brot aus dem Regal und wickelte es ein.

Jonas trat ein wenig zur Seite.

Die Dame bezahlte und legte das Brot in ihre Tasche. Als sie gegangen war, sagte Jonas: »Du kommst also ins Hotel? Wir können da tanzen. NIPI spielt. Die sind verdammt gut!«

»Mmh, ja, ich weiß nicht ... noch nicht, aber ... na gut, ja, ich komme!«

Sie lächelte wieder, und er konnte sehen, daß sie gerne kommen wollte, aber irgend etwas nicht stimmte, was immer das auch war. Es kamen weitere Kunden.

»Gut, dann rechne ich damit, daß wir uns sehen!« sagte Jonas und ging.

Als es drei Uhr war, gingen Jonas und Jørgen wieder zurück zum Geschäft.

Jeder kaufte einen Sechserpack Bier, eine Flasche Gin und eine Flasche Wodka.

»Jetzt werden wir den Abend wohl überstehen!« sagte Jørgen.

»Tja«, nickte Jonas. »Es kann natürlich sein, daß wir Gäste kriegen ... – vielleicht sollte man sich da absichern. Gib mir noch eine Flasche Wodka«, sagte er der Verkäuferin.

Zwei 500-Kronen-Scheine mußten wohl reichen. Oh ja, er bekam sogar noch etwas zurück.

Er zählte das Wechselgeld nicht nach, sondern stopfte es einfach in die Tasche seiner Windjacke in einer Art, die zeigen sollte, daß Geld nicht alles für ihn auf der Welt bedeutete – nicht für Leute wie ihn. Geld, das war nur etwas, mit dem man sich Annehmlichkeiten und Vergnügungen kaufte.

Im Film hatte er gesehen, daß Leute, die die Fäden in der Hand hatten, es machten wie er. Wechselgeld zählt man nicht nach. Man streckt höchstens die Hand aus, um es entgegenzunehmen. Das Übliche wäre, einfach zu sagen: »Keep the change« – der Rest ist für dich! – und mit einer abwehrenden Handbewegung seine Verachtung Kleingeld gegenüber zu zeigen. Der Gangster mit Format, der sich beispielsweise mit einem listigen, gerissenen Coup eine Million in bar angeeignet hatte, für den war es scheißegal, ob er ein paar Hunderter mehr oder weniger hatte. »Behalte den Rest!« sagt er in überlegenem Ton, auch wenn es sich um mehrere hundert Kronen handelt – oder Dollars sind es wohl in der Regel.

Nun gut, aber Jonas war natürlich ehrlich zu seinem Geld gekommen. Ja, verdammt! Er hatte hart genug dafür geschuftet. Und er steckte sein Wechselgeld ein. Die KGH-Dame hätte sicher dumm geguckt, wenn er ihr gesagt hätte: »Keep the change!«

Sie brachten ihre Biere und Tüten mit den Flaschen an Bord. Der Kapitän stand auf der Brücke.

»Na, Jungs«, sagte er. »Ihr wollt euch wohl amüsieren, was? Aber paßt auf, daß ihr es nicht zu bunt treibt! Wir stechen übermorgen wieder in See!«

»Geht schon in Ordnung«, erwiderte Jonas. »Willst du auch eins?«

»Nein, danke«, sagte der Kapitän. »Ich will nach Hause zu meiner Familie.«

In der engen Kajüte öffnete Jonas schnell den Karton mit Bier.

»Ey, Jørgen, altes Haus. Hier, bitte.«

»Ah! Das tut gut. Weißt du was, Jørgen: Ich gehe heute abend ins Hotel. Kommst du mit? Ich bin da mit Sofie verabredet. Sie ist aber auch süß, nicht? Wir kennen uns schon seit unserer Kindheit. Und jetzt ist sie zwanzig, ein Jahr jünger als ich.«

»Klasse!« sagte Jørgen. »Ich komme mit! Es gibt wohl noch andere Mädchen da im Hotel. Wenn nicht, schnappe ich dir Sofie weg!«

»Dann kriegst du aber eins auf die Fresse!« sagte Jonas. »Wehe, einer rührt Sofie an! Die ist für mich reserviert, du!«

Er legte den Kopf in den Nacken und trank den Rest Bier. Dann drückte er das dünne Metall mit einer Hand zusammen, als wollte er zeigen, was mit jedem passieren würde, der ihm bei seinen Plänen mit Sofie in die Quere kam. Danach griff er sich eine neue Dose und öffnete sie.

Im Lokal war gedämpfte Beleuchtung, und die Tische standen dicht um die runde Tanzfläche. An einem Ende gab es ein Podest für die Musiker. Das war NIPI, die stadtbekannte Band. Sie war gerade dabei, ihre Gitarren zu stimmen und ihre Verstärker zu testen, als Jørgen und Jonas hereinkamen. An den Tischen saßen bereits einige Menschen, das Bier vor sich.

»Laß uns mit zwei Faßbier anfangen!« sagte Jonas.

Er rief den Kellner mit einer herrischen Armbewegung zu sich.

»Wir brauchen was Ordentliches als Grundlage!«

Es war das gewöhnliche, dünne Bier, von dem man nicht richtig betrunken wurde, ohne die ganze Zeit rauszurennen, um zu pissen!

»Na gut, eins reicht mir für den Anfang«, sagte Jørgen.

»Quatsch!« sagte Jonas. »Du kriegst zwei! Wenn du mit mir ausgehst, dann sollst du nicht verdursten, und jetzt will ich nichts mehr davon hören! So oft machen wir uns ja auch keinen vergnügten Abend!«

Er zog eine Packung Zigaretten heraus und bot Jørgen davon an. Dann gab er ihm und sich Feuer.

Das Bier kam auf den Tisch, und sie hoben die Gläser.

»Na, dann Prost!« sagte Jørgen. »Und viel Glück mit Sofie. Ich hoffe, sie kommt!«

»Natürlich kommt sie!« sagte Jonas. Er sog heftig an seiner Zigarette, trank aus seinem Glas und wischte sich mit dem Handrücken den Mund ab.

»Mich läßt sie nicht im Stich, du. Das würde ihr auch schlecht bekommen, will ich dir mal sagen. Ich finde mich nicht mit allem ab! Sie ist schon toll, Jørgen. Etwas Besonderes, weißt du. Nicht so ein gewöhnliches Mädchen.«

»Wenn du mit ihr zusammen sein willst, dann solltest du nicht so schnell mit den Bieren sein«, sagte Jørgen. Jonas hatte das erste Starkbier ausgetrunken und goß das nächste ein.

»Blödsinn!« erwiderte Jonas. »Hier soll es an nichts fehlen! Das Fest hat begonnen. Ich kann eine ganze Menge vertragen, ohne blau zu sein. Prost, Jørgen.«

Kurz darauf kam Sofie. Sie kam zusammen mit Sørine, die auch im KGH arbeitete, und zwei jungen Männern. Der eine davon war Henrik, mit dem Jonas in eine Klasse gegangen war. Er war jetzt bei GTO angestellt, war gelernter Mechaniker und arbeitete in der Autowerkstatt. Den anderen kannte Jonas nicht. Das war wohl Sørines Freund.

»Kommt und setzt euch!« sagte Jonas. »Wir schieben zwei Tische zusammen. Sofie, komm, setz dich zu mir! Schön, daß du gekommen bist. Was willst du trinken?«

Die anderen sind mir gleich, dachte er. Aber jetzt sind sie nun einmal hier.

»Eine Runde für alle!« rief er und winkte dem Kellner. Das klang ein wenig laut, aber inzwischen konnte er auch die beiden Starkbiere spüren, die er verhältnismäßig schnell getrunken hatte – abgesehen von den vier, fünf normalen Bieren, die er mit Jørgen auf dem Schiff gekippt hatte, bevor sie zum Hotel gegangen waren.

Sofie trug ein rotes Kleid mit tiefem Ausschnitt. Sie hatte eine schlanke, geschmeidige Figur, und das Kleid betonte ihre Formen. Sie setzte sich neben Jonas. Henrik setzte sich auf ihre andere Seite. Er legte einen Arm auf die Rückenlehne von Sofies Stuhl. Jonas bemerkte das.

Das könnte er sich gern schenken, dachte er. Sofie ist mein Mädchen.

»Wollen wir tanzen?« fragte er.

Sie stand lächelnd auf und folgte ihm. Er fühlte sich einigermaßen sicher auf den Beinen und folgte dem Rhythmus ziemlich gut, und er hielt Sofie fest. Sie wehrte sich nicht, als er sie enger an sich zog.

»Du bist süß, Sofie» sagte er in ihr Haar. Dann wußte er nicht, was er in dieser Situation noch hätte sagen können.

»Du auch, Jonas«, sagte sie. »Wenn du nur nicht zuviel trinkst! Manchmal, wenn wir zusammen aus waren, warst du einfach zu betrunken.«

»Ach was«, wehrte er ab. »Man wird sich doch wohl noch ein bißchen amüsieren dürfen. Und ich kann was vertragen.«

»Noch mehr Bier!« rief er, als sie wieder zurück am Tisch waren. »Oder wollt ihr lieber was anderes? Whisky vielleicht?« Er hatte das Gefühl, daß er die Sache im Griff hatte. »Henrik, was willst du haben?«

»Danke«, antwortete Henrik, »aber ich möchte nichts mehr. Ich muß noch fahren, weißt du.«

»Fahren? Was meinst du damit? Was fährst du?«

»Motorrad! Ich habe ein Motorrad. Natürlich ein gebrauchtes. Es ist ja verboten, neue Motorräder nach Grönland einzuführen. Aber ich habe mir ein gebrauchtes gekauft, und nachdem ich es repariert habe, fährt es gut. Oder, Sofie?«

»Oh ja!« stimmte sie zu, »und es macht Spaß, Motorrad zu fahren. Ich bin hierher hintendrauf mitgefahren!« erklärte sie Jonas.

»Ach«, wehrte Jonas ab. »So was Besonderes ist es doch nun wohl auch nicht. Aber egal: Ein Bier sollst du noch haben, Henrik – eins von den starken. Damit kannst du immer noch gut fahren!«

»Nein danke«, wehrte Henrik ab. »Ich möchte nicht. Wenn ich noch mehr trinke, muß ich das Motorrad hier beim Hotel stehenlassen, und dann riskiere ich, daß es geklaut wird.«

»Blödsinn, Mann! Du kannst ja wohl so ein albernes Motorrad fahren, auch wenn du ein paar Biere gekippt hast! Mit ihm würde ich an deiner Stelle ja nicht mitfahren, Sofie, wenn er seine Maschine nicht mehr beherrscht, sobald er ein bißchen getrunken hat!«

Jonas war jetzt richtig in Fahrt gekommen. Es machte ihm Spaß, Henrik zu verhöhnen.

Angeber, dachte er. Ein Motorrad! Als ob das so was Besonderes wäre.

Henrik hatte seinen Arm wieder auf die Rückenlehne von Sofies Stuhl gelegt. Berührte nicht auch seine Hand ihr Haar?

Jonas spürte, daß er jetzt, nach zwei weiteren Starkbieren, langsam blau wurde. Er mußte auf die Toilette.

Dort lehnte er sich gegen die weißen Kacheln und schaute auf die Rinne hinunter, in der Zigarettenkippen, Papierfetzen und Urin schwammen.

Neben ihm stand ein junger Mann und gab einen kräftigen Strahl von sich. Das war Karsten, er kannte ihn aus der Schule. Er arbeitete jetzt in der Fabrik.

»Sofie kriegst du sowieso nicht ins Bett, das kannst du gleich vergessen!« erklärte Karsten. »Die hat Henrik in seinen feuchten Krallen. Er hat ja auch ein Motorrad. Da kommst du nicht gegen an. Die beiden brausen doch von früh bis spät durch die Stadt.«

»Henrik! Pah!« entgegnete Jonas. »Dieser Angeber! So dumm ist sie doch nicht. Er denkt ja die ganze Zeit nur an das eine. Ich kenne ihn, diesen ...«

Er spürte mit einem Mal eine große Wut auf Henrik in sich aufsteigen, der doch jahrelang sein Freund gewesen war.

»Ja ja«, sagte Karsten. »Du wirst schon sehen. Ich nehme an, daß Henrik mit ihr davonläuft!«

Jonas packte Karsten und drückte ihn an die Wand. »Wirst du wohl dein verfluchtes Maul halten!« schrie er. »Sonst kriegst du eins in die Fresse!«

»Ist ja schon gut«, stotterte Karsten. Er war sich nur zu klar darüber, daß er gegen Jonas nicht ankam. Der war einfach zu stark. »Immer mit der Ruhe, Mann! War doch nicht so gemeint, ey!«

Als Jonas zurück zum Tisch kam, saß Jørgen allein dort. Sørine tanzte mit ihrem Freund, und auch Henrik und Sofie waren auf der Tanzfläche! Henrik hielt Sofie eng an sich gedrückt.

Die Musik spielte laut. Man konnte nicht miteinander reden. Die Luft war schwer vom Zigarettenrauch. Jonas rief mit einer großen Armbewegung den Kellner zu sich, hob sein Glas und zeigte darauf. Als der Kellner mit der Whiskyflasche kam, hielt Jonas zwei Finger hoch. Einen Doppelten!

»Und für Jørgen auch!« gröhlte er.

Der Kellner beugte sich zu ihm herab und rief ihm ins Ohr: »In zehn Minuten wird der Ausschank geschlossen, wenn ihr noch etwas wollt, müßt ihr jetzt bestellen!«

»Noch eine Runde«, johlte Jonas. »Das ist so ein schöner Abend, nicht wahr! Schenk ein!« Er riß einen 100-Kronen-Schein aus seiner Tasche. Der Kellner blieb stehen und sah ihn abwartend an. Jonas konnte nicht hören, wieviel er verlangte. Aber das war ja auch ganz gleich! Er legte noch 100 Kronen auf den Tisch.

»Keep the change!« sagte er. Wie diese fremden Worte korrekt ausgesprochen wurden, hatte er nie richtig gehört, und der Kellner verstand auch nicht, was er meinte, oder er konnte ihn einfach nicht hören. Er legte das Wechselgeld auf den Tisch, und Jonas stopfte es sich in die Tasche.

Jetzt standen diverse Bierflaschen auf dem Tisch. Sie tranken alle zusammen. Henrik trank ein Selters, das er selbst bestellt hatte. Jonas deutete darauf und schüttelte den Kopf. Er hätte Henrik gern gesagt, daß er ein dummer Junge sei, aber es war nicht möglich, irgend etwas zu verstehen. Er trank von seinem Whisky. Scheiß drauf, dachte er. Scheiß auf das ganze Theater. Und jetzt mußte er schon wieder pissen. Dieses ganze Bier! Er lief zwischen den Tischen im Zickzack, stieß aus Versehen einen Mann an, der gerade sein Bier trank, das ihm auf seine Jacke spritzte. »Paß doch auf, du Tolpatsch!« rief er. Jonas reagierte nicht.

Als er wieder zurückkam, waren Sofie und Henrik weg. Er zwinkerte mit den Augen und schaute sich um. Der Raum drehte sich um ihn. Durch den dichten Tabakrauch konnte er Paare tanzen sehen, aber Sofie und Henrik konnte er nicht entdecken.

»Sie sind gegangen«, murmelte Jørgen mit belegter Stimme. Er beugte sich dicht zu Jonas und sprach in dessen Ohr. Er war reichlich besoffen. »Sie sind gerade eben gegangen,

Henrik wollte Sofie auf seinem Motorrad nach Hause fahren. Sie hat gesagt, du wärst zu blau.«

Jonas ließ diese Nachricht ein paarmal in seinem Gehirn kreisen, dann schob er Jørgen weg. »Zu blau? Ich werde ihr das Gegenteil beweisen! Ich gehe auch!« sagte er. »Bis später!« Die Wut kochte in ihm. Das würde sie noch bereuen. Damit würde sie nicht so einfach davonkommen, mal eben abzuhauen! Und dann noch mit Henrik, diesem Schuft! »Du hast wohl gedacht, du könntest mir mein Mädchen ausspannen, was? Daraus wird nichts!«

Er schmiß sich auf den Rücksitz eines vor dem Hotel wartenden Taxis. Er hatte eine Bierflasche in der Hand. Sie war halbvoll. Er nahm einen ordentlichen Schluck.

»Daraus wird einfach nichts!« sagte er laut. Der Fahrer betrachtete ihn verwundert im Rückspiegel. »Ist was nicht in Ordnung?« fragte er ein wenig mißtrauisch.

»Nein, nein«, erwiderte Jonas. »Fahr einfach los!« Das rote Rücklicht eines Motorrads verschwand hinterm Hügel. Jonas deutete mit dem Finger nach vorn. »Fahr dem Motorrad hinterher«, sagte er gebieterisch. So machten sie es im Kino. Aber da war es normalerweise ein Auto. »Follow the car!« Und dann ging es los, mit quietschenden Reifen in den Kurven. Eine atemberaubende Fahrt auf gefährlichen Wegen.

Nun ja, so lief es hier ja nun nicht. Das Motorrad fuhr mit Henrik und Sofie in angemessenem, vorschriftsmäßigem Tempo den Hügel zum Hubschrauberlandeplatz hinauf. Sofie hatte ihre Arme um Henrik gelegt, um sich festzuhalten.

Es wehte und schneite. Die Schneewehen bildeten hier und da quer über die Straße kleine Dämme, aber nichts, was ein Motorrad oder den großen Mercedes hätte behindern können. Das Motorrad vorn fuhr jetzt mit höherer Geschwindigkeit, so daß das Rücklicht in der Kurve vor der Straße zum Hubschrauberlandeplatz verschwand.

»Hinterher! Schneller!« sagte Jonas zum Fahrer.

»Man darf hier nur 40 fahren!« erklärte dieser.

»Scheiß drauf! Fahr schneller, zum Teufel!«

»Immer mit der Ruhe!« erwiderte der Fahrer. »Übrigens: Kannst du auch bezahlen?«

»Bezahlen? Natürlich kann ich bezahlen!« Jonas zerrte 100 Kronen aus seiner Tasche und streckte das Geld nach vorn. »Hier!« sagte er, »Vorschuß! Jetzt fahr aber!«

Fast hätte er gesagt: »Keep the change.«

»Okay«, sagte der Fahrer. »War ja nicht so gemeint, aber weißt du, es gibt viele, die …«

Das Motorrad wendete auf dem Parkplatz vor dem Hubschrauberlandeplatz. Das kräftige Licht seines Scheinwerfers blendete Jonas für einen Augenblick, so daß er blinzeln mußte. Henrik gab direkt vor dem Taxi Gas, so daß das Motorrad mit einem Aufbrüllen nach vorn schoß. Ein Rückstoß durchzuckte Sofie, die sich jetzt besonders fest an Henrik klammern mußte. Jonas konnte kurz ihr Gesicht sehen. Sie schien sich zu amüsieren. Obwohl er benebelt war, erinnerte er sich daran, daß Sofie gesagt hatte, es wäre schön, Motorrad zu fahren. Sie schien es zu genießen. Trotz Schnee und Wind war es nicht besonders kalt. Die beiden würden sicher noch eine Extratour durch die Stadt machen.

Jetzt wußte er, was er tun würde! Er fühlte sich stark und sicher. Er hatte genug getrunken, um die üblichen Hemmungen über Bord schmeißen zu können. Zurück war eine primitive und teuflische Entschlossenheit geblieben. Das Unrecht, das ihm angetan worden war, sollte gerächt werden, und jetzt wußte er auch, wie.

Irgendwo in seinem alkoholisierten Kopf befand sich die Erinnerung an einen Film, den er einmal gesehen hatte. Ja, so wollte er es machen! Das hatten sie verdient!

»Fahr runter zum Hafen!« sagte er dem Fahrer. Jonas lehnte sich in den weichen Sitz zurück. Jetzt mußte gehandelt werden! Jetzt würden sie sehen, die beiden, daß er sich von ihnen nicht auf der Nase rumtanzen ließ! Sofie! Blöde Zicke! Daß ein albernes Motorrad dich locken kann! Deshalb hast du selbst Schuld! Vage Vorstellungen tauchten in seinen Gedanken auf. Was wollte er noch? Ach ja, runter zum Trawler.

»Runter zum Hafen«, sagte er noch einmal zum Fahrer.

»Halte da bei dem Schiff!« erklärte er, als sie den Kai entlangfuhren. Er suchte nach dem Türgriff.

»Warte hier!« sagte er.

»Okay, aber meinst du nicht, daß es besser ist, wenn wir erst abrechnen? Nicht, daß ich, ... aber falls du auf andere Gedanken kommst!«

»Wir fahren in zwei Minuten weiter!« schüttelte Jonas den Kopf.

»Ich will nur was holen. Aber von mir aus. Hier!«

Er gab dem Mann noch einen 100-Kronen-Schein.

Dann kletterte er die Leiter zum Maschinenraum hinunter. Da gab es einen kleinen Verschlag mit Werkzeug, Reserveteilen und verschiedenen Kleinigkeiten. Er wühlte im Werkzeugkasten und fand, was er suchte. Ihm wurde leicht schwindlig, als er den Kopf nach unten neigte.

Anschließend suchte er den Weg zu seiner Kajüte und schnappte sich eine Flasche Wodka. Er schraubte den Deckel ab und nahm einen Schluck. Es brannte im Hals, und er schüttelte den Kopf. Dann schob er die Flasche in die Tasche seiner Windjacke und schlingerte zum Taxi zurück.

Als er wieder auf dem Rücksitz angekommen war, nahm er noch einen Schluck aus der Flasche.

»Hör mal, ich will nicht, daß du hier im Auto trinkst!« sagte der Fahrer. »Und ich denke, du hast sowieso schon genug, oder?«

»D-d-das kann schon sein!« erwiderte Jonas. »Ist in Ordnung, Mann!« rief er dann. »Keinen Sprit mehr hier und jetzt! Fahr nur los!«

Die Straße zum Hubschrauberlandeplatz führte in einem großen Bogen hinter der Stadt herum hinunter zum Hafen. Für grönländische Verhältnisse war sie breit, und die Verkehrsteilnehmer waren hier leicht geneigt, die vorgeschriebene Geschwindigkeitsbegrenzung von 40 Kilometern in der Stunde zu überschreiten. Leute, die nur zu ihrem Vergnügen fuhren, gaben ihrem Fahrzeug manchmal sehr viel mehr Gas als erlaubt, ganz gleich, ob nun Motorrad oder Auto.

Ein Stück weiter lagen zu beiden Seiten der Straße einige große Felsbrocken.

»Ich will hier raus!« sagte Jonas.

»Hier? Und dann? Bis zur Stadt ist es ein ganzes Stück, aber das weißt du wohl allein, oder?« Ihm war klar, daß Jonas so betrunken war, daß er das vergessen haben könnte oder daß er einfach nicht wußte, wo er war.

»Ich will hier raus!« sagte Jonas. »Fahr an den Rand.«

»Wie du willst«, erwiderte der Fahrer. »Du hast das Sagen. Vielleicht ist es ja ganz schön, so ein kleiner Spaziergang in der kühlen Abendluft, was?«

Jonas zog einen 100-Kronen-Schein heraus. »Hier«, sagte er und gab ihn dem Fahrer. »Keep the change! Kauf dir was Schönes dafür.« Er holte die Flasche heraus. »Willst du einen Schluck?«

»Nein danke«, sagte der Mann. »Ich trinke nicht, wenn ich fahre.«

»Okay!« Jonas zuckte mit den Schultern. »Dann nehme ich einen für uns beide.« Er setzte die Flasche an den Mund und trank. »Also prost und gute Nacht.«

Das Taxi fuhr los und kam kurz darauf zurück, nachdem es auf dem Parkplatz des Hubschrauberlandeplatzes gewendet hatte.

Jonas setzte sich auf einen der Felsen. Er nahm noch einen Schluck aus der Flasche – ohne weiter darüber nachzudenken, eher wie eine Art Reflex –, wie wenn man an einer Zigarette zieht. Man kann eine ganze Zigarette rauchen, ohne zu merken, was man eigentlich tut.

Und jetzt waren Jonas' Sinne soweit benebelt, daß er kaum noch wußte, was er eigentlich tat oder welche Konsequenzen das haben würde. Doch sein teuflischer Plan tauchte in seinem Bewußtsein auf, verschwand wieder und nahm von neuem Formen an.

Das starke Licht eines Scheinwerfers kam von der Stadt heran, und er hörte das Geräusch eines Motors. Waren sie das? Nur mühsam kam er auf die Beine und schwankte weiter weg von der Straße hinter einen Stein. Kurz darauf kam das Motorrad vorbei. Sie mußten bereits ein paar Runden auf den Straßen der Stadt hinter sich haben, aber die Strecke zwischen Hubschrauberlandeplatz und Stadt war besonders verlockend.

Sicher würden sie noch eine Runde drehen. Kurz darauf kamen sie vom Landeplatz zurück und fuhren mit hoher Geschwindigkeit hinab.

Das Schneetreiben hatte zugenommen, aber immer noch war es nicht kalt. Jonas spürte es jedenfalls nicht.

Ein Schaufelbagger mit einem Schneeschieber davor kam lärmend die Straße von der Stadt herauf und fuhr Richtung Hubschrauberlandeplatz. Ihm folgte eines der Autos der grönländischen Fluggesellschaft.

Jonas holte die dünne Rolle Stahldraht, die er aus dem Werkzeugkasten im Maschinenraum geholt hatte, unter seiner Windjacke hervor und wickelte sie ab. Das eine Ende schnürte er um einen großen Stein und befestigte es dort. Dann ging er mit dem anderen Ende auf die andere Straßenseite.

Jetzt kam das Motorrad zurück! Der Draht lag auf der Straße, und es gab einen kleinen Ruck, als das Motorrad drüber fuhr. Das Auto kam zurück und fuhr vorbei. So, dachte Jonas. Jetzt geht's los. Da kam das Licht vom Motorradscheinwerfer hinter der Kurve zum Vorschein. Wie hell das Licht war! Und fast könnte man meinen, es wären zwei. Blödsinn, sagte er zu sich selbst. Ein Motorrad hat nur einen Scheinwerfer. Das mußte der Schnee sein, der es wie zwei aussehen ließ, oder vielleicht kam es auch nur daher, weil er blau war. Es lohnte sich nicht, darüber nachzudenken. Da kam das Licht, und damit basta!

Es kam schnell näher. Und der Lärm! Verflucht, was ein Motorrad doch für Krach machte! Aber damit wäre jetzt auch Schluß! Man ließ sich ja eine ganze Menge gefallen, aber irgendwo gab es eine Grenze. Der Gedanke an Rache flimmerte in seinem benebelten Gehirn. Der Draht! Jetzt um diesen Stein herum. So, noch einmal herum und dann anspannen! Er hatte das vage Gefühl, daß der Draht jetzt stramm ungefähr einen Meter über der Straße gespannt sein mußte.

Als er versuchte, ihn zu knoten, fiel er hin. Die Flasche – wo war die denn? Zum Glück war sie nicht zerbrochen. Er setzte sie an den Mund und trank. Der Wodka lief in seinen Hals, als wäre es Wasser. Er spürte nicht mehr, daß er hochprozentig war.

Irgendwas lief ihm Kinn und Hals hinunter. Verdammte Scheiße! Leer! Er warf die Flasche weg.

Der Lärm wurde lauter. Das Licht blendete ihn. Zur Hölle mit dem Krach! Dann ein lauter Knall, ein Schlag, er spürte einen kräftigen Ruck im Draht, gegen den er sich lehnte. Der Stoß warf ihn kopfüber in den Schnee am Straßenrand, und trotz seines Rauschs spürte er einen gewaltigen Schmerz im Arm.

Ein infernalisches Schrammen von Eisen gegen Stein war zu hören. Er sah das blendende Licht und irgendwas Großes, Dunkles hinter dem Licht. Dann wurde alles schwarz vor seinen Augen.

Henrik hielt das Motorrad auf dem Parkplatz des Hubschrauberlandeplatzes an. Er drehte sich nach hinten und legte einen Arm um Sofie: »Wollen wir noch weiterfahren, oder willst du lieber nach Hause?«

»Ich friere«, sagte sie und schüttelte sich. »Ich möchte gern nach Hause.«

»Okay«, nickte Henrik und schaltete. »Das Wetter ist ja auch nicht so gut.«

Über die Straße wehten die Schneeflocken. Der große Schaufelbagger der Stadt mit dem Schneeschieber hatte auch gerade auf dem Parkplatz gewendet und fuhr jetzt wieder zur Stadt hinunter. Es gab nur kleine Verwehungen, deshalb fuhr er ziemlich schnell. Zunächst war die Straße noch schmal, aber weiter unten gab es eine Ausweichstelle. Dort wollte Henrik ihn überholen. Sofie hielt sich an ihm fest, und dann fuhren sie los.

Die Schneeräummaschine war ein ganzes Stück vor ihnen.

Plötzlich hörten sie etwas wie einen lauten Knall und sahen, wie der Schaufelbagger aus der Bahn geriet und die Schneeschaufel einen Felsen am Straßenrand rammte. Das Fahrzeug selbst stand fast quer auf der Straße.

Der Fahrer kletterte aus dem Führerhaus. Henrik hielt sein Motorrad direkt hinter der Maschine an.

»Was ist los?« rief er.

Der Fahrer kam nach vorn. Er griff einen dünnen Stahldraht, der in der Schneeschaufel festsaß. »Das war es!« sagte er.

»Ich weiß nicht, was das soll, aber verflucht nochmal, ich habe das Gefühl, das war über die Straße gespannt und hat mich aus der Bahn geworfen!«

Die Scheinwerfer der Maschine strahlten durch das Schneegestöber auf die Straßenseite.

»Oh, mein Gott!« rief Henrik aus. »Da liegt ja ein Mann!«

»Oh!« stieß Sofie aus. Sie war vom Motorrad abgestiegen und näherte sich ängstlich. Alle drei gingen zu der Gestalt, die unbeweglich am Straßenrand lag.

»Aber ... das ... das ist ja Jonas!« keuchte Sofie. »Wieso nur?« Sie beugte sich herab. »Jonas! Was ist los? Warum liegst du hier? Was ist passiert?«

Er bewegte sich nicht.

»Ist er tot?« fragte der Fahrer.

»Nein, er atmet«, antwortete Henrik. »Er ist bestimmt nur besoffen. Er hat im Hotel schon reichlich dem Bier zugesprochen. Aber warum liegt er nur hier? Und was ist das mit dem Stahldraht?«

Sie schauten sich verwundert um.

Sofie beugte sich über Jonas, der sich jetzt etwas bewegte und einen klagenden Laut ausstieß. Er roch reichlich nach Schnaps.

»Was ist los«, fragte sie. »Jonas, was ist passiert?«

Er versuchte aufzustehen, fiel aber wieder in den Schnee zurück. Henrik und der Fahrer faßten ihn jeder an einem Arm und wollten ihn hochziehen, aber er jammerte laut. »Au! Mein Arm! Ich glaube, er ist gebrochen.«

»Ach, Jonas, du Clown«, sagte Sofie mitleidig. »Warum mußt du auch immer soviel trinken! Und was willst du denn hier draußen? Du solltest lieber zusehen, daß du in deine Koje auf dem Schiff kommst.«

Jonas antwortete nicht, sondern hielt sich nur laut stöhnend den Arm fest.

»Wäre es nicht am besten, wenn wir ihn ins Krankenhaus schaffen?« fragte Henrik. »Vielleicht hat er ja wirklich den Arm gebrochen. Aber wie kriegen wir ihn dorthin? So blau, wie er ist, kann er nicht auf dem Motorrad sitzen.«

»Und zu mir ins Fahrerhaus kriegen wir ihn auch nicht hoch«, überlegte der Fahrer. »Wenn der Arm gebrochen ist, können wir ihn nicht da hochhieven.«

Sie standen ratlos da.

»Dann müssen wir ihn eben in die Schneeschaufel legen!

Und ich fahre ihn dann ins Krankenhaus«, erklärte der Fahrer. »Das ist bestimmt die beste Methode.«

Er kletterte ins Fahrerhaus, setzte die Maschine in Gang und fuhr rückwärts von den Felsen weg. Dann richtete er die Schaufel auf.

Vorsichtig hoben sie Jonas hoch und legten ihn auf den weichen Schnee in der Schneeschaufel des Schaufelbaggers.

Er protestierte nicht. Es schien, als wäre er in Ohnmacht gefallen.

»Wir fahren vor«, sagte Henrik. »Dann kann Sofie nach hinten gucken und aufpassen, daß er nicht rausrollt. Wenn er anfängt, sich zu bewegen, gibt sie ein Zeichen, damit du anhältst.«

Der Fahrer kletterte wieder in sein Fahrerhaus. Er hob die Schneeschaufel ein wenig hoch und kippte sie gleichzeitig ein bißchen nach hinten. Das Motorrad fuhr vor, und so fuhren sie zur Stadt, zum Krankenhaus.

Sofie schaute die ganze Zeit nach hinten. Durch die Schneeflocken konnte sie ab und zu Jonas' Gesicht sehen. Er lag mit geschlossenen Augen da und war sehr, sehr blaß.

Aus dem Dänischen von Christel Hildebrandt

Hannu Salama

Vor Weihnachten

Um drei Uhr wird es dunkel, und man muß Licht anmachen. Der Himmel ist blaurot, der Mond steigt voll, aber bleich aus dem Fichtenwald. Das Tauwetter hat das Blechdach des Nachbarn abgewaschen. Vom Fuße des Schornsteins verläuft ein brauner Streifen zur Dachtraufe, wo ein Hauch von Schnee liegt.

Auf dem Hinterhof gegenüber klopfen Frauen Teppiche aus, nahezu unsichtbar wirbelt der Staub. Das Spiegelbild der Lampe steht losgelöst am Himmel. Der Schnee nimmt allmählich die Farbe des Himmels an. Wenn ich das Fenster öffne, dringt der stechende Geruch der Sulfatfabrik ins Zimmer.

In zwei Tagen ist Weihnachten.

Das Flötentrio der Mädchen spielt im Parterre »Oh, du fröhliche«. Sie sind musikalisch, spielen gut. Ich sitze im Schein des Ofenfeuers und schichte den Koks in der Mitte der Feuerstelle zu einem hohen Bergrücken auf. Ich verbrenne einige Briefe, ein Teil davon, den ich später als verlogen eingestuft habe, ist nie abgeschickt worden. Das Papier entflammt, die Flamme bleibt an der Netzhaut hängen. Das braune, zusammengeschobene Papier schwebt über der Glut. Es hat ein paar Brände zu einer blauen Flamme aufgehetzt. Als sie nicht mehr zu sehen ist, schließe ich die Klappen. Die Ofenmauern knacken vor sich hin.

Ich lege mich hin und versuche, Turgenjew zu lesen. Ich lese eine Erzählung, eine zweite, und es hat den Anschein, als trüge man eine Fuhre gefrorenes Schilf ins Zimmer, das langsam auftaut.

Ich warte auf Marke, sie hat versprochen, vor Weihnachten zu kommen, spätestens am Vorabend. Ich weiß nicht, ob sie kommt. Ich habe das Gefühl, sie kommt nicht.

Drei Tage habe ich keine Lust gehabt, essen zu gehen. Im Schrank liegen zwei trockene Weißbrote, anfangs sind es dreieinhalb gewesen. Von den Weinflaschen habe ich eine getrunken und mit mir selbst geredet und gesungen: »Macht hoch die Tür«. Die andere wollte ich für Marke übriglassen. Die trinken wir zusammen und essen das Weißbrot, obwohl sie bei solchen Dingen natürlich etwas phantasielos ist. Ich zünde eine Kerze an, setze mich an das eine Ende des Tisches und lege eine Tischdecke hin. Auch Gabel und Messer, so wird es festlicher. Wir essen, der Wein wärmt und macht uns gesprächig. Ich wünsche ihr frohe Weihnachten und sage, daß ich sie liebe. Sie lacht – ein heiteres, befreites, gesundes Lachen mit großen Zähnen. Die Kerze brennt runter. Ich kaufe eine dünne Kerze, die brennt schnell.

Andererseits wäre ich froh, wenn sie nicht käme. Ich weiß nicht warum. Ich möchte mein Leben in dieser Form weiterführen, stundenlang am Fenster herumlungern, vergessen, daß ich zu derselben Welt gehöre, die ich betrachte, und mich freuen. Oder kann man das freuen nennen? Vielmehr ist es bittere Genugtuung darüber, daß einem die Flucht gelungen ist, wenn schon vor sonst nichts, dann vor den Weihnachtsvorbereitungen, und daß man dasein darf, ohne sich um das Mindeste zu kümmern. Wenn ich zusätzlich noch lernen würde, ohne Essen auszukommen, dann hätte ich nicht die geringste Berührung mit der Außenwelt. Vielleicht werde ich geisteskrank, vielleicht auch nicht. Und was heißt denn schon geisteskrank.

Das ist so lächerlich, daß ich laut vor mich hin lachen muß. Mir fallen Sartres Hummer ein.

Am Abend lese ich Dagerman. Er kann sich für nichts

interessieren. Die tote Alma ist stellenweise sehr gegenwärtig, aber meistens allzu gekünstelt. In einer Reihe mit den großen Symbolumsichwerfern, oder etwas in die Richtung. Und dem Jungen gelingt es nicht, in mir Sympathien zu wecken, auch keine ernsthaften Antipathien. Ich verachte ihn seiner unselbständigen Selbstsucht wegen, er tut mir auch leid. Mit dem Brotmesser schlitze ich die Seiten auf und lese bis Seite 157. Ich beschließe, die restlichen Buchseiten aufzutrennen. Ich würde es lassen, aber da ich mich dazu entschlossen habe, muß ich das Buch aufschneiden, auch wenn es mir zum Hals raushängt und zu viel Zeit kostet. Ich tue es dennoch und grüble darüber nach, ob es nicht klüger gewesen wäre, das Buch unaufgeschnitten zu lassen.

Ich höre auf zu lesen, ich hole Papier hervor und beginne, an ein Mädchen zu schreiben, das mich nicht liebt und das ich nicht liebe. Trotzdem behaupte ich, daß ich es vor einiger Zeit geliebt habe, obwohl ich nie geliebt habe. Während ich dies zusammenlüge, fange ich an, von der Pflicht eines Menschen einem anderen gegenüber zu erzählen, und es scheint eine gute Geschichte zu werden. Erstaunlich echt. Ich habe geschrieben: »Wir müssen versuchen, uns unseren Nächsten mit Gewalt zu nähern, auch wenn es so aussieht, als besäßen wir keine Liebe, daß auch wir selbst bemerken, daß wir nur tönend' Erz und klingende Glöckchen sind.«

Dann schreibe ich wieder über Liebe, über die sinnliche und die unsinnliche. Ich weiß, daß ich diesen Brief nicht abschicke. Das Mädchen ist ja nicht dumm. Sie kennt mich zu gut, um mir zu glauben. Sie unterstellt mir Unredlichkeit, auch wenn ich es ernst meine. Und mittlerweile habe ich so viele Briefe geschrieben, daß ich nicht mehr sagen kann, wann ich es ernst meine und wann nicht. Ich leide unter diesem ständigen Briefeschreiben. Dennoch kann ich es nicht lassen.

Ich beende den Brief auf der Unterseite des dritten Bogens und versuche abermals zu lesen. Dann stelle ich fest, daß ich

weder zu lesen noch zu schreiben brauche, auch nicht unbedingt zu denken, wenn ich bloß bin. Da ich soweit gediehen bin, werde ich allmählich ruhig. Und einen Augenblick später sehe ich auch den Brief gelassen. Vielleicht gefällt es dem Mädchen, wenn ich behaupte, daß ich sie liebe, und mit mir kann man ja darüber diskutieren. Und warum muß ich unbedingt ehrlich sein? Wenn ich doch weiß, daß ich lüge, dann muß ich auch mir Ehrlichkeit abverlangen oder es bleiben lassen.

Ich lese etliche Tanka-Gedichte und wundere mich, wie es möglich ist, fünf Zeilen so luftig zum Atmen zu bringen, daß sie einen ganzen Menschen fassen, das gesamte Weltall. Aber anscheinend ist es möglich. Sie sind Zauberkünstler gewesen.

Am Morgen ist es windig. Ich höre es gleich beim Aufwachen. Dieses Haus heult in den Ecken. Der Wind ist stark. Ich ziehe die Vorhänge zurück, der Schnee rieselt zwischen den Häusern in Fensterhöhe. Vielleicht sollte ich etwas essen gehen, auch wenn ich keinen Hunger habe, mehrere Tage keinen gehabt habe.

Ich warte auf die Post. Sie wird kurz nach elf ausgetragen. Da unten schlägt eine Uhr. Ich schaffe es nicht zu zählen, ob es zehn oder elf Mal schlägt. Ich zähle acht Schläge, davor hat es zwei oder drei Mal geläutet.

Ich gehe hinaus. Ich habe mir vorgenommen, eine längere Tour zu machen, in die Bibliothek zu gehen, um etwas zu lesen auszuleihen, Kipling oder Twain oder Hemingway. Krimis lese ich nicht. Kriminalromane von einem gewissen Dürrenmatt habe ich einmal vor einiger Zeit gelesen, aber der taugte nichts. Ich dachte, ich werde nie wieder einen Krimi in die Hand nehmen. Etwas anderes, Mark Twain vielleicht. Ich habe immer noch nicht »Ein Yankee aus Connecticut an König Artus' Hof« gelesen. Ja, und Jack London. »Doktor Schiwago» könnte ich mir auch ausleihen, die sibirischen Abschnitte in der Mitte sind hervorragend. Und das würde ja schon ausreichen. Mit denen hätte ich einen gemütlichen Zeitvertreib, wenn beispielsweise Marke nicht kommt. Und ich wünsche mir auch nicht gerade, daß sie kommt.

Einen Moment schäme ich mich: die Zeit zu vertreiben mit der Lektüre über die unvergeßlichen Abenteuer des Wolfshundes Kazan. Da erst fällt mir ein, daß ich ja drei Tage gelegen habe.

Als ich von der Bibliothek komme, liegt auf dem Tisch eine Karte. »Marke liegt krank im Bett, komm vorbei, wenn du kannst. Sag nichts von dieser Karte, sag bloß, du kommst einfach nur vorbei. Gruß, Sisko und Hely.«

Sisko und Hely sind ihre Freundinnen. Ich rasiere mich und rauche eine Pfeife, dann will ich los, rauche aber noch eine Pfeife, bevor ich gehe. Draußen fällt Schneeregen, der Wind ist noch immer stark. Der Schnee schlägt mir ins Gesicht, und der Nasenrücken kitzelt. In kurzen Abständen trockne ich ihn mit der Seite des Zeigefingers ab. Ich bin etwas niedergeschlagen und traurig, sie kann ja ernsthaft krank sein. Ich stelle mir vor, daß sie im Sterben liegt, und ich komme herein, und sie stirbt, und ich sage: »Ja ja, so ein Glück habe ich immer.« Aber das würde ich niemals sagen. Ich würde auch nicht zum Begräbnis gehen oder zum Leichenschmaus. Ich könnte nicht hingehen. Ich würde zu sehr trauern.

Aber Marke ist nicht gestorben und auch nicht mehr krank. Sie ist schon wieder auf, hat drei Tage zu Bett gelegen. Ich frage mich, warum mir die Mädels die Karte geschickt und mir auch noch verboten haben, Marke etwas davon zu sagen. Was haben sie ausgeheckt? Wahrscheinlich nichts, aber Marke sieht so aus, als sei ich einer zuviel. Ich setze mich trotzdem hin, und sie füttert mich mit Weintrauben. Sie hat eine Venenentzündung im rechten Bein – und unglaubliche Füße. Ich kriege immer gute Laune, wenn ich sie mir ansehe.

»Laina ist gerade gegangen«, sagt sie. Ich nicke. Laina ist ihre Schwester. Unser Verhältnis ist etwas gespannt.

Ich esse die Weintrauben auf. Ich bekomme Hunger. Ich gebe Marke das Buch, es ist Fitzgeralds »Goldhut«. Sie redet sich in Rage über meine Hose, die zerknittert und schmutzig ist. Ich schweige und höre zu. Was kann ich schon anderes machen. Ich werde wütend, als sie stärkere Ausdrücke gebraucht. Sage, daß nicht die Hose den Mann macht, sondern der Mann die Hose, wenn er Schneider ist.

Sie wird zornig, glaubt, ich mache Witze, obwohl ich es ernst meine. Aber es wäre wohl nicht angebracht, mit einer Kranken zu streiten, deshalb sage ich etwas anderes, als ich denke.

»Und zum Schluß durchlöchert er die Stelle, wo die Tasche hinkommt, und die Schere von ihm ist beachtlich.«

Sie wird noch zorniger, und ich versuche, sie zu beruhigen. Sie kann ja durchaus ernsthaft krank sein. Ich dränge sie, ins Bett zu gehen, und decke sie zu und lehne mich kurz an die Bettkante. Marke sieht ein wenig traurig aus. Sie wurmt die Sache mit meiner Hose oder aber, daß wir gestritten haben. Ich sage tschüs und gehe. In der Tür bringe ich es nicht fertig, mich noch einmal umzudrehen.

Ich überquere die Straße und will an der Ecke zu meiner Wohnung abbiegen, aber statt dessen gehe ich auf der anderen Straßenseite zurück und mache einen kurzen Abstecher, um einen Hamburger zu essen. Davon kriege ich schrecklichen Hunger. Ich beschließe, das Lokal zu wechseln, aber nur Brei zu essen, damit ich keine Magenschmerzen bekomme.

Auf dem Weg gehe ich in eine Drogerie und bitte um zwei kleine Kerzen und ein Holzpferd. Das Fräulein sagt lächelnd, daß sie keine Holzpferde haben.

»Was zum Teufel soll ich dann mit den Kerzen anfangen, wenn ich kein Holzpferd kriege«, sage ich laut. Das Fräulein reagiert nicht und schaut mir auch nicht in die Augen. Ich bezahle die Kerzen und gehe. Durchs Fenster sehe ich das Fräulein hinter einen Vorhang eilen.

Ich nehme die Kerzen aus der Packung und werfe sie nacheinander durchs Gitter in die Kanalisation. Ich gehe ein paar Flaschen Bier trinken, damit ich keine Magenschmerzen bekomme und esse.

Ich bin fürchterlich müde. Das kommt wohl daher, daß ich nichts gegessen habe. Ich komme wieder auf die Beine, als mir einfällt, daß ich noch eine unangebrochene Flasche Wein im Haus habe. Ich beschließe, zu Fuß zu gehen; am Ziel angekommen, würde ich dann gerade richtig durchgefroren und müde sein, um den Wein genießen zu können.

Aus dem Finnischen von Dagmar Mißfeldt

Hans Alfredson

Die Schnaps-Geschichte des Pianisten Anders Sjöberg

Es ist schön, betrunken zu sein, finde ich. Leider fällt es mir immer schwerer, diesen Zustand zu erreichen; ich werde nur müde und ein bißchen gereizt. Aber hin und wieder gelingt es mir doch, und dann ist es gut. Obwohl mir die schädlichen Wirkungen des Alkohols wohlbekannt sind, besonders für diejenigen, die so abhängig sind, daß sie ohne ihn nicht leben können: Mein Vater Axel Frithiof Sjöberg, Grossist und Major der Reserve, war Alkoholiker und brauchte, so erzählte meine Mutter, eine Flasche Cognac am Tag. Aber mir fiel es nicht besonders auf, daß er immer angetrunken war, ich glaubte, er müsse so sein: auf diese besondere Weise riechend, rotes Gesicht, gelbe Augen, etwas zittrig und tolpatschig und häufig im Arbeitszimmer schnarchend auf dem Sofa liegend. Er verdiente einen Haufen Geld und konnte es sich leisten, dauerhaft ein Bett im Ludwig Silfverstiernas Erholungsheim reserviert zu haben. Das liegt im Paalsjös-Wald. Dorthin ließ er sich regelmäßig zur Entgiftung verfrachten, wenn er mal wieder über die Stränge geschlagen hatte, und von dort kam er schließlich auch wieder, etwas aufrechter im Rücken und mit einem herausfordernden Leuchten in den Augen. Manchmal begnügte er sich auch damit, eine Krankenschwester von dort zu bestellen. Die kam dann zu uns ins Haus, ausgestattet mit diversen Gurten und betäubenden Medikamenten. Trotz seines Leidens hatte Vater sein Geschäft im Griff, was in hohem Maße seiner tüchtigen Sekretärin zu verdanken war. Fräulein Aaquist war eine alte Schachtel, deren Gesicht über und über mit Warzen bedeckt war und vor der ich eine Heidenangst hatte.

Bestimmt habe ich schon erzählt, daß Vater starb, als ich acht Jahre alt war. Deswegen erinnere ich nur wenig von ihm, nur seinen Geruch, seine Augen und seinen überwältigenden Körper. Das einzige ebenso dicke Mannsbild, das ich zu jener Zeit kannte, war Priesen-Gustav, Hilfsarbeiter und Vater meines Klassenkameraden Sture. Sie wohnten in einer schrecklich verfallenen Arbeiterbaracke in Söder. Im Treppenhaus roch es nach Kohl und Urin. Priesen-Gustav war auch Alkoholiker, da er jedoch kein Geld hatte, konnte er sich selbst nicht so liebevoll pflegen lassen, wie Vater es sich angedeihen ließ. Immer wieder verlor er die verschiedenen Gelegenheitsjobs, die er sich verschaffen konnte. Oft lag er ganz einfach sturzbetrunken im Stadtpark. Dann sperrte ihn die Polizei in den Arrest.

Oh Weh, oh Graus! Seine kleine, magere Frau trat und schlug ihn, aber trotz allen Ärgers war er meist gut gelaunt. Manchmal durfte ich zu Sture nach Hause. An solchen Tagen unterhielt uns Priesen-Gustav, der eine Menge unanständige Lieder singen und phantastische Geschichten über seine Jugend auf See erzählen konnte.

Es wimmelte nur so von Kindern bei Sture zu Hause. Nicht genug mit seinen eigenen fünf Geschwistern, es gab da noch drei weitere Kinder, die zu Priesen-Gustavs Schwestern gehörten. Aber die waren gestorben.

Ich bewunderte Sture wegen seiner unglaublichen Zähigkeit. Er rauchte Zigarrenstummel in einer Pfeife, die aus einer Kastanie und einem Bleistift hergestellt war, aus dem er das Blei herausgekratzt hatte; er konnte sehr gut balancieren; er fluchte wie ein Scherenschleifer und hatte sich mit einem Stahlfederhalter drei Punkte auf die Hand tätowiert, dort, wo der Daumen anfing. Nun war es damals so, daß man Geld zu sparen hatte in der Schule für irgendein Girokonto. Jeden Sonnabend mußten die Kinder einer nach dem anderen zum Fräulein gehen und einen Schilling abliefern, der dann in ein Buch eingetragen wurde. Im Gegenzug erhielt man eine Marke, die in das Buch eingeklebt wurde. Ich weiß nicht mehr, ob es eine Gemeinschaftskasse für Klassenreisen war oder ob jeder für sich selbst sparte. Die meisten brachten fünfzig Öre oder, wenn es etwas mehr war, eine Krone. Ich aber erhielt von Mutter jede Woche einen Fünfer. Und Fräulein Larsson sagte jedes Mal, wenn ich zu ihr hinaufkam:

»Nun seht Euch Anders an! Ein ganzer Fünfer! Wie du doch wieder tüchtig gewesen sein mußt, daß du so viel sparen konntest!« Und dann tätschelte sie meinen Kopf mit ihrer roten, verschwitzten Hand. Sture hatte nie mehr als zehn Öre dabei, sehr oft auch nur fünf und einmal sogar nur eine armselige Öre. Er wurde selbstverständlich nicht getätschelt! Aber da, eines Sonnabend morgens, schritt Sture mit stolzen Schritten nach vorn, wedelte mit einem ganzen Fünfziger in seiner schmutzigen, kleinen Faust und knallte ihn aufs Katheder.

»Hier sind fünfzig Kronen! Und nächste Woche gibt es noch mal genausoviel, oder mehr!«

Aber Fräulein Larsson tätschelte Sture auch diesmal nicht. Sie fuhr hoch wie eine Verrückte und schrie:

»Wie um alles in der Welt bist du zu einem Fünfziger gekommen, Lümmel! Wo hast du ihn gestohlen?« Und dann schüttelte sie Sture, schleppte ihn nach Hause in Priesen-Gustavs armselige Hütte und klärte das Verbrechen auf: Sture hatte den Fünfziger seiner Mutter entwendet, die ihn in einer Zuckerdose aufbewahrte, damit sie Stures Bruder Malte einen Konfirmationsanzug kaufen konnte. Oh Weh, oh Graus! Prügel mit dem spanischen Rohrstock und kein Pardon. Zu ihrem Entsetzen mußte Fräulein Larsson auch noch miterleben, wie Priesen-Gustav, gleich einem Toten, betrunken auf der Schlachtbank lag, während Stures Mutter selbst Hand anlegte.

Außer dem Hang zum Schnaps hatten mein Vater und Priesen-Gustav noch etwas anderes gemeinsam, und das war ihre große Liebe zur Badeanstalt. Wie ich bestimmt schon erzählt habe, durfte ich manchmal mitgehen ins Paalsjö-Bad, wo er jeden Sonnabendmorgen in der Sauna schwitzte, um sich danach wie ein Walroß in die salzigen Fluten des Sunds zu werfen. Auch Priesen-Gustav war hier Stammgast, zumindest an den Sonnabenden, an denen er keine Arbeit hatte – und das waren einige. Einmal hatten beide einen fulminanten Kater, der Schweiß perlte von ihren aufgedunsenen Körpern, während sie jeder auf seiner Bank lagen und stöhnten. Schließlich stahl Priesen-Gustav sich hinaus und kam wieder mit einer braunen Tüte, aus der er einen halben Liter reinen Branntwein hervorholte. Er wandte sich an Vater und meinte:

»Könnte der Herr vielleicht ein Schlückchen vertragen?«

»Jawohl zum Henker!« antwortete mein Vater, und seine Augen leuchteten. Er trank ein paar ordentliche Schlucke.

»Es ist vermutlich besser, die Flasche verschwinden zu lassen. Sollte der neue Bademeister reinkommen ... Mit dem ist gewiß nicht zu spaßen!«

»Jawohl«, sagte Priesen-Gustav. »Besser, man ist auf der sicheren Seite. Den kleinen Tropfen hier erledigen wir am besten gleich, dann können wir die leere Flasche aus dem Fenster schmeißen!«

Nach wenigen Minuten war das Werk vollbracht. Vater machte sich auf zu unserer Kabine und kehrte zurück mit einem ganzen Courvoisier, der auch bald bis zur Neige geleert war.

Einerlei, ob es der Wärme zuzuschreiben war oder dem Umstand, daß die Herren bereits auf dem Hinwege kräftig geladen hatten – das Ergebnis war jedenfalls, daß sie sturzbetrunken einschliefen. Als der neue Bademeister, der in der Tat keinen Spaß verstand, ins Bad kam, machte er furchtbar viel Aufhebens. Es gelang ihm jedoch nicht, die beiden betrunkenen Fettwänste zu wecken. Er packte mich am Schlafittchen und fragte, ob ich wisse, wer die beiden seien, und ich sagte es ihm, wobei mir das Weinen im Halse steckenblieb. Ich erzählte auch, daß Mutter verreist und es am besten sei, im Ludwig Silfverstiernas Erholungsheim anzurufen, weil die sich um Vater kümmern würden. Der Bademeister fluchte und rief Polizei und Erholungsheim. Ich zog mich an und radelte heim zu unserem Hausmädchen Ida, die Pfannkuchen gebacken hatte.

Am nächsten Morgen kam Vaters Sekretärin Fräulein Aaquist zu uns. Sie brachte eine Reihe wichtiger Papiere, die Vater, obwohl Sonntag war, unbedingt zu unterschreiben hatte. Ich erzählte, was passiert war, daß man Vater ins Erholungsheim eingewiesen hatte. »Es hilft nichts!« sagte Fräulein Aaquist. »Er muß unterschreiben, sonst platzt das Waffenfettgeschäft! Mein Wagen steht draußen. Komm' mit und zeig' mir, wie ich hinkomme. Ich habe zwar schon viele Rechnungen für diesen Ort bezahlt, aber ich würde partout nicht hinfinden. Da hatte ich doch tatsächlich geglaubt, ich müßte mir's nie selbst ansehen.«

Wir fuhren also los in Fräulein Aaquists R4, passierten den Wald, erreichten die feine weiße Villa mit dem Säulengang davor und klingelten. Eine füllige Dame öffnete die Tür. Sie hatte ein blaues Auge. Als wir sagten, wen wir suchten, wurde sie ganz blaß und flüsterte:

»Oh nein, um Gottes Willen, nicht Herrn Sjöberg! Bloß nicht Herrn Sjöberg! Ich bin hier seit gestern abend ganz allein. Dr. Lindh ist nach Malmö gefahren, und Frau Tiefenbacher ist krank. Eines steht fest: Ich werde diesen Ort für den Rest meines Lebens meiden! Was ist das für ein Mensch! Ich habe seine Tür abgeschlossen und einen Sessel davorgestellt. Der alte Oberst hat einen Weinkrampf erlitten. Herr Sjöberg hat mit einer Lampe nach mir geworfen und die schrecklichsten Dinge gebrüllt!«

Fräulein Aaquist bekam ganz schmale Lippen und sagte:

»Ach! Mit Herrn Sjöberg werden wir schon fertig, denke ich! Wo ist er?«

Wir wurden hinauf ins zweite Stockwerk geführt zu dem Zimmer, das Vater normalerweise bekam. Jetzt war die Tür mit einem Ohrensessel verrammelt. Von drinnen ertönte ein Lied:

»Als ich mal auf Sankt Paalsgatan spazierenging
Pissenuttenkissenkatzenstrolchenpalmenriesending
Merkte ich, wie eine mir'n Pisspott an' Kopf geschmissen hat
Pissenuttenkissenkatzenstrolchenlattenapparat ...«

Fräulein Aaquist zog den Sessel zur Seite, schloß die Tür auf und ging ohne Zögern in Vaters Zimmer. Auf dem Bett saß Priesen-Gustav, eingehüllt in ein Laken, und sang. Als er uns entdeckt hatte, grinste er vergnügt und rief:

»Tachchen Anders! Hier ist Stimmung, hier ist Gesang, hier gibt es Wäldchen in Mutters Gang! Wo zum Teufel bin ich? Träum' ich oder wach' ich?«

Durch eine ganze Serie von unglücklichen Umständen war Priesen-Gustav in Vaters Kleider geraten und ins Erholungsheim transportiert worden. Und Vater in die Ausnüchterungszelle auf der Polizeistation, wo er seinerseits einen draufgemacht hatte und den Beamten, die niemals auch nur irgend etwas mit ihm und seinem Oberklassenalkoholproblem zu tun gehabt hatten, vergeblich seine Identität zu beweisen versuchte. Priesen-Gustav lachte lauthals los, als er hörte, wie die Dinge zusammenhingen. Ihm blieb nichts anderes übrig, als ganz einfach Vaters Nadelstreifenanzug anzuziehen und seinen Hut aufzusetzen, und schon waren wir mit Fräulein Aaquists Auto auf dem Weg zur Polizei. Nach einer Weile hartnäckiger Verhandlungen hatten wir Vater befreit. Er sah aus wie ein Landstreicher in Priesen-Gustavs Kleidern, unrasiert und mit wirrem Haar. Aber als wir auf der Straße standen, konnte er sich das Lachen nicht verkneifen. Fräulein Aaquist mußte uns alle nach Hause fahren, und Vater bat Priesen-Gustav auf einen Wiederauferstehungsschluck und eine Zigarre. Und dann schenkte er ihm einen Sommeranzug aus weißem Leinen und einen Panamahut.

So war das, als Jeppe im Bett des Barons erwachte – und der Baron in Jeppes.

Aus dem Dänischen von Lars Kruse

Janina Katz

Maxie aus Tczew

Maxie. Wer hatte ihr nur diesen schwachsinnigen Namen gegeben? Sicher nicht ihre Eltern. Hatte sie sich selbst so genannt?

Maxie. Fast zwei Meter groß. Breitschultrig. In Reithose und Stiefeln. Mit einem steifen Bein.

Maxie. Auf dem Tisch zwischen Champagnerflaschen, Papptellern und deutschem Camembert (alt, gelb und stinkend) tanzend. Maxie mit Männerhaarschnitt. Eine Zigarette in einer sehr, sehr langen Zigarettenspitze im Mund. Eine weiße, bestickte Bluse und eine grünliche, bayrische Weste. Maxie mit Marlene Dietrichs Stimme singend: »La ... la ... la ... in den siebenten Himmel.« Maxie mit ihrem steifen, bestiefelten Bein auf den Tisch stampfend.

Maxie ist jüdisch und stammt aus Tczew, Dirschau, einer kleinen, aber ehrwürdigen polnischen Stadt. Sie selbst kann es kaum auf polnisch aussprechen. »T wie Tübingen«, sagt sie, »cz wie in Cha-cha«. »Cha-cha-cha«, grölt Maxie und klatscht sich auf die Schenkel. Sie redet in eilender Hast, mischt Deutsch mit Jiddisch und Polnisch.

Maxie hat mich bei *Gisela* gefunden, einer der mondänsten Kneipen in Schwabing. Die Besitzerin, Gisela, ist ihre Freundin. Behauptet Maxie. Gisela, dick und distinguiert, singt auch wie Marlene Dietrich. Maxie überfällt sie an der Bar, in den Pausen zwischen den Liedern, sie erzählt, daß sie eine Landsmännin gefunden habe, eine Polin, die gerade eben aus Polen gekommen sei. Eine Seltenheit in München im Jahre des Herrn 1963. Gisela versucht ihre Begeisterung zu dämpfen – Maxie stört die Gäste –, winkt mich jedoch zu sich. Ich stehe auf, entschuldige mich bei meinen deutschen Freunden. Einer von ihnen folgt mir an die Bar; wir bekommen alle drei einen Drink, Giselas *specialité de la maison,* die auch Gisela heißt. Wir trinken eine grünliche Flüssigkeit mit einer roten Kirsche darin, die auf einem Holzspieß thront. Auch auf dem Holzspieß steht »Gisela«. Ich stecke ihn in meine häßliche osteuropäische Tasche. Maxie setzt sich zu uns an den Tisch.

Leider, sagt sie nach kurzer Zeit, müsse sie bald gehen; ihre Freundin sei erkältet, sie müsse sie ins Bett bringen. »Ich habe ein steifes Bein«, brüllt sie, kreischt und zeigt uns ihre blendend weißen Zähne. »Künstlich«, murmelt sie mir auf polnisch zu, als sie meinen bewundernden Blick bemerkt. »Die Teuersten, die man bei den deutschen Jammerlappen kaufen konnte. Die Hälfte meines *Wiedergutmachungsgelds*. Den Rest hat Christel bezahlt.« Sie beehrt meine deutschen Freunde von neuem mit ihrem teuer bezahlten Lächeln. Diese sind ein wenig unruhig. Einer von ihnen starrt auf Maxies Unterarm, der voller bläulicher und roter Stiche ist. Maxie ist Morphinistin. Und Alkoholikerin. Maxie säuft wie ein Loch und frißt wie ein Schwein. Maxie ist lesbisch. Maxie interessiert die anderen einen Scheißdreck. Jetzt weint sie und putzt sich laut die Nase. Sie hat seit Jahren nicht mehr Polnisch gesprochen.

Sie verläßt unseren Tisch, um die Freundin anzurufen. Meine deutschen Freunde – jetzt erfahre ich erst, daß sie Morphinistin, Alkoholikerin, Lesbe, ein Loch und ein Schwein ist – warnen mich vor ihr. »Wenn sie dich zu sich nach Hause einlädt, mußt du nein sagen. Das endet immer mit einer Katastrophe.« Sie haben es schon mal versucht.

Maxie kommt zurück, gibt mir einen schmatzenden Kuß auf die Stirn und bewundert lauthals mein kurzgeschnittenes Haar. Der Freundin geht es besser. Sie ist allein zu Bett gegangen. Ich starre sie an, und Maxie erklärt mir, daß Christel nach einer Thrombose gelähmt sei und im Augenblick in einem Rollstuhl verfaule – ihr Ausdruck. Sie, Maxie, mache mit ihr Gymnastik, kaufe ein, koche und lese ihr vor. »Sie hat mir Lesen und Schreiben beigebracht«, sagt Maxie. »Ich konnte das, habe es aber im Laufe des Kriegs vergessen.« »Ist sie Polin?« frage ich. »Nein, nein, sie ist Deutsche. Sie hat mir Lesen und Schreiben auf deutsch beigebracht. Ich habe nur das Polnische vergessen.«

Dann muß Maxie gehen. Sie lädt alle zum nächsten Abend zu sich nach Hause ein. Ich nehme die Einladung an. Meine deutschen Freunde zögern. Maxie verläßt das Lokal, als wäre sie ein schweres militärisches Fahrzeug. Ein Panzer, der fast unfreiwillig alles zerstört, was ihm in den Weg kommt. Alle atmen erleichtert auf. Giselas Kneipe sieht wieder aus wie zuvor: elegant und diskret pervers; rötliche Beleuchtung, an den Wänden Graphiken und Karikaturen im guten deutschen Expressionismus-Stil, bei dem sich eine finstere Pornographie mit dem Klassenkampf, der zur Niederlage verdammt ist, paart. Am nächsten Tag kaufe ich eine Grammophonplatte mit Chopins Cellokonzert. Maxie wohnt in der Georgstraße, einer der feinsten Straßen in Schwabing. Ein hübsches Haus, eine hübsche Wohnung. Anderthalb Zimmer mit Bettnische, einer kleinen Küche und einem Badezimmer, groß wie eine Badeanstalt. Maxie und Christel haben die Wohnung von der Witwe eines SA-Generals gemietet, der von Hitler umgebracht wurde. »Er war schwul«, erzählt Maxie, »aber unsere Vermieterin hat davon erst erfahren, als er zusammen mit seinem Adjutanten im Bett gefunden wurde.« Als wir ankommen, sehen wir kurz die Witwe. Groß, dünn und alt. Sehr gerade, in Grautöne gekleidet. Graues Gesicht, graue Augen, graues Haar. Eine graue Schürze über einem langen, grauen Rock und einer grauen Bluse mit Stehkragen. Graue Perlenknöpfe am Hals. Eine lange Perlenkette. Maxie und Christel haben keinen

Plattenspieler. Maxie küßt die Schallplatte. Wir sind nur zu fünft. Nur zwei meiner Freunde von der gestrigen Gesellschaft haben uns nicht im Stich gelassen. Ein riesiger Tisch ist für zehn gedeckt: Christel und ich essen von Porzellantellern, und neben unseren Gedecken stehen Kristallgläser. Maxie und meine deutschen Freunde begnügen sich mit Papptellern und Pappbechern. Das Essen kommt aus einem chinesischen Restaurant. Es gibt auch ein paar kleine jüdische Gerichte: jüdischer Karpfen in Aspik und gehackte Leber. »Aus einem jüdischen Restaurant«, sagt Maxie. »Wer hat schon Zeit, Essen zu kochen?« Aber Kerzen und frische Blumen sind vorhanden. Zehn Flaschen mit dem teuersten Sekt von Deinhardt stehen auf dem Tisch. Eine lange Reihe Flaschen besten Moselweins unter dem Fenster.

Die Wohnung ist nur spärlich möbliert. Das Bett, ebenso groß wie der Tisch, drei Sessel, sieben Stühle. Ein Sessel und fünf Stühle seien von der Vermieterin ausgeliehen, erklärt Maxie. »Wer hat schon die Kraft, so viele Möbel zu besitzen?« Schwere, weinrote Vorhänge. An den Wänden Bilder im gleichen Stil wie bei Gisela: eine freudlose Pornographie. Eine großartige Zeichnung zweier Frauen mit großen Hintern und kleinen Brüsten, die einander umarmen. Ein kleines Ölgemälde mit den gleichen Frauen, die sich gegenseitig sehr, sehr spitze Zungen ausstrecken. Kunst aus der Zeit vor der Sintflut.

Christel sitzt in einem Rollstuhl und lächelt heroisch. Sie ist blaß, pastellartig, delikat. Sehr viel älter als Maxie. Ich rechne aus, daß Maxie vierunddreißig sein muß; sie hat mir erzählt, daß sie zehn war, als der Krieg begann.

Christel und ich konversieren auf englisch. Maxie unterhält meine deutschen Freunde. Christel ist kultiviert, belesen, spricht gern über Bücher. Auf einem der beiden kleinen Nachttische liegen zwei deutsche Bücher. Sie wirken sehr alt und von Hand aufgeschnitten, aber die Schrift ist gotisch, deshalb kann ich die Titel nicht entziffern.

Maxie erzählt von sich selbst, während wir essen. Ihr Polnisch ist seit gestern besser geworden. »Ich habe den ganzen Tag geübt«, sagt sie. Frühmorgens sei sie in die Bibliothek gegangen und habe ein polnisches Buch ausgeliehen: Zofia Nalkowskas *Verhängnisvolle Liebe.* »Kennst du das?« fragt sie. »Ja, ja!« antworte ich begeistert. »Das ist ein Klassiker.«

Jetzt spricht Maxie ausschließlich mit mir. Christel, eine schöne, verwelkte Blume und Dame bis in die Fingerspitzen, erzählt meinen deutschen Freunden, welche literarischen Zeitschriften sie am meisten schätzt. Irgendwann steht Maxie schwerfällig auf, geht zu ihr und streicht ihr über das grausträhnige Haar. »Wie eine Mutter«, denke ich, »nicht wie eine Geliebte. Wann haben die beiden sich das letzte Mal geliebt? Die eine mit einem steifen Bein, die andere gelähmt?«

Maxie erzählt. Jedesmal, wenn sie mit einem Abschnitt ihres stürmischen Lebens fertig ist, verspricht sie, bald aufzuhören, weil sie auch noch für uns singen und auf dem Tisch tanzen will. Ihre Augen sind heute nicht so strahlend, eher gedämpft. Nur ab und zu stößt sie ein Wiehern oder einen Schrei aus, offenbar strengt sie sich an, ihre gestrige Form zu erreichen.

Ihr Vater war Schuhmacher. Ihr ältester Bruder kam als einziger Jude an die Seefahrtsschule in Tczew (der erste in Polen). Der Vater reparierte die Schuhe der Angestellten billig, und einer der Leiter war über seine Arbeit und die niedrigen Preise besonders erfreut. Der Bruder ging in die Schule, hatte zwei Freundinnen und einen Hund. Eine der Freundinnen stammte aus einer wohlhabenden Familie und hatte ein Pony. Maxie schließt die Augen, sie hat den Namen des Ponys vergessen, umsonst. »Ich bin viel zu jung, um zu vergessen«, ruft sie. »Keiner ist zu jung, um zu vergessen«, bemerke ich philosophisch. Christel wirft mir einen verblüffend scharfen Blick zu.

Im August 39 bekam Maxie eine Blinddarmentzündung und kam ins Krankenhaus. Eine ältere Krankenschwester mochte sie so gern, daß sie sie adoptierte. Maxie verließ das Krankenhaus als ihre Tochter. »Maxie«, unterbreche ich sie, »und was war mit deinen Eltern? Und deinem Bruder?« Von jetzt an erinnert Maxie sich an immer weniger. Sie kann kein Polnisch mehr. »Wann bist du nach Deutschland gekommen?« versuche ich es noch einmal. Maxie starrt mich an, ihre Augen sind verschleiert, unheimlich gläsern. Aber sie weint nicht. »Maxie«, sage ich, »wie hast du Christel kennengelernt? Und wann?« Ich zupfe am Ärmel ihrer bestickten Bluse. Maxie schüttelt meine Hand ab, küßt mich geistesabwesend auf den Mund und verläßt das Zimmer. Als sie zurückkommt, ist sie vollkommen verändert. Das ist die Maxie von gestern. Sie klatscht in die Hände und verkündet, daß sie jetzt für uns auftreten will.

Christel wird in eine Zimmerecke gerollt. Maxie klettert auf den Tisch. Dazu hebt sie zuerst das gesunde Bein; wir anderen helfen ihr, das andere, das steife, nachzuziehen. Maxie steht – sehr imposant – auf dem Tisch und starrt in die Luft. Sie raucht gierig. Nach einer Weile fängt sie an zu tanzen und zu singen. Zunächst eine Art Bauchtanz. Sie singt ein polnisches Wiegenlied. Bei ihrer Aussprache kann ich kaum die Worte wiedererkennen. Aber ich kenne das Lied:

»Damit du, mein Herzenskind,
nicht traurig bist:
der König ist aus Zucker,
der Page ist aus Honigkuchen,
die Prinzessin ist aus Marzipan.«

Dann folgt ein jüdisches Lied, ein alter Schlager aus den Dreißigern, wehmütig und sentimental, aber Maxie singt ihn nachlässig, schwenkt die Hüften und blinzelt uns zu.

Und dann einer auf deutsch: »La la la ... in den siebenten Himmel ... la la la ... der Liebe.« Mitten in der Vorstellung verlassen meine deutschen Freunde uns. Maxie bemerkt es nicht. Sie tanzt. Der Tisch knackt bedrohlich unter ihrem riesigen, aber verblüffend wendigen Körper. Ich bewege mich an der Tischkante entlang, um zu verhindern, daß sie herunterfällt.

Plötzlich unterbricht Maxie ihren Tanz, setzt sich auf den Tisch und schwingt ihr gesundes Bein. Ihr Gesicht verbirgt sie hinter den Händen. Sie summt für sich selbst. Dann legt sie sich auf den Tisch; es ist kein Platz für den Kopf, er hängt auf der anderen Seite des Tischs hinunter, und ich stelle einen der Sessel so hin, daß sie ihn auf eine Armlehne legen kann. Und dann schläft sie ein. Ich werfe einen Blick zum Rollstuhl hinüber. Christel schläft auch.

Die Luft im Zimmer ist schwer; der Zigarettengeruch vermischt sich unangenehm mit dem Camembert. Ich würde gern das Fenster öffnen, aber mir fällt ein, daß es Winter ist, ein Jahrhundertwinter, und ich möchte keine Minute länger hierbleiben. Ich gehe, ohne die beiden aufzuwecken. In meiner Erinnerung ist das Ende grau, auch wenn es dramatisch erscheinen kann. Sechs Jahre später kam ich wieder nach München. An einem trüben Februartag, dunkel, naß und kalt, kam mir plötzlich ohne besonderen Grund – der Geruch nach Camembert aus einem Lebensmittelgeschäft, an dem ich vorbeiging; ein weinroter Vorhang im Fenster einer Kneipe in Schwabing – Maxie in den Sinn. Ansonsten hatte ich sie vergessen. Ich konnte mich nicht mehr an die Hausnummer erinnern, aber an das Haus. Ich wußte nicht einmal, wie sie mit Nachnamen hieß. Auf den Schildern mit den Namen der Hausbewohner stand keine Maxie, aber ich fand zwei Christel. Jetzt fiel mir auch wieder ein, daß sie im fünften Stock rechts wohnten. Ich klingelte und hörte kurz danach eine Frauenstimme. Ich fragte: »Ist Maxie da? Kann ich mit ihr sprechen?« – »Nein, sie ist nicht da«, antwortete die Stimme. »Christel?« fragte ich. – »Einen Moment.« Ich hörte ein Klicken, und die Tür wurde geöffnet.

Ich nahm nicht den Fahrstuhl, sondern ging langsam zum fünften Stock hinauf. Die Wohnungstür stand offen. Zwei ältere Frauen – Christel und die Witwe – warteten auf mich. Christel auf ihren eigenen Beinen; sehr elegant, das durchsichtige, dezent geschminkte Gesicht mit einem Netz von Fältchen geschmückt, die schräg von den Augen nach unten liefen, mit einer geschminkten Pause am Mund, um dann zum Kinn hin zu verebben. Der Hals war mit einem pastellblauen, seidenartigen Tuch bedeckt. Die Witwe saß im Rollstuhl.

Christel erkannte mich sofort wieder. Ich wurde in ein großes, helles Wohnzimmer fast ohne Möbel geführt. An jeder Wand hing ein Bild, Reproduktionen von Dürers *Marias Lebenslauf*. Die Witwe erklärte eilig, daß alle anderen, bis hin zum letzten, der *Glorifikation*, in den anderen Zimmern hingen. Ich dachte, daß die Wohnung riesig sein mußte, und hörte es mich selbst aussprechen. Dann verstummte ich. Kurz darauf rollte die Witwe sich aus dem Zimmer.

Maxie, erzählte Christel, war tot. Sie starb vor fünf Jahren. »Mit nur vierzig Jahren?« wunderte ich mich. »Nein, mit fünfzig. Maxie verriet nie ihr wahres Alter.« Ich fragte nicht, wie sie gestorben war. Christel entschuldigte sich und ging hinaus. Gleich darauf kam sie mit einer kleinen Schachtel zurück. »Ein Geschenk für Sie«, sagte sie. »Von Maxie. Sie hatte gehofft, Sie würden anrufen, aber das haben Sie nicht gemacht.« – »Es gab kein Telefon«, entgegnete ich, »wie hätte ich anrufen sollen?« Die Fältchen lächelten. Ein Lächeln aus einem anderen Zeitalter. »Ach, das stimmt, damals hatten wir noch kein Telefon. Aber Sie hätten uns besuchen können.«

Auf dem Weg die Treppe hinunter öffnete ich die Schachtel. Sie enthielt eine kleine Silbertasche mit einer Silberkette,

so eine, wie man sie früher als Schnupftabakdose benutzte. Auf der Oberfläche waren zwei große und fünf kleine Elefanten eingraviert, insgesamt sieben. Eine Glückszahl. Unter den Elefanten lief eine Inschrift auf altrussisch: »S' nami budete scastlivy«. Gemeinsam mit uns werden Sie glücklich.

Aus dem Dänischen von Christel Hildebrandt

Arild Nyquist

Wein in Kabelvåg

Im »Fischerheim« in Kabelvåg werden nur alkoholfreie Getränke und Kaffee, plus Leichtbier, serviert, kein richtiges Bier oder Wein. Doch wir hatten Rotwein in Kabelvåg – zwei ganze Flaschen und ein wenig von der dritten – wir bedienten uns zwar selbst –, und das geschah so: Unglaublich vorsichtig hoben wir die Flasche einen halben Meter unter dem weißen Tischtuch hoch und stellten sie nachher ebenso vorsichtig wieder ab, während sich in der Zwischenzeit zwei Tassen bis zum Rand mit Wein füllten.

Bevor wir soweit waren, hatten wir zum Schein zwei Kaffee und zwei Brötchen mit Ziegenkäse bestellt, denn was tut man nicht, um an einem kalten Wintertag in Kabelvåg zwei mitgebrachte Flaschen Rotwein zu leeren, wenn der Bus erst in zwei Stunden fährt? Die Rotweinflaschen öffnete ich in der Toilette im zweiten Stock mit Hilfe meiner klassischen Methode: Kugelschreiber direkt in den Korken, der nach hartem, dauerhaftem Druck mit der Zeit hinunterrutscht und einen wütenden Spritzer direkt in die Fresse des Drükkers sprüht. Dann saßen wir da mit den zwei Flaschen auf dem Boden unter dem Tischtuch und kauten unschuldige Ziegenkäsebrötchen, während wir darauf warteten, daß die Kellnerin auf die andere Seite der Tür verduften würde. Das tat sie auch – endlich. Dann konnte man eine unverdächtige leere Tasse in der einen Hand hinuntersenken, während man mit der anderen die Flasche suchte und fand, richtig ruhig einschenkte, kleine, fast lautlose Gluck-glucks und die Tasse, die sich füllte und überfüllte – auf den Tisch mit ihr und runter mit der nächsten Tasse, die auf die gleiche sorgfältige Art behandelt wurde.

Und wir saßen im »Fischerheim« in Kabelvåg und rührten in den Kaffeetassen und tranken temperierten Rotwein. Draußen schneite es kalt und eklig – schräge, hitzige Schneeflokken entlang der Hausmauern im pulsierenden Muster der Fensterscheibe – und auf dem Weg hinter der Fensterscheibe Menschen in dicken Halstüchern und Mützen, die im Schneewetter gerade vor Weihnachten vorbeihasteten. Die Kellnerin schwänzelte zwischen den Tischen hin und her, nur wir drei waren im Lokal – sie war bei den Vorbereitungen für eine Hochzeit und entfernte Aschenbecher und zerknüllte Tischtücher.

Und wir tranken und tranken. Still und vergnügt.

Zuerst die eine Flasche.

Dann die andere.

Während es in Kabelvåg schneite und der Bus erst in einer Stunde ging.

Da lächelt Anne Kari ihr langes, flottes Lächeln und sagt: »Du Arild, mach doch nochmals eine auf!«

»Nummer drei? Die Dame muß es ja sehen. Wir sitzen hier und trinken und trinken, während die Kaffeekanne immer gleich voll ist! Und voll werden wir auch, Anne Kari!«

»Wir scheißen auf Kabelvåg und den Kaffee und alles zusammen, Arild! Wir kommen sowieso nie wieder hierher – an einen solchen Scheißort, wo nicht mal Wein serviert wird!«

Ja, ja – ich gehe zum zweiten Mal auf die Toilette mit dem Plastiksack, Türschloß zu, bearbeite die dritte Flasche Rotwein mit dem Kugelschreiber – ruhiger Druck, Spritzer und

Rotwein in die Fresse und was dazugehört. Mit dem Korken zuunterst in der Flasche und ein paar guten, wärmenden Schlucken für mich.

Und wir machen weiter.

Mehr Wein in die Tassen.

Unsere Haltung ist immer noch klar und untadelig, während die Kaffeekanne randvoll bleibt. Und die Kellnerin, die mit großen, luftigen Tischtüchern und einem kreideweißen Gebißlächeln um uns herumflattert, während sie ein paar Tischlängen weiter an uns vorbeigeht.

Zu uns sagt sie, während sie vorbeistreift:

»Er ist heute kalt, der Wind.«

»So ein Mist.«

»Aber gestern war er kälter.«

»Ja, gestern war er wirklich kalt.«

»Um drei Uhr haben wir eine Hochzeit hier. Der Sohn vom Amtsrichter und die Tochter von Lauritzen.«

»Stören wir?«

»Nein, nein, überhaupt nicht.«

Sie redet schnell und geistesabwesend von der Hochzeit und der Kälte – wir antworten genauso geistesabwesend und denken an Wein. Ich halte die letzte Flasche unter dem Tischtuch, aber komme nicht richtig in Gang, der Ausschank steht still. Dann verschwindet sie endlich mit einer Serie flatternder Tischtücher und zwei wiegenden Hüften. Da schreite ich sofort zur Tat, zuerst wird Anne Karis Tasse gefüllt, dann meine eigene.

Aber die Kellnerin muß etwas vergessen haben, denn sie kommt plötzlich zurückgestürmt, mit krummen Armen und hartem Blick. Sie kommt so schnell wie unerwartet. Vor Schreck gelingt es mir nicht ganz, die Bewegungen zu synchronisieren, die Flasche gerät zu weit rechts unter den Tisch, ganz gegen den Plastiksack – und ich spüre plötzlich, daß etwas schiefgehen und die Flasche ausleeren wird. Das tut sie auch – ein kalter, ekliger Stoß, und nachher Gluckgluck-Laute, die nur widerlich und eklig klingen. Und dann: der Rotwein, der bedächtig unter dem Tisch hervorfließt und sich in roten, verästelten Bächen über den Bodenbelag ergießt.

Wir sitzen in der Patsche.

Die Kellnerin hält mitten in einem Tischtuch inne und schaut auf. Ich plaziere die Hand unterm Kinn und betrachte leere Luft. Anne Kari glotzt durchs Fenster, die eine Hand halbwegs auf den Mund gepreßt – todernst sitzt sie da – aber rot vor unterdrücktem Lachen.

Die Kellnerin kommt langsam näher.

Die Kellnerin steht neben dem Tisch und erstarrt zur Salzsäule.

»Was ist das da?« sagt sie und zeigt auf den Boden.

Ich schaue schnell auf und folge der Richtung ihres Zeigefingers, schaue die Weinflut an und zucke mit den Schultern.

»Trinkt ihr Wein?«

»Was?« sage ich, plötzlich auf nordländisch.

»Sitzt ihr hier und trinkt Wein?«

»Ja, ja.« Ich schaue sie traurig an. Anne Kari preßt den Mund hart zusammen – in solchen Situationen bricht sie oft in ein lautes Gelächter aus, aber vorläufig schafft sie es, ruhig zu bleiben.

»Sitzt ihr wirklich da und trinkt Wein? Ihr dürft doch nicht dasitzen und Wein trinken!«

»Nein.«

»Es ist verboten, hier Wein zu trinken.«

»Ja.«

»Und dann sitzt ihr da und trinkt trotzdem Wein? Daß ihr euch nicht schämt!«

»Doch. Doch.«

»Ihr müßt doch verstehen, daß ihr nicht hier sitzen und Wein trinken könnt! Kommen und Kaffee bestellen und ...!«

»Wir waren …«, begann ich ungeschickt – aber kam nicht weiter. Es gab übrigens nichts mehr zu sagen. Wir hatten geschummelt, Mitgebrachtes getrunken – und waren auf frischer Tat ertappt worden – basta. Deshalb nickten wir nur und murmelten ja und nein – flach und höflich.

Sie steht eine Weile da, die Hände gegen die runden Hüften gepreßt, während ihre Augen von uns zum Wein hin und zurück wandern. Dann dreht sie sich auf den Fersen um und geht schnell und bestimmt. Anne Kari bricht sofort in ein kurzes, trockenes Gelächter aus – wir denken, ja, das war's wohl – stehen auf und beginnen zusammenzuräumen, um zu gehen –, da ist sie plötzlich wieder da mit einem dunklen, ernsthaften Typ, wir tippen auf den Chef.

Wir gleiten schnell wieder auf die Stühle.

Der Chef hält an, betrachtet die Weinflut auf dem Boden, nachher uns.

»Wein?« sagt er dunkel.

»Ja.«

»Wir servieren hier keinen Wein.«

»Nein.«

»Das ist ein alkoholfreies Café. Wußtet ihr das nicht?«

»Doch. Doch aber …«

»Trotzdem sitzt ihr hier und trinkt Wein. Erwachsene Menschen.«

»Daß ihr euch nicht schämt«, sagt die Kellnerin.

»Es ist kurz vor Weihnachten«, versuche ich.

»Das spielt keine Rolle.«

»Nein, natürlich nicht.«

»Ihr müßt doch verstehen, daß so etwas nicht geht.«

»Ja. Ja.«

»Hier sitzen und mitgebrachten Wein in sich leeren, in einem alkoholfreien Café, zwei erwachsene Menschen!«

»Daß ihr euch nicht schämt!«

»Es ist auch Wein auf dem Boden«, sagt die Kellnerin, wie wenn das nicht alle längst geschnallt hätten. »Schau all den Wein an, der über den Belag rinnt, Pedersen!«

Pedersen nickt kurz.

»Bitte gebt mir die leere Flasche«, sagt er bestimmt.

»Was?«

»Die leere Flasche. Gebt mir die leere Flasche.«

»Hört ihr nicht, was er sagt?« sagt die Kellnerin gereizt und hat eindeutig Oberhand. »Pedersen möchte die leere Flasche haben!«

Ja also. Dann halt die leere Flasche. Ich bücke mich unter das Tischtuch und fische sie hervor. Pedersen steht kurz darauf mit der leeren Flasche in der Hand und betrachtet das Etikett schweigend und ernsthaft. Aber die Kellnerin ist offenbar nicht zufrieden, sie glaubt, daß es dort unten mehr gibt – und natürlich hat sie recht: Jetzt bückt sie sich schnell und geräuschvoll, hält das Tischtuch in die Höhe und zieht die anderen zwei leeren Flaschen hervor. Die Flaschen werden aufs Tischtuch vor uns gestellt, gerade vor uns – schrecklich hoch und schrecklich häßlich und streng – drei leere Rotweinflaschen –, ein gräßlicher Anblick hier im Fischerheim in Kabelvåg, wo kein Wein serviert wird.

Niemand sagt etwas. Alle sind still. Was gesagt werden soll, muß von Pedersen kommen. Er sitzt am längeren Hebel. Er steht da, still und drohend – und neben ihm die eifrige Kellnerin – fast ebenso drohend.

Ich räuspere mich.

Pedersen öffnet den Mund.

»*Drei* Weinflaschen? Habt ihr *drei* Flaschen Wein hier drinnen getrunken?«

Ich nicke.

»Es lief ein bißchen aus der letzten aus«, sagt Anne Kari ernsthaft, und sie schafft es immer noch, das Lachen zu unterdrücken.

»Wollt ihr, daß ich die Polizei anrufe?«

»Nein.«

»Pedersen ist nicht der, der es nicht wagt, die Polizei anzurufen. Wollt ihr, daß er die Polizei anruft?«

»Nein. Nein.«

»Wenn ihr Wein haben wollt, müßt ihr nach Svolvær fahren«, sagt Pedersen. Dort gibt es Wein.

»In Svolvær gibt es ein Weinmonopol«, sagt die Kellnerin. »Wenn ihr diese Schweinerei unbedingt trinken müßt, könnt ihr das drüben in Svolvær tun.«

Pedersen nickt, dunkel und ernsthaft.

»Sie sahen nett und anständig aus, als sie kamen«, sagt die Kellnerin. »Hätte ich gewußt, daß sie Wein trinken, hätten sie von mir keinen Kaffee gekriegt!«

»Ich muß euch bitten zu gehen«, sagte der Chef.

»Benehmen sich die Leute in Oslo so?« fragte die Kellnerin. »Erwachsene Menschen!«

»Nein.«

»Dasitzen und mitgebrachten Wein trinken! Daß ihr euch nicht schämt!«

»Drei Flaschen«, sagte Pedersen ernst, und die Kellnerin warf ihm einen schnellen Blick zu.

Wir standen auf und zogen uns an, langsam und mit ziemlich roten Köpfen. Die Kellnerin und Pedersen betrachteten uns mit steifen, harten Blicken. Hier war absolut keine Gnade zu erwarten.

»Ich glaube nicht, daß ihr je wieder hierherkommen solltet«, sagte der Chef.

»Hier wird euch nichts mehr serviert«, sagte die Kellnerin. »Jedenfalls nicht von mir.«

»Wie heißt ihr?« fragte der Chef.

»Nyquist.«

»Das ist vielleicht der, der die unanständigen Sachen schreibt?« sagte die Kellnerin.

»Danke für Kaffee und Brötchen«, sagte ich.

»Mein Mann ist ein guter Schriftsteller«, sagte Anne Kari.

»Daß ihr euch nicht schämt«, sagte die Kellnerin mit zwei soliden Keulenhänden auf ihren runden Hüften. »Erwachsene Menschen.«

»Bitte seid so nett und verschwindet«, sagte der Chef.

»Wir gehen jetzt«, sagte ich.

»Norwegen ist ein Scheißland«, sagte Anne Kari. »Ein moralisches, scheinheiliges Scheißland. Und Kabelvåg ist ein Dreckloch.«

»Lebt wohl.«

»Adios.«

Sie schauten uns kalt nach.

Wir verdrückten uns in den Schnee hinaus. Wir schlichen hinaus in die Kälte und eine breite, beleuchtete Winterstraße hinunter, voll von mehligem Schnee und harten Schneeverwehungen. Wir schlenderten gemächlich, die Arme umeinander geschlungen – der Sack baumelte lose in meiner linken Hand, es gab immer noch drei warme, gluckernde Weinflaschen darin – herrlichen Wein. Wir schlenderten die mehlige Schneestraße zu Ende und setzten uns auf die leere Bank bei der Bushaltestelle. Wir saßen dort, umarmten einander und lachten und grinsten – erzählten die Geschichte wieder und wieder, Teile davon, Bilder daraus – die Kellnerin und der Wein, der ihr zwischen den Füßen durchlief. Ha. Ha. Ha. Dann zog ich die vierte Weinflasche hervor und machte kurzen Kugelschreiberprozeß. Und während der Schnee immer noch schräg herabrieselte und weiße Striche vom Himmel herunterzog, saßen wir dort dicht nebeneinander, zwei einsame, frohe Katzen, und leerten die vierte Flasche in ruhigen Zügen.

Wir redeten schön über die Stadt, aus der wir kamen, malten sie in roten und blauen Farben – Oslo an einem knisternden Wintertag, Oslo im Frühling mit Krokus und grünenden Bäumen, Karl Johan und das Theatercafé und all das Schöne und Schiefe und Harte und Schlimme, das wir verlassen hatten. Und all das Schlimme und Harte und Einsame und Schöne, wo wir hingekommen waren – hier weit oben auf den Lofoten.

»Du Arild, wer jetzt im Theatercafé sitzen könnte!«

»Ja,« sagte ich, während der Schnee mich ins Gesicht stach. »Aber wir sitzen ja auch hier in einer Art Theatercafé, Anne Kari?«

»Auf dieser kalten Bank, meinst du? Mitten in Kabelvåg?«

»Ja?«

»Ja – vielleicht schon«, sagte Anne Kari.

»Kabelvåg auf den Lofoten. Das muß in dem Fall das kleinste und kälteste Theatercafé der Welt sein.«

»Das Theatercafé ist eigentlich überall«, sagte ich.

»Das Theatercafé ist wohl eigentlich etwas, das wir immer in unserem Rucksack mittragen können, nicht wahr? Und einige sind groß, andere sind klein. Und das hier ist ein winzig, winzig kleines.«

»Das ist das kleinste und kälteste Theatercafé der Welt«, sagte Anne Kari. »Und es hat nur Platz für zwei.«

»Und das ist vielleicht das Schönste«, sagte ich. »Wir nennen es Kabelvågs schönes, kleines Theatercafé auf den Lofoten, Anne Kari.«

»Also«, sagte Anne Kari.

»Kellner – mach noch einen Rotwein auf!«

Aus dem Norwegischen von Claudia Palser-Kieser

Jón Sveinbjörn Jónsson

Familie, 1974

Er war noch nie im Winter im Norden gewesen. Und konnte nicht glauben, daß der Schnee auf dem Lavaboden liegenblieb. Was aber der Fall war. Hohe Schneewehen, die oft die Busdecke überragten. Das viele Weiß preßte sich blau gegen die Busfenster. Er hatte nicht gewußt, daß es so viele Weißtöne gab. Wenn er einen norwegischen Wald an diese Hänge dichtete, dann müßten die Baumstämme vor Kälte knacken. Hier knackte die Kälte unter seinen Stiefelsohlen. Seine Zähne waren eiskalt, ein ausgiebiger Schluck Schnaps ließ seinen Magen ächzen. Und dann ging der Ärger los. Sie mußten zum Schneeschippen den Bus verlassen. Er schaufelte zusammen mit vier anderen. Sie wechselten sich dabei ab. Wenn sie einige Meter freigelegt hatten, kam der Bus hinterher, hielt an und wartete auf die nächsten Meter. Der Bus stand mit laufendem Motor da, und die Männer schaufelten, stampften, froren, rauchten. Ein Schreiner aus Kopavogur, der seine Freundin in Holmen besuchen wollte, sang mit unsicherer Stimme vor sich hin und schleuderte wütend den Schnee beiseite. Der Mann aus Kopavagur hatte es eilig.

Er schwitzte. Der Schweiß fraß sich nach außen und traf auf den Schnee, der auf der Haut schmolz. Er fror und fror und nahm noch einen Schluck Schnaps. Der Schreiner sang. Er hatte schon im Bus gesungen. Aber niemand stimmte ein. Die Leute starrten mißmutig durch die blanken Fensterscheiben auf die schwarzweiße Landschaft, auf den Schnee, der hysterisch umherwirbelte, so weit die Busscheinwerfer reichten. Auch er starrte mißmutig den Schnee an. Mißmutig auch, weil er auf dem Weg zu seiner Großmutter war, die er als Junge zuletzt gesehen hatte. Beim nächsten Schichtwechsel war er wieder an der Reihe, und auf diese Weise würde es noch einige Kilometer weitergehen. Kein Gespräch. Was gesagt wurde, waren Befehle. Alles paßte zusammen. Befehl. Schnee. Bus. Das gelbe Licht der Vorderscheinwerfer warf seltsame Schatten über die Schneewehen. Hier waren alle miteinander verwandt. Wieder brüllte der Bus. Jemand hustete, jemand sang. Er trank noch einen Schluck aus der Schnapsflasche. Er war doch auf dem Weg nach Hause. Zu dem, was ein Isländer als Zuhause bezeichnet hätte. Zur Feuerstätte, zum Haus seiner Großmutter.

Nach der letzten Schneeschipprunde unten bei Helgafellsveit teilte er mit dem Schreiner aus Kopavogur einen St. Rémy. Die Flasche war halbvoll, als der Bus auf dem Platz vor dem Postamt ankam. Der Schreiner hatte sich inzwischen schon nach Verwandtschaft und Höfen erkundigt, nach Inseln und Arbeit, und nun konnte der Schreiner verkünden, daß sie miteinander verwandt wären, und der Schreiner bat ihn, die Großmutter zu grüßen. Was er auch tat.

Der Großmutter gefielen Schnaps- und Schweißgeruch und die Kleidung ihres Enkels zwar gar nicht, aber sie nickte langsam, als er ihr alles erzählte. Ab und zu starrte sie ihn resigniert an. Er redete hastig weiter und fragte sich, wie er eine Woche in Kaffeholmen überleben sollte. Sie saßen, seine Großmutter fand, er esse zu wenig. Er aß mehr. Die Fahrt durchs Gebirge hatte ihm Appetit gemacht. Aber vielleicht nicht auf Kabeljau und Wasser. Manchmal verstummte sie. Dann tickte die Küchenuhr ganz deutlich, das Radio schnurrte leise, der Wind schleppte sich über die Fenster, die Vorhänge bewegten sich ein wenig. Und dann ergriff *Amma* wieder das Wort, erzählte weiter von der Verwandtschaft im Norden von Holmen, dem Inselreich, wo die Familie einst einen Hof gehabt hatte. Er hörte mit halbem Ohr zu.

Erst als Amma darauf hinwies, daß sie verwandt wären, ja, also mit dem Schreiner aus Kopavogur und seiner Familie, lockerte sich der Gesprächston ein wenig auf. Sie waren verwandt. Wie alle auf Island. Ja, ja. So ist das, schloß Amma und schob ihren Teller zurück.

Er bekam ein Zimmer zugeteilt, das nach dänischen Illustrierten und Chlor roch. Hier streifte er seine nassen Klamotten ab und zog trockene an. Ungefähr die gleichen, alles aus Jeansstoff, wie es in diesem Jahr angesagt war. Dann ging er los, um sich Holmen anzusehen. Das grüne Sommerland seiner Kindheit. Den Geburtsort seiner Mutter. Er brauchte nicht lange dafür, hier wohnten vielleicht achthundert Menschen. Überall wurde der Schnee herumgewirbelt, er blieb auf den Felskanten liegen, wurde im Wasser schwarz, der Himmel hing grauweiß über dem Land. Er stapfte durch den Schnee, spürte, wie der Schnee unter seinem Kragen schmolz und naß über seine Brust lief. Holmen bestand aus Felsen und Bergkuppen mit Häusern. Gelbes Licht strömte aus den Fenstern, aus kleinen Häusern, an die er sich aus seiner Kindheit noch vage erinnerte. Er verdrängte diese Erinnerungen. Der Wind war besonders scharf zwischen Meierei und Buchladen und einem Schaufenster, in dem neue Plateauschuhe aus der King's Road ausgestellt waren, Schlaghosen aus der Hauptstadt und aus New York. Die Fischer hatten Geld und legten sich dafür Modeklamotten zu. Und ganz unerwartet stand er dann im Hafen. Der bestand aus zerbrochenem Zement aus dem letzten Jahrzehnt. Ein sicherer Hafen. Eine Art Mole ohne Widerstand vom Meer her. Mit einer Insel vor der Einfahrt, die die schlimmsten Windstöße brach. Der Wind legte sich, als er weiter durch den Hafen ging. Es war kalt, die Schneeflocken landeten im Schrägflug im Matsch, aber der Wind legte sich, und er schlenderte langsam über den

Zement auf leere Schiffe zu, die sich im Hafenbecken knakkend wiegten.

Die Boote lagen am Kai und warteten auf den nächsten Morgen. Es roch nach Ebbe. Der schwere, betäubende Duft von Meeresboden und Fischen. Die halbe Flasche St. Rémy steckte in seiner Bob-Dylan-Jacke. Er hatte Bienen im Kopf. Seine Ohren waren eiskalt. Beim Aufstoßen schmeckte er Fisch und Kartoffeln. Dampf quoll ihm aus dem Mund. Ein Fischkutter tuckerte langsam und verfroren über den Fjord. Er sah nur die Lichter. In Holmen war es mitternachtsdunkel. Es war vielleicht sechs Uhr. Seine Stiefel glitten über das Eis zum *Téhús*. Er fror.

Das Téhús war ein Café ohne großartiges Angebot. Limo und Kaffee. Kein Tee. Er wollte keinen Tee. Er wollte das Meer. Er holte Luft und trat ein. Seine Brille beschlug. Er wischte sie an seiner Jeansjacke ab. Er setzte sie wieder auf und entdeckte auf den ersten Blick seinen Jugendfreund Óli. Den Jungen, mit dem er bei seinem letzten Besuch in Holmen nicht hatte spielen dürfen. Das war acht Jahre her. Er war damals elf gewesen. Óli trank langsam aus einem Becher. Schnitt eine Grimasse. Schaute auf, senkte den Blick, schaute wieder auf und grinste. Óli hatte ihn erkannt.

»Ja, meine Fresse, Nonni? Was hat dich denn in dieses Loch verschlagen?«

»Bin zu Besuch und hau wieder ab.«

Óli war acht Jahre älter und unverändert. Nerz, dachte er, ein entlaufener Nerz. Sein Großvater hatte draußen auf den Inseln eine Nerzfarm gehabt. Er hatte nichts daran verdient. Die Nerze waren entwischt, weggelaufen, verschwunden, und sie hatten Haustiere gerissen. Óli galt als Taugenichts. Aber Óli tötete nur Fische. Er erklärte Óli, was er so machte. Schweißer unten in Reykjavik. Er erklärte, daß er nach Island zurückgekommen sei, um Schweißer zu werden. Óli lachte nur. Damit sei doch wohl kein Geld zu machen? Er fand das überhaupt nicht komisch, jetzt würde doch das

Öl nach Norwegen kommen. Alles anders machen. Und so weiter. Er sah, daß Óli in seiner Teetasse etwas Stärkeres hatte. Ob Óli ein wenig St. Rémy wolle. Óli wollte. Und ein bißchen Afghanen? Kein Problem, solange die Tresentussi nichts merkte. Sie zogen sich einen Joint rein, tranken Cognac, ließen die Bienen brummen. Dann mußte Óli nach Hause und sich für den Abend umziehen. Tanz im neuen Hotel. Frauen, aber miese Musik. Er nickte zustimmend.

»Dann sehen wir uns nachher«, sagte er.

»Okay«, sagte Óli, »dann sehen wir uns nachher, aber sei vorsichtig mit dem Stoff. Die Bullen lungern vor den Türen rum.«

Sie schwankten aus dem Téhús. Umarmten sich. Ein Willkommensgruß, der ihm gefiel, dann umarmten die Schneeflocken ihn und Óli und ließen sie beide im Trüben verschwinden. Die Bienen grummelten.

Die Kapelle legt eine Pause ein. Ein träger Typ verreibt Seife auf der Tanzfläche. Der träge Typ leistet gründliche Arbeit. Es glitzert grünweiß, als der Trottel endlich fertig ist. Und er hat ihn die ganze Zeit beobachtet. Er ist angedröhnt und schweißnaß. Óli sieht mit Schlips und Pomade in den Haaren präsentabel aus. Sie haben eine Flasche Wodka unter dem Tisch. Alle in der Hotelbar tanzen. Er ist fremd hier, und deshalb glotzen viele ihn an. Nur wenige wissen, daß er von hier kommt. Daß er gewissermaßen heimgekehrt ist. Ein paar Typen am Tresen liefern ihre Kommentare. Zwei Frauen am Nebentisch tuscheln.

Eine Frau bahnt sich einen Weg durch die Tanzenden; sie trägt einen breiten Plastikgürtel, eine weiße Schlaghose, silbrigglänzende Plateauschuhe, dicke Schminke, toupierte Haare. Ihre Handtasche hängt über ihrer Schulter. Sie lächelt Óli an.

»Hallo, Anna!«

»Hallo, Óli!«

»Das ist mein Kumpel, er kommt aus …«

»Katas Enkel, ich weiß.«

»Öh …«

»Ist dein Kumpel blau, Óli?«

»Nichts da, der ist total in Ordnung. Setz dich!«

»Aber Óli. Ich bin nicht allein hier. Er sitzt da hinten.«

»Verdammt«, sagt Óli. »Unterhosenjens!«

»Wer?« sagt er und versteht weiterhin nur Bahnhof.

»Der verkauft Klamotten«, antwortet Óli. Seine Stimme kichert, sein Gesicht ist ernst. »Angeblich hat er guten Saft im Haus. Beziehungen, weißt du.« Óli erhebt sich, und er folgt seinem Beispiel. Anna lächelt.

»Und Ragna ist auch da.«

»Die?« fragt Óli überrascht, ein bißchen erfreut. Und steht nun wirklich vor dem Tisch. Anna zuckt mit den Schultern. »Unterhosenwechsel in Godthåb.«

Óli verschwindet. Das Fest hat jetzt ein Wesen angenommen, das ihn zu Unterhosenjens lockt, der Champagner auf dem Tisch und muntere Gäste hat. Draußen heult der Schneesturm. Drinnen wirkt das gemütlich, aber ihm graust davor, aus dem Haus zu gehen. Anna schaut sich rasch nach Óli um, dann wendet sie sich ihm zu, obwohl er sich nur einen Joint in einer stillen Ecke wünscht. Aber die Rausschmeißer hier sind angehende Polizisten, und das Hotel hat gerade erst die Schankerlaubnis erhalten und überhaupt. Er will nicht das Risiko eingehen, daß an ihm ein Exempel statuiert wird. Ihr Blick ist ihm egal. Er ist kein Fischer. Er hat hier keinen Wert. Er kann einfach nur weiterrutschen. Noch einen einzigen Schnaps. Er bietet ihr an. Sie lächelt mit Haut und Haaren. Bald ist Weihnachten. Jemand stellt eine Flasche Tio Pepe auf den Tisch. Er trinkt. Es schmeckt wie Brühe. Anna hat etwas Lebendiges in den Haaren. Er will es wegnehmen, aber sie schlägt ihm auf die Hand. Anna probiert den Wodka und verzieht das Gesicht. Ihre Haare gefallen ihm immer besser. Er kostet das französische Wort aus.

Coquille Saint-Jacques, hell und fächerförmig stellt er es sich vor, Stupsnase, Export in die USA. Holmens einziger Exportartikel. Muscheln und die Innereien von Muscheln. Ein großes, gelbes Inneres, umgeben von Weiß. Ihre Haare.

»Was machst du so?« fragt sie.

»Ich?«

»Ja, du, Katas Enkel«, sagt sie. Fügt hinzu: »Und bei ihr gibt's nichts zu trinken.«

»Jemand muß die Statistik doch in Gang halten«, sagt er und bereut das sofort.

»Ja, aber was machst du?« Sie lächelt hinter ihrem Glas.

»Ich bin Schweißer unten in Reykjavik«, antwortet er.

»Stadtjunge also«, sagt sie. »Kein Fischer?«

»Nein«, sagt er. »Verdammt, nein.«

Die Kapelle spult »I did it my way« ab. Er hört Óli am Tisch von Unterhosenjens brüllen. Er sieht, wie die Band den Refrain beendet, verstummt, Blicke wechselt, aufhört, ihre Instrumente aufhängt und geht. Die Kapelle ist verschwunden, der Typ mit der Seife wieder da, und das letzte tanzende Paar hängt jetzt am Tresen.

In seinem Kopf dreht sich alles. Sein letzter klarer Gedanke ist: nach Hause. Nach Hause? Zur Großmutter und einem Schutzloch in der Hütte, die der Großvater vor langer Zeit gebaut hat. Zuhause ist in der Bar, denkt er. Die Pause ist jedenfalls ein gutes Zeichen. Der Dorftrottel lächelt alle, die ihn ansehen mögen, zufrieden an. Hebt den Daumen. Versucht, mit den Musikern ein Gespräch anzufangen. Die hängen über dem Tresen und trinken braune Flüssigkeiten. Weisen ihn ab. Vielleicht wird er morgen im Hafen an Kabeljauköpfen herumschnitzen. Niemand achtet auf ihn.

Anna schaut in eine andere Richtung. Aber ihr Glas ist leer. Er nimmt es, schiebt es unter den Tisch und gießt den letzten Rest aus der Flasche hinein. Reicht es ihr. Sie nimmt das Glas und lächelt zerstreut. Schaut zu dem Tisch hinüber, an dem Unterhosenjens, Óli und Ragna sitzen.

»Warum gehst du nicht rüber?« fragt er.

»Warum soll ich nicht hier bei dir sitzen?« fragt sie.

Er gibt keine Antwort. Sie beugt sich über ihn. Plötzlich fühlt er sich reif. Er ist ein Transitreisender in einer Zone, in der sie seßhaft ist. Und wenn er ihr Gesicht sieht, möchte auch er seßhaft sein. Ein anonymer Fischer werden. Natürlich kann auch er Fischer werden, so wie Óli. Er trinkt einen langen Schluck. Er steckt die Finger in die Brusttasche, um einen Joint zu suchen. Und reißt sich zusammen. Die angehende Polizei sitzt an einem anderen Tisch. Sofort setzt er zu einer komplizierten Diskussion über Anteile und Ertrag, Kronen und Öre an. Die Unterhosen und Óli finden das auch. Gleich am nächsten Tag kann er anmustern. Er braucht einfach nur um sechs am Anleger zu erscheinen. Mit richtiger Kleidung. Die Óli mitbringen wird. Braucht einfach nur zu kommen. Kann als Schiffsjunge anfangen, wenn der Kapitän will. Er sieht sich um. Anna ist nirgendwo zu sehen. Er wollte sagen, daß er auf Reykjavik scheißt. Er bleibt hier. Ich bleibe hier. Die Musik setzt wieder ein. Irgendwer rutscht kreischend auf dem Boden aus. Der Trottel hat gute Arbeit geleistet. Er grinst dem Trottel zu, und der hebt den Daumen.

Die Eisklumpen sind schuld, daß ich so oft pissen muß. Wieviel Wasser der wohl enthält, so ein doppelter Four Roses on the rocks? Er schüttelte ab, aber es kam noch mehr, und als er seine Jeans wieder zuknöpfte, tröpfelte es noch immer in seiner Hose. Warm. Er seufzte und hätte gern einen klaren Kopf gehabt. Er kniff die Augen zusammen und sah ein Gesicht. Ein schönes Gesicht mit hellgefärbten Locken. Er spritzte sich Wasser ins Gesicht. Die Welt, in der er sich befand, war wieder da. Draußen wurde gegen die Tür gehämmert. Er machte auf. Alles wurde orange. Die Discofarbe des Jahres. Alles klar, dachte er. Hier oben sind sie auch nicht hinterm Mond. Er stärkte sich wieder aus dem Flachmann mit St. Rémy. Räusperte sich. War aufbruchsbereit. Schließlich wollte er mit dem ersten Boot losfahren. Zum richtigen Leben. Er hatte sich entschlossen.

Wie schön der Seegeruch doch ist. Die Schneeschicht läßt das Fenster knacken. Sein Bein spielt Ramadan, wie dann, wenn der weiße Faden die gleiche Farbe hat wie der dunkle. Dann kann das Fasten beginnen. Nicht das Fest. Im Schneegestöber war er ein kleiner Junge unter Giganten, ein umherwanderndes Streichholz in einem Wald, auf Island aber gab es nicht viele Bäume, und warum sah er hier seine eigenen Geburtstagsfeste vor sich, mitten in allem, mitten im Schneegestöber? Im Schneegestöber war er ein kleiner Junge, bei Unterhosenjens waren sie allesamt kleine Jungen und Mädchen. Das Klavier klimpert »I did it my way«, und er will gerade ein Glas auf die Straße schmeißen, als Anna ihn festhält.

»Komm«, sagt Anna. »Was wollen wir hier noch. Du mußt früh raus. Die Schiffe fahren um sechs Uhr los. Du fährst auf Ólis.«

Er widerspricht ihr elegant und geht mit ihr.

»Morgen«, sagt er dicht an Annas Wange und den Schneeflocken, »morgen fahre ich aus und hole die ersten Kröten für unser Haus.«

»Idiot!« antwortet sie und kichert. »Erst mußt du aufstehen. Aber das mußt du ja auf jeden Fall.«

Er hört nicht zu. Ihre Worte legen sich einfach auf sein Gemüt. Es geht immer weiter aufwärts in Holmen. Seine Stiefel rutschen ab, aber sie hält ihn an den Armen fest. Er will sich davon befreien. Er will Fischer werden. Die Bienen summen in seinem Kopf. Das hält ihn aufrecht. Die Aussicht ist phantastisch. Überall um ihn herum ist es schwarz. Anna atmet neben ihm. Er riecht Guerlin, teure Ware, er hat sie in der Hauptstadt riechen gelernt.

»Wenn wir bei mir sind«, sagt Anna, »dann kriegst du ein

Bier. Und dann gehen wir ins Bett. Du kannst mich in den Arm nehmen und ein Mann sein.«

Er schaut aus zusammengekniffenen Augen ins Schneegestöber. Natürlich.

»Anna, Anna! Hoch mit ihm. Es eilt. Verdammt, jetzt kann ich einfach nicht mehr warten!«

Er fährt hoch. Sein Kopf muß sich erst beruhigen. Er schüttelt die Stupsnase neben sich.

»Anna«, sagt er leise. Und weiß nicht genau, wo er ist und ob Annas Mann da herumnervt. Und wenn, dann sind diese Isländer ja verdammt liberal.

»Wer zum Teufel ist das da draußen?« flüstert er den Haaren neben sich zu.

Die Haare antworten nicht. Er zieht seine Unterhose an. Draußen wird geheult, mechanisch, zögernd.

Yes, Sir! I'm on my way, Sir! Er klimpert mit den Augen. Das Zimmer ist dunkel. Plötzlich stumm. Neben ihm tiefer Schlaf. Blonde Haare, starr vom Schlaf, lugen unter der Bettdecke hervor. Der Blick hinter seinen Augenlidern weitet sich zu tiefen, traurigen Tümpeln, in denen er Wassertreten muß. Ganz klare Selbstmordkandidaten stehen am Ufer, sein Blick wartet, dort steht ein Arzt, dort seine isländische Mutter, sein norwegischer Vater, ein Dichter mit wildem Bart, und dahinter die Großmutter mit Peitsche und Pistole. Sein Blick bricht in einem Gewühl von stürzenden Leibern. Milchgrau. Auf dem Nachttisch steht ein geöffnetes norwegisches Bier. Er greift danach. Noch immer kalt. Er kippt es. Und fährt zusammen, als vor dem Fenster ein kurzes Geheul ertönt.

Die Vorhänge sind dicht geschlossen. Er ist ein Wal, der in Schweiß badet. Der Schweiß strömt und strömt, verspielte Walläuse kitzeln ihn am ganzen Körper. Dann wacht er wieder auf und ist naß. Und hat Durst. Verdammt, das Bier. Das ruht schlaff in seiner Faust und ist auf die Bettwäsche gekippt. Unter der Decke ragt sein Schwanz gerade auf. Lächerlich. Wieder wird gegen die Wand gedonnert. Und eine rauhe Stimme ruft: »Anna! Anna!«

In der Dunkelheit neben ihm wird gegrunzt. Plötzlich fährt unter der Decke eine Faust hervor, trifft zweimal die Wand, sinkt wieder auf die Kissen. Ein Signal ist gegeben worden. Wem ist er hier ausgeliefert? Im Zimmer ist es stockdunkel. Er setzt sich auf, tastet auf dem Nachttisch herum. Wirft die Nachttischlampe um. Die knallt auf den Boden. Neben ihm bewegt sich etwas.

»*Helvetis* ...«, murmelt die Stimme.

»Anna«, murmelt er und läßt sich wieder auf die Kissen sinken. Fährt sofort wieder hoch. Die Boote. Heute! Um sechs. Soll er ausfahren! Er zieht seine restlichen Klamotten an. Wo ist das Bier? Er findet die Flasche, die halbwegs von den Wogen der Decke verschluckt worden ist. Er trinkt den Rest. Sein Kopf wird klarer. Was zum Teufel soll er überhaupt in Grönland? Er wirft einen Blick auf den Blondschopf und überlegt: Haben wir's gemacht? Er schiebt eine Hand unter seine Unterhose. Da ist es trocken. Er riecht daran. Es riecht nicht nach Frau. Das auch nicht! Auch nicht nach Krabben. Einen Moment lang hält er sich unschlüssig den Finger an die Nase. Der Blondschopf hat sich nicht eine Sekunde lang bewegt. Er schleicht sich auf den Flur und sucht seine Stiefel. Läßt sich auf den Boden sinken und schnappt sich den einen. Zieht ihn an, zieht die Jeans über den Stiefelschaft. Dann den anderen Fuß.

Hinter sich hört er ein Schnaufen. Erstarrt. Verdammt. Mehr hört er nicht, und er konzentriert sich auf den zweiten Stiefel. Der will nicht. Er tastet hilflos in der Gegend herum, erwischt einen Vorhang und versucht, sich daran hochzuziehen. Der Vorhang senkt sich über ihn. Verdammt. Wieder ein Schnaufen. Zweimal verdammt. Faust gegen die Wand. Er dreht sich um. Hinter ihm ragt ein riesiger Mensch auf, ein Mann von zwei Meter zwanzig.

Er taumelt rückwärts und packt die Türklinke.

Der Lotse! Der berüchtigte Lotse von Holmen! Der sicheren Kurs nach Grönland hält. Annas Vater? Oder ihr Mann? Er stürzt aus dem Haus. Der war doch mal auf die Mutter scharf! Anna und er könnten Geschwister sein. Verdammt! Von dem hat er sein Leben lang gehört. Verdammt!

Der Lada müht sich Helgafellsveit hoch. Die Hänge sind schneebedeckt. Die beiden vorne waren bereit, Marias Sohn nach Reykjavik zu schaffen. Der sitzt eisengrau und verkatert hinten und ist mit seinen eigenen Gedanken beschäftigt. Er hört die Typen vorne über Verwandtschaft reden. Alle sind verwandt. Sie haben sich feixend umgeschaut, als sie von Anna und dem Lotsen und seiner eventuellen Frau gesprochen haben. Vielleicht ist sogar ihr Fahrgast ein Sohn des Lotsen? Ihm wird schlecht. Er weiß, daß es möglich ist. Bei dem vielen Schnaps, den sie gebraucht haben, um die Fischerei in den Griff zu kriegen. Und dem Gevögel vor- und hinterher.

Und dann bleiben sie im Schnee stecken. Er ist kein Fischer geworden. Und jetzt muß er Schnee schaufeln. Sie schaufeln sich Helgafellsveit hoch und wieder hinunter. Nach zwölf Stunden liegt Reykjavik wie ein gesunkener Schneemannsrotz in der Landschaft. Beim Laugarstig steigt er aus. Niemand sagt einen Abschiedsgruß. Er ist kein Fischer geworden. Er ist nur Schweißer. Morgen wird er Öfen schweißen. Und dann will er weiter. Weg von hier. Abhauen. Der fehlende Geruch zieht ihn an. Und er wird Anna mit den Haaren anrufen.

Aus dem Isländischen von Gabriele Haefs

Elmer Diktonius

Kein Spritt

Man ist in Gesellschaft und hat Langeweile; dann aber kommt einer mit etwas zur Linderung in der Tasche; das allerdings nur allzu schnell zur Neige geht, und danach wirds noch ungemütlicher; doch da sagt ein anderer: Ruft mal die Kajsa in Bronda an! – die weiß sicher Rat. Also ruft man an und kriegt eine Telefonnummer, ruft auch dort an und verständigt sich über einen Meter Stoff von der üblichen Sorte, wir holen ihn persönlich, sind in fünf Minuten da. Und schnappt sich einen Wagen und ist gleich dort, findet auch prompt das Haus mit dem separaten Eingang, drückt auf die Klingel, von innen lugt ein Männerauge durch den Briefschlitz, die Tür wird geöffnet, und da steht er auch schon in Hemdsärmeln und schmunzelt geschäftig: Jaha! – Ein Meter solltes sein, tja.

Janne Kosonen ist das, der die Tür öffnet, Inhaber der vorschriftsmäßig registrierten Firma Quadrant, trägt eine Binde um die Stirn und ist dick und rund geworden. Döbeln nennen sie einen jetzt, nach dem Feldherrn, wie man so rumläuft mit einer Binde, die Geschäfte florieren, doch ja, nur um die Gesundheit ist es schlechter bestellt – Kopfschmerzen und saurer Magen, sollte das Trinken lassen, aber wo einer immer probieren muß. Die legen einen sonst rein, verfluchte Schmugglerbande! – haste nich gesehn, drehn sie dir Salzwasser in den blitzenden Kanistern an. Mit den Kunden muß man schon ein Gläschen leeren, zum Beweis für die Echtheit der Ware, und mit dem Schupo ab und zu anstoßen, damit er auf einem Auge auch ja den Star kriegt, und schließlich veranstalten die Schnapsgrossisten bisweilen eine feuchtfröhliche Sause, bei der man in gewöhnlichem Fusel und andrem Hochprozentigen nur so schwimmt. Der Schnaps ekelt Janne, und am liebsten würde er in jeden Kanister reinspucken, den er verkauft – aber dann wär wohl bald Schluß mit dem schwunghaften Handel, kann man sich denken. Janne schlurft in seinen ausgelatschten Pantoffeln zur Küche, dreht den Hahn auf, läßt das Wasser laufen, bis der Strahl eiskalt geworden ist, feuchtet von neuem die Binde.

Gibt natürlich weiß Gott schlimmere Arbeiten als die hier. Immerhin braucht man nicht bei Wind und Wetter auf einem Kutschbock zu bibbern oder seinen rheumatischen Rücken unter scharfkantigen Planken zu krümmen, ist beinahe ein Herr, zumindest ebenso faul, hat Pyjamas, Pantoffeln und ein Bankkonto, das eine Villa in den Schären, ein Motorboot und einen Wagen verheißt, ganz wies der Beruf verlangt. Wär man bloß richtig auf dem Damm und hätte nicht ständig diesen essigsauren Magen – und weiter unten klappt es auch nicht mehr so recht, weil man nicht auskuriert hat, was man sich mal eingefangen hat. Am liebsten würde Janne vor allen Weibsbildern ausspucken, denen er begegnet – aber das schickt sich wohl nicht, wenn man Pantoffeln und Pyjamas trägt.

Außerdem können Weibsbilder gesegnete Gottesgaben sein und auch in solchen Geschäftsbüros von unschätzbarem Nutzen. Im Korridor der Firma hängt auch immer eine Unmenge ihrer bunten Kledage am Haken, das gibt den Räumlichkeiten so einen gemütlichen Anstrich. Kommen feinere Herren zu Besuch, welche, die nach den besseren Sorten fragen und sich nicht mit dem gewöhnlichen estnischen Fusel begnügen, dann öffnet Janne die Tür zur Küche einen Spalt weit und flötet sanft: Tiltu! Tiltu! – Bring Cognac für die Herren! Darauf tritt eine adrett herausgeputzte Tiltu ins Zimmer, begrüßt kichernd die Gäste, zieht einen Stuhl

heran, steigt drauf und angelt nach den auf dem Kachelofen verborgenen Bouteillen. Und während sie so steht und sich reckt und streckt, gleitet der kurze Rock immer höher hinauf, daß man dieses und jenes zu sehen bekommt – und so was schaun sich die Herren gern an, will man meinen. Prüft man dann die Ware, so fragen sie, ob nicht auch Fräulein Tiltu ein Schlückchen möchte, und wenn man das intus und mit etwas munterem Geplauder abgerundet hat, winken die Herren für gewöhnlich Janne zu sich hinaus in den Korridor und kehren nach einer Weile zurück, und Janne meint: Solange sich die Herren anständig aufführen und die Kleine mit dem Wagen nach Hause bringen. Nu, sie is nämlich meine Nichte aus Nurmijärvi, von eigenem Fleisch und Blut, tja, und frisch vom Lande, nur vorübergehend auf Besuch in der Hauptstadt. Aber da sie selbst Lust verspürt, mag sie sich gerne ein wenig amüsieren und frische Luft schnappen – ich verlasse mich auf die Herren und sehn Sie nur zu, daß die arme Kleine nicht auf Abwege gerät! Und Tiltu zieht sich den Mantel über, und Janne verabschiedet sie onkelhaft schmunzelnd.

Alles wäre wie gesagt einigermaßen in Ordnung und keiner Klage wert; nur daß man nu mal nicht recht auf dem Damm ist und der Körper so durch und durch sauer. Zwischen den Besuchen liegt Janne am liebsten auf dem stets ungemachten Bett in der Küche, erholt sich wohlig entspannt mit geschlossenen Augen und denkt an nichts. Angenehm erleichtert fühlt er sich, wenn er so müßig daliegt, ohne an irgend etwas zu denken: weder an die vor langem gestorbene Alte noch an die in alle vier Winde ausgeflogenen Blagen. Komisch, wie man früher einmal weiß oder rot sein, randalieren und sich prügeln konnte ums liebe Brot und die Religion oder andere scheints wichtige Dinge! Jetzt beunruhigen Janne höchstens noch die Schnapsrazzien – die gehören zum Berufsrisiko, wenn auch nicht in diesem Viertel; bei sonem lammfrommen Schupo. Bisweilen ist Janne allerdings so was von kregel, daß er am Küchentisch sitzt und auf dem schmierigen Wachstuch eine Patience legt, und befindet sich grad eine Tiltu in der Nähe, die er aus lauter Gutherzigkeit umsonst bei sich wohnen läßt, um ihr ein paar Tage Muße zu gönnen, so leiert er ihr gern in gedämpftem Predigerton seine geballte Lebensweisheit herunter:

– Mit der Polizei und sonstigen Obrigkeit soll man sich nich anlegen und keinen Streit und Krakeel anfangen, und kriegt man eins aufs Maul, soll mans auch zufrieden sein – son Schandmaul hält sowas schon aus, will ich meinen. Und um des schnöden Mammons willen soll man sich bloß nich so verteufelt ins Zeug legen und abstrampeln; der kommt schon ganz von selbst, wenn man nur sitzt und drauf wartet – und ihn natürlich im rechten Augenblick beim Genick packt, tja. Und das is doch auch ein verflixtes Leben, was du so führst, Tiltu, um meins ists ja kaum besser bestellt, und im Himmel werden wir uns wohl nich wiedersehn, aber warts man ab, bis dieser gute Onkel erst absahnt, dann kriegste in der Villa ein eignes Zimmer mit weißen Möbeln und Rosentapeten und Grammophon und allen Schikanen – nur kein Spritt, fügt Janne hinzu und rülpst von seinem Magenkatarrh. – Denn der Spritt ist das Schlimmste auf der Welt, jedenfalls an Trinkbarem, und hat manch Tiltu und Janne ins Kittchen oder in die Hölle gebracht, wie auch du wohl weißt, und wärs nicht des lieben Brotes wegen, ich würd son Kanister nich mal mitm kleinen Finger anfassen, da kannst du aber Gift drauf nehmen. – Mit dem Cognac ists was andres, meint Janne abschließend, nippt an der Neige im Glas und fügt galant hinzu: Deshalb dürft ihr Mädchen euch um diese Seite des Geschäfts kümmern.

So ist alles gut und kommt noch besser: Janhunen, der Janne mit Schmuggelware versorgt, klingelt eines schönen Tages per Telephon an: Hör zu, Döbeln, komm heut mit raus, kriegst das Zehnfache von dem, was du sonst den Tag verdienst, Aku hat nen schrecklichen Kater, und es is verdammt schwierig, auf die Schnelle jemand anders zu finden, auf den man sich verlassen kann. Janne läßt sich die Sache durch den Kopf gehn, sitzt da und brütet bis zum Abend, muß vor so viel ungewohnter geistiger Anstrengung schnaufen, reibt sich den Bauch, schleudert die Binde ins Bett, schließt seinen Laden und fährt runter zum Hafen – nicht so sehr des Geldes wegen, sondern um noch einmal das Meer seiner Jugend und seines Stauerlebens zu schnuppern. Vielleicht auch wegen der gefahrlosen Spannung, die das Unternehmen verspricht. Patiencen und Schnapsschieberei sind keine Männerarbeit, neenee. Mit gelöschten Laternen legt man vom Sandvikshafen ab, taucht ein in den feuchten Sack des Nebels – der Himmel über dem Meer kommt Janne vor wie eine Hand, die genüßlich über einen satten Bauch streicht, aber das behält er für sich –, ist bald auf der Höhe von Harmaja, steuert auf einen schwarzen Schiffsrumpf zu, der groß und stumm in der Dünung rollt; verhandelt flüsternd über den Kauf eines bis zur letzten Schwanzflosse mit Kanistern bestückten Torpedos, wendet, dampft behäbig zur Stadt zurück und verankert das Torpedo bei einem nahegelegenen Holm – da liegt es wie ein Riesenfisch lautlos auf dem Grund, an Korken in Säckchen voll Salz und allem Drum und Dran, tja. Ein-, zwei-, dreimal das Ganze diese Nacht, mehrere Nächte hintereinander, in Nebel und Mondschein. Wo zum Teufel stecken denn die verfluchten Zollschnüffler? muß Janne schließlich fragen, beunruhigt ob dieses regelmäßigen Dusels, der unerschütterlich scheint wie im Kalender die Wochentage. Janhunen gibt keine Antwort, zwinkert bloß mit dem einen Auge: auch die Wasserpolizei kann den Star kriegen.

Die ganze Nacht arbeiten und bis weit in den Vormittag hinein schnarchen – ach ja: Das läßt man sich gefallen. Nur nich vergessen, die Hose unter die Matratze zu legen, während man schläft, damit sie wie frischgebügelt aussieht. Gegen Nachmittag streift man sie gemächlich über, rasiert sich und schlendert zur Bank, wo man seine 500, 1000, 1500 Mark einzahlt, mit dem Frollein an der Kasse schäkert, über Gott und die Welt mit ihr plaudert. Zum Anbeißen die Kleine – aber vielleicht doch zu fein für einen. Spaziert darauf zur Esplanade, setzt sich auf eine Bank, lauscht der Blasmusik und läßt all die Tiltus an sich vorbeidefilieren; adrette Kirschen, oja-oja, können einem schon gefallen. Und schaut eine von ihnen niedergeschlagen oder verdrießlich drein – arme Mieze! –, noch dazu aus triftigem Grund, so geht man mit ihr ins Kino und landet hinterher im Büro: lustiges Spielchen – Junggeselle sucht Haushälterin. Nur die vorige auf die Straße zu setzen läßt sich nicht immer gleich einrichten, auch wenn es bis zu Bettvergnügungen gar nicht gekommen ist. Weibsbilder sind empfindliche Wesen: geraten einander leicht in die Haare, beißen und kratzen. Dann muß Janne einschreiten, mit süßen Worten und nem Pflaster aus der Brieftasche Frieden stiften. Auch ein nettes Spiel; kann man vom Bett aus betrachten, als säße man im Theater. So als Friedensstifter kommt sich Janne über die Maßen edel vor, hat fürwahr ein Herz aus Gold, doch ja – hätte lieber Pastor werden solln oder Arzt, scheint ihm, is durchaus nich untalentiert. Aber was solls, da man nun mal nich studieren durfte.

Und bald wird man sich wohl ohnehin ein bißchen was Größeres zulegen, hehe, wenns Kontobuch, dieser liebe, in braune Deckel gehüllte Katechismus, auf dessen ermunternden Seiten die Daumenabdrücke von Jannes täglicher Bewunderung zeugen, erst eine sechsstellige Summe erreicht hat. Mit diesen sechs Ziffern, die einem den Rücken stärken, gedenkt Janne zu einem der hohen Herren, Direktoren und Könige hinaufzustiefeln, sich ins Ledersofa plumpsen zu lassen und mit dem Zigarrenrauch den Vorschlag rauszupusten: Wie wärs, wenn wir uns vielleicht mal zu Kumpels zusammentäten, wa? –, wird sich auf die Brusttasche klatschen und bekräftigen: Hier gibts Piepen! Sone Miene werden sie machen, die Direktoren, glauben wohl, er werde sich sein Leben lang mit Sklavenarbeit und bloßen Handlangerdiensten begnügen, sich im Knast oder im Armenhaus Rheumatismus holen und eine Rentenversicherung zulegen. Nee du, nix da, ihr hohen Herren und Direktoren – einer von euch will Janne werden, Autos und Motorboote besitzen, in einem Marmorpalast wohnen und mit Witwen von Kaisern und Königen schlafen!

Wär man nur nich so kränklich und durchsäuert, trotz Bullrichsalz und andrer patentierter Mittel, die man in sich hineinschüttet: Das gärt und rumort und nagt im Magen, auf welche Seite man sich auch dreht und wendet, und auch das Herz treibt sein Unwesen. Der Cognac scheint auch nicht unbedingt gesünder zu sein als der Spritt – nur vornehmer, deshalb kaufen ihn sich die Herren. Und deshalb trinkt ihn auch Janne, um ein vornehmes Leben zu führen. Vornehm und sauer. Fragt sich nur, was wohl die Direktoren trinken, ob die auch so durchsäuert sind. Aber das ist ja wohl gar nicht möglich, herrje – sonst gäbs doch rein gar keine Ordnung auf diesem Erdenrund.

Aus dem Finnlandschwedischen
von Klaus-Jürgen Liedtke

Henrik Nordbrandt

Die Schnaps-Geschichte des Antiquitätenhändlers Jacob West

Eines Nachts vor etwa fünfzehn Jahren erwachte ich in einem Zimmer, das ich noch nie gesehen hatte. Auch fehlte mir jede Erinnerung daran, wie ich dorthin gekommen sein mochte.

Ich fühlte mich sofort hellwach, allerdings konnte ich wegen der seltsamen Umstände dennoch nicht ausschließen zu träumen. Ich begann daher, die Experimente vorzunehmen, derer ich mich in solchen Situationen bediene – zum Beispiel loszuschreien. Immer wenn ich versuche, im Traum zu schreien, bin ich dazu entweder nicht imstande oder ich werde von meinem eigenen Schrei geweckt. In dieser Situation aber klang mein Schreien ganz natürlich und während ich schrie, ging mir zudem auf, daß ich mich in einem Hotelzimmer befinden mußte. Besser, ich würde aufhören, um die anderen Gäste nicht zu belästigen.

Natürlich kenne ich den Trick, sich selbst in den Arm zu kneifen – allein, bei mir wirkt er nicht. Statt dessen nahm ich mein Taschenmesser, das wie gewöhnlich auf dem Nachttisch lag (ein weiteres Zeichen dafür, daß ich wach war), und schnitt mir in den Finger. Es kam Blut, und es *schmeckte* nach Blut und nicht wie normalerweise in meinen Träumen nach einer Mischung aus Ketchup und Senf.

Ich stieg aus dem Bett und ging durchs Zimmer. Es war außergewöhnlich groß und luxuriös eingerichtet. Der Einrichtungsstil war altmodisch und etwas heruntergekommen. An den Wänden hingen ein paar Bilder, offensichtlich Kupferstiche. Als ich mir eines näher ansah, entdeckte ich, daß es Reproduktionen von Pierre Lotis *Istanbul-Prospects* waren. Auch fiel mir auf, daß mir der Geruch des Zimmers von irgendwoher bekannt vorkam. Mit einem Mal wußte ich, wo ich war: im Hotel Pera Palas in Istanbul, jenem Hotel also, in dem vor der Zeit des Chartertourismus und der Hippie-Ära alle Orientreisenden absteigen *mußten,* sofern sie ernst genommen werden wollten.

Obwohl ich immer noch nicht die leiseste Ahnung hatte, wie ich dorthin gekommen sein könnte, fühlte ich mich augenblicklich erleichtert. Denn ich erinnerte mich, daß das Hotelpersonal berühmt war für seine Tüchtigkeit. Der Mann an der Rezeption würde mir ohne Zweifel sagen können, ob ich wach war oder schlief. Ich hatte bereits den Hörer in der Hand und hörte ihn »Hallo« sagen, als mir schlagartig einfiel, daß meine Frage ihm vielleicht etwas eigentümlich vorkommen würde. Ich bestellte also statt dessen ein Sandwich und eine Karaffe Wasser.

Es dauerte fast eine Viertelstunde, und ich war schon auf dem Weg zum Telefon, um mich zu beschweren, als es an der Tür klopfte.

Ich öffnete und erlitt einen Schock. Draußen stand eine Person, die mir zum Verwechseln ähnlich sah. Abgesehen davon, daß der Betreffende einen großen, schwarzen Schnurrbart trug, ihm ein roter Fez auf dem Kopf saß und sein Anzug irgendwann zu Anfang des Jahrhunderts hergestellt worden sein mußte.

Ich hatte ein paar altmodische türkische Höflichkeitsfloskeln gelernt, also sagte ich:

»Selamünaleyküm, bey efendim«, was übersetzt soviel bedeutet wie: »Friede sei mit Euch, guter Herr!«

»Sie können ruhig Dänisch mit mir sprechen«, antwortete mein Gast in eben jener Sprache, nur mit einer etwas altmodischen Betonung, jener nicht unähnlich, der sich auch meine Großmutter mütterlicherseits bedient hatte. Ich bekam den Eindruck, daß in seiner Stimme ein Hauch Ironie mitschwang.

Meine Bestellungen hatte er nicht mitgebracht, dafür aber eine große, alte, weiß emaillierte Apothekerwaage, auf der man sowohl sein Gewicht als auch seine Größe messen lassen konnte. Ich wollte gerade fragen, was zum Teufel das zu bedeuten habe und ob er damit etwa andeuten wolle, ich gehöre womöglich auf Diät gesetzt, als mir auffiel, daß er fast durchsichtig war.

Es war bei weitem nicht meine erste Begegnung mit einem Gespenst, ich fiel also nicht gleich vor Schreck in Ohnmacht. Ich fühlte lediglich, wie mein Herz ein paar Extraschläge einlegte. In ruhigem Ton sagte ich:

»Es freut mich, Sie kennenzulernen. Ich finde es grundsätzlich interessant, einem Gespenst zu begegnen. Warum sind Sie nicht einfach durch die Tür hindurchgegangen?«

»Ich fand, es wäre gesitteter anzuklopfen«, antwortete das Gespenst. »Durch Türen zu schreiten ist nicht mein Stil. Im übrigen halte ich es für unhöflich, auf diese Weise einfach so bei Leuten reinzuplatzen.«

»Da ist etwas dran«, sagte ich und fügte in Anbetracht der tragischen Verfassung des Mannes vielleicht etwas boshaft hinzu:

»Sie hätten die Apothekerwaage ja auch nicht mitbekommen, nicht wahr?«

Offensichtlich hatte ich ins Schwarze getroffen, denn die Gesichtsfarbe des Gespenstes nahm eine ungesunde, graue Farbe an, während es gleichzeitig noch durchsichtiger wurde. Wahrscheinlich ist es schwierig, sich das vorzustellen, wenn man es nicht selbst gesehen hat, aber es ist wirklich nicht besonders angenehm, dabei Zeuge zu sein.

»Woher wußten Sie das?« stammelte der Jenseitige. »Einen Punkt für Sie!«

»Wie bitte? Einen Punkt?« Ich ging ein paar Schritte zurück ins Zimmer und bedeutete ihm mit einer Handbewegung, mir zu folgen.

»Darüber kann ich Sie leider nicht aufklären«, sagte er, während er ächzend die Waage ins Zimmer wuchtete. Offensichtlich war er nicht gerade besonders gut in Form.

Wir setzten uns einander gegenüber an einen kleinen Sofatisch mitten im Zimmer. Auf dem Tisch standen eine Flasche Bourbon und zwei Gläser. Für einen Moment wurde ich stutzig, weil ich diese Gegenstände zuvor noch nicht bemerkt hatte, und ich vergaß meine gute Kinderstube. Ohne das Gespenst zu fragen, ob es überhaupt Bourbon mochte, füllte ich die beiden Gläser. Dann erhob ich meines und stellte mich vor.

Das Gespenst war seinerseits nicht besonders höflich. Es leerte sein Glas in einem Zuge und schenkte sich neu ein. Dann sagte es:

»Leider kann ich Ihnen nicht meinen ganzen Namen verraten, aber Sie dürfen mich Magnus nennen.« Dann fügte es grinsend hinzu:

»Zwei Punkte für mich! Sie haben mich unaufgefordert zu einem Drink eingeladen.«

»Herr Magnus«, sagte ich mit Ärger in der Stimme, »da Sie mein Gast sind, hätten Sie wohl die Liebenswürdigkeit, mir das Punktesystem zu erklären? Sonst muß ich Sie bitten, es künftig beiseite zu lassen.«

Das Gespenst trank einen Schluck Bourbon. Dann sagte es in einem Ton, der nicht ganz frei war von Selbstmitleid:

»Sie sollten wissen, wie schwer es ist ... hm ... verstorben zu sein. Es gibt sehr strenge Regeln, was man darf und was man nicht darf. Sollten die richtigen Umstände eintreffen, könnte ich Ihnen möglicherweise das Punktesystem erklären. Aber bis auf weiteres ... Hätten Sie im übrigen etwas dagegen, einmal kurz auf die Waage zu steigen?«

Ich sah staunend auf den Apparat und sagte:

»Warum, um alles in der Welt, soll ich das tun? Ich habe

mich gerade erst vorgestern gewogen. 69 Kilogramm und 847 Gramm.« Noch im gleichen Moment, in dem die Worte meinen Mund verlassen hatten, bereute ich sie.

»Ein Punkt für mich!« sagte das Gespenst triumphierend. »Jetzt liege ich mit zwei Punkten vorn. Wie groß sind Sie?«

»Bei allem Respekt, Herr Magnus«, sagte ich säuerlich, »das geht Sie nichts an.«

Mit einer blitzschnellen Bewegung schnappte sich das Gespenst meinen Paß, der auf dem Tisch neben der Bourbonflasche lag, und öffnete ihn.

»Ein Meter einundachtzig«, las es vor. »Ein Punkt für mich.«

»Ganz bestimmt nicht!« raunzte ich und schlug auf den Tisch. »Das mit dem Paß gilt nicht.«

Das Gespenst zuckte mit den Achseln und meinte entschuldigend:

»Gut, dann gilt es nicht.«

Er leerte sein Glas, schenkte sich neu ein und nahm einen Schluck.

»Sie sind verdammt durstig!« bemerkte ich. »Offensichtlich haben Sie das, was man heute ein Alkoholproblem nennt.«

Das Gespenst schielte nervös auf die Flasche. Offenbar hatte ich wieder ins Schwarze getroffen. Dann sagte es unsicher:

»Ja, ja. Aber ich führe trotzdem.«

Ich gab es auf, mit dem Gespenst zu argumentieren, und überlegte, ob ich mich meiner schämen müßte, wenn ich es bitten würde zu gehen. Gleichzeitig hatte ich das unangenehme Gefühl, daß ich – egal was ich tun würde – keinen Einfluß auf sein Verhalten hatte und es dabei war, immer mehr Macht über mich zu gewinnen. Obendrein begann ich zu frieren.

Für eine Weile saßen wir schweigend da. Dann zog es zu meiner Erleichterung eine goldene Uhr aus der Westentasche und sagte mit Ironie in der Stimme:

»Leider muß ich jetzt gehen. Die anderen Prüfungen vertagen wir auf morgen.«

»Welche Prüfungen?« fragte ich. Das Wort »Prüfungen« hatte für mein Empfinden einen unangenehmen Beiklang.

»Vorläufig scheint es, daß Sie das richtige Gewicht und die richtige Größe haben, aber da sind noch ein paar Dinge, die in Ordnung gebracht werden müssen.«

»Und was passiert dann?«

»Dann übernehmen Sie meine Rolle!« sagte das Gespenst mit Grabesstimme, woraufhin es mehr und mehr durchsichtig wurde und schließlich ganz verschwand.

Ich saß eine Weile so da und rauchte ein paar Zigaretten, während ich laut einige Trivialitäten über Gespenster, Vampire, dreibeinige Pferde und anderen Aberglauben vor mich hin murmelte. Es gelang mir jedoch nicht, mich aufzubauen. Schließlich leerte ich mein Glas und ging ins Bett. Seltsamerweise schlief ich sofort ein.

Am nächsten Morgen weckte mich die Sonne, die mir ins Gesicht schien. Es war ein schöner, warmer Maitag, aber ich war nicht fähig, ihn zu genießen. Ich befand mich nämlich immer noch im Pera Palas, und die Waage wie auch die beiden Gläser standen da, wie wir sie zurückgelassen hatten.

Ich begann, hektisch meine Koffer zu packen, aber es wollte mir nicht gelingen, meine Sachen in ihnen zu verstauen. Ich sah ein, daß ich versuchen mußte, ruhig zu bleiben, um die Situation zu meistern. Ich ging hinaus und öffnete den Warmwasserhahn über der Badewanne. Sie war im übrigen groß genug, um ein Flußpferd zu beherbergen. Während das Wasser lief, brachte man mir ein Tablett mit Frühstück und Tee aufs Zimmer.

Das heiße Bad und das Frühstück taten mir gut. Ich begann, erneut zu packen. Um die Mittagszeit war ich endlich soweit, daß ich das Hotel verlassen konnte.

Als ich die Tür öffnete und aus dem Zimmer treten wollte, mußte ich jedoch zu meinem Entsetzen feststellen, daß die Türöffnung aus irgendeinem soliden Material zu bestehen schien. Ich begann, dagegen zu hämmern. Kein Laut war zu hören, es war nutzlos, ich konnte nicht hinaus.

Mit zitternden Händen zündete ich mir eine Zigarette an, setzte mich an den Tisch und schenkte mir ein Glas Bourbon ein. Ich trank es in einem Zuge aus. Dann begann ich, die Situation zu überdenken.

Nach einigen fruchtlosen Überlegungen fiel mir ein, daß eine der Voraussetzungen dafür, daß ich die Rolle des Gespenstes würde übernehmen können, mein Gewicht zu sein schien. Zumindest das könnte ich ändern! Ich würde kaum Zeit haben, mehr abzunehmen als ein paar Gramm, aber es würde mir bestimmt gelingen zuzunehmen. Ich hatte einmal gelesen, wieviel Pfund ein Mensch während des traditionellen großen dänischen Gabelfrühstücks zur Weihnachtszeit zunehmen kann.

Ich rief die Rezeption und bestellte ein Menü für vier Personen sowie eine Flasche »Raki«. Raki ist ein hochprozentiger Anisbranntwein und das beliebteste alkoholische Getränk der Türken.

Der Kellner hatte keine Mühe, die Barriere zu passieren. Als er gegangen war, versuchte ich es noch einmal, aber die Türöffnung war, wie ich erwartet hatte, für mich unpassierbar.

Ich brauchte einige Stunden, um mich durch meine Vier-Personen-Mahlzeit zu arbeiten. Dazu trank ich fast den ganzen Raki. Als ich vom Tisch aufstand, um zum Telefon zu gehen und nachzubestellen, merkte ich, daß ich ziemlich betrunken war. Nichtsdestotrotz bestellte ich das nächste Vier-Personen-Mahl sowie zwei weitere Flaschen Raki. In jenem Artikel über das Weihnachtsgabelfrühstück hatte nämlich auch gestanden, daß Alkohol ziemlich dick macht. Außerdem wäre ich ohne Alkohol nicht imstande gewesen, so viel in mich hineinzustopfen.

Es war derselbe Kellner, der mir den Nachschub an Essen und Trinken brachte. Er war ein kleiner, dünner und bleicher Mann, der mich verwundert ansah.

»Tja, ich hatte ein paar Freunde erwartet«, erklärte ich. »Aber sie sind nicht gekommen. Sie können sich vorstellen, wie frustrierend so etwas sein kann.«

Der Kellner nickte verständnisvoll.

»Die Sache ist«, setzte ich fort, »die Sache ist die ... ich komme nicht aus der Tür.«

»Ich weiß ja nicht, welchem Glauben der Herr angehört«, meinte der Kellner errötend. »Aber darf ich mir erlauben zu bemerken, daß unser Prophet, seine Exzellenz Mohammed, darauf hingewiesen hat, wie wenig förderlich es ist, dem Alkohol zu frönen.«

»Das ist gewiß richtig«, sagte ich. »Aber verstehen Sie, ich komme nicht durch die Tür!«

Der Kellner warf mir einen Blick zu, der eine Mischung aus Mitleid und Verachtung ausdrückte. Als er gegangen war, setzte ich meine Orgie fort – wenn man es überhaupt so nennen kann, schließlich haben Orgien ja eigentlich etwas Genußvolles. Was mich betrifft, so fühlte ich mich, als müßte ich vor Übelkeit sterben, und ich weiß nicht mehr, wie es mir gelang, mich nicht zu übergeben.

Ich weiß auch nicht, wann die Bewußtlosigkeit mich übermannte, aber es war dunkel, als ich aufwachte. Ich war nicht besonders überrascht, als ich feststellte, daß es Magnus war, der mich wachrüttelte.

»Sie sind ja betrunken!« sagte er. Es klang, als amüsierte ihn dieser Umstand. »Ein Punkt für mich!«

»Ich bin es sterbensleid mit Ihren Punkten«, sagte ich. »Machen Sie doch, was Sie wollen.«

»Das tue ich auch. Jetzt stellen wir uns auf die Waage.«

»Das hatten wir doch bereits hinter uns«, sagte ich in gespielt verärgertem Ton. Tatsächlich war ich erleichtert, daß das Gespenst selbst vorgeschlagen hatte, mich erneut zu wiegen.

Ich stieg auf die Waage, die 71 Kilogramm und 336 Gramm anzeigte, nachdem das Gespenst sie justiert hatte.

»Das paßt ja aufs Gramm genau!« jubelte es.

»Ja, aber, gestern sagten Sie doch ...«, stammelte ich.

»Ja, aber das war gelogen«, erklärte das Gespenst. »Es fehlte ein wenig Gewicht, aber das haben Sie ja jetzt selbst in Ordnung gebracht. Ha, ha!«

Ich wurde ersucht, mich aufs Sofa zu setzen, und kam der Aufforderung gleichgültig nach. Das Gespenst setzte sich mir gegenüber. Nachdem es zwei Gläser Bourbon hinuntergespült hatte, zog es einen großen Revolver aus seinem Gürtel.

»Wozu soll der gut sein?« fragte ich.

»Wir spielen russisches Roulette!« lautete die Antwort.

»Das ist schlicht und einfach unfair«, sagte ich.

»Unfair? Was soll das heißen?«

»Ungerecht.«

»In meiner Welt gibt es keine Gerechtigkeit. Sie fangen an!« Mit diesen Worten legte er den Revolver auf den Tisch.

Ich öffnete ihn und untersuchte die Trommel. Es saß nur eine Patrone darin. Dann ließ ich die Trommel herumdrehen, schloß den Revolver und setzte die Mündung an die Schläfe. Das Gespenst sah zu und grinste.

Einen Moment lang zögerte ich, dann drückte ich ab. Es machte »klick«. Daraufhin reichte ich den Revolver dem Gespenst, das die Trommel kreisen ließ und den Lauf auf eines seiner Augen richtete, während es mit dem anderen zwinkerte. Noch einmal machte es »klick«. Das Gespenst wirkte ganz ruhig, wozu es ja auch allen Grund hatte.

Ich nahm einen Schluck Bourbon und wiederholte die Prozedur. Wieder klickte der Revolver. Das Gespenst nahm ihn, und ohne sich damit aufzuhalten, die Trommel noch einmal herumdrehen zu lassen, schoß es sich in die Stirn mit noch einem Klick.

So machten wir weiter, etwa fünfzig Mal. Das Gespenst bediente sich fleißig aus der Bourbonflasche. Und wenn jemand behaupten sollte, daß Gespenster nicht betrunken werden können, dann kann ich spätestens seitdem das Gegenteil versichern!

Mittlerweile war es für mich zur Routine geworden, die Revolvermündung an die Schläfe zu setzen und abzudrücken. Ja, ich saß tatsächlich da und dachte an irgend etwas, das meine Tante Amalie im Jahr 1951 einmal erzählt hatte, als es plötzlich knallte und ich das Gefühl bekam, mein Kopf sei im Begriff zu explodieren. Für einen Augenblick dachte ich, ich sei tot. Das Gespenst warf den Kopf zurück, brüllte vor Lachen und schlug sich auf die Schenkel.

»Ha, ha!« jaulte es. »Das war nur eine Platzpatrone.« Dann lehnte es sich nach vorn und sagte mit einem bösen Lachen:

»Trauen Sie sich nachzufühlen, ob Sie jetzt ein Loch im Kopf haben?«

Ich führte einen Finger an meine Schläfe, konnte mich aber nicht überwinden, sie zu berühren.

Es folgte ein langes Schweigen, währenddessen wir nur dasaßen und uns anstarrten. Das Gespenst war nicht bloß betrunken, sondern auch traurig geworden. Sein Gesicht hatte den Ausdruck tiefer Melancholie angenommen. Es schien von Moment zu Moment schlimmer zu werden. Ich überlegte, ob Magnus wohl zu denen gehörte, die sentimental werden, wenn sie trinken, und war drauf und dran, irgend etwas Lustiges zu sagen, um ihn aufzuheitern, als er ein großes Schlachtermesser hervorzog. Er schien das Messer die ganze Zeit unter seiner Jacke versteckt zu haben. Jetzt legte er es auf den Tisch und sagte:

»Wir können es genausogut gleich hinter uns bringen.«

Eine einzelne Träne rann seine Wange hinunter, und nun verstand ich, daß sein Sarkasmus und seine Boshaftigkeit nur eine Form der Selbstverteidigung war: In Wirklichkeit war er äußerst sensibel.

»Was passiert jetzt?« fragte ich voll banger Ahnung.

»Ich werde Ihnen den Kopf abschneiden«, erklärte er. »Alles paßt. Ihr Gewicht, die Aussagen, die Punktzahl ... Glauben Sie mir, ich habe keine Wahl. Aber es ist nicht so schlimm, wie es sich anhört. Das versichere ich Ihnen. Ich habe es selbst schon einmal probiert, ich weiß also, wovon ich rede.«

Ich wollte irgend etwas sagen, aber ich konnte nicht. Ich saß da und versuchte, mich auf den Gedanken zu konzentrieren, daß der Tod ja etwas sei, das jeden einmal ereilt. Ein paar Jahre mehr oder weniger spielen da eigentlich keine große Rolle. Schließlich stammelte ich heiser:

»Ww... wie ss... sind Sie hergekommen? Ww... wer? Eine Erklärung sind Sie mir zumindest sch... schuldig.« Ich war unfähig, mich zu artikulieren, so betrunken war ich.

»Ich war Archäologe«, erzählte er und nickte. »Im Jahr 1911 kam ich nach Istanbul, um über die byzantinische Architektur der Stadt zu forschen. Natürlich lernte ich eine Menge Leute kennen. Darunter waren auch Menschen, die einer revolutionären Bewegung angehörten. Ich wurde hineingezogen in ihre Arbeit. Bedauerlicherweise war mein Talent für so etwas ebenso klein wie meine romantische Begeisterung dafür groß war. Im Mai 1913 ermordete mich in diesem Zimmer die Geheimpolizei des Sultans. Und jetzt sind Sie also an der Reihe. Ich schlage um Ihrer selbst Willen vor, daß Sie die Augen schließen.«

Ich schloß die Augen. Ich war nicht in der Lage, etwas anderes zu tun, als seinen Befehlen zu gehorchen. Gott sei Dank war ich zu diesem Zeitpunkt besinnungslos betrunken, und an das, was dann geschah, erinnere ich mich nur vage. Auf jeden Fall war es unangenehm. Das nächste, dessen ich mich entsinne, ist, daß ich mit meinem eigenen Kopf in der Hand dastand und auf meinen kopflosen Körper starrte.

Die folgenden Jahre würden Stoff für zahlreiche Bücher hergeben. Ich erlebte den Zusammenbruch des osmanischen Reiches, die alliierte Besetzung Istanbuls, die Revolution, die Geburtsstunde der Republik usw. Aber im großen und ganzen war es eine todlangweilige Zeit, weil ich nicht imstande war, aktiv an ihr teilzunehmen. Ab und zu kniff ich ein Zimmermädchen in den Hintern und machte mich vor dem einen oder anderen Gast sichtbar. Besonderes Vergnügen bereitete es mir, mich einer Militärperson zu zeigen und mitzuerleben, wie der Mann schreiend und in Unterhose aus seinem Zimmer floh. Oder vergeblich versuchte, mich mit seinem Säbel in Stücke zu hacken.

Bei einer solchen Gelegenheit erlebte ich im übrigen eine böse Überraschung:

Gazi Mustafa Kemal Pasha, derjenige also, den sie später Atatürk, »den Vater der Türken«, nennen sollten, weil er das Land retten würde, verbrachte einmal noch vor der Revolution eine Nacht auf meinem Zimmer. Wie hätte ich wissen können, daß es sich bei dem Herrn um einen so hartgesottenen Burschen handeln sollte? Ich führte also meine Standardnummer vor, indem ich mich zunächst langsam sichtbar machte, daraufhin meinen Kopf abnahm und mit ihm Ball spielte. Wider Erwarten machte das nicht den geringsten Eindruck auf ihn! Er richtete sich nur auf und starrte mich vom Bett aus mit diesen durchdringenden blauen Augen an. Dann sagte er auf französisch:

»Ich beabsichtige, dieses Land zu einer zivilisierten europäischen Nation zu formen. Überbleibsel aus der Vergangenheit wie Sie werden wir nicht dulden. Verschwinden Sie!«

Ich fühlte mich, als würde ich ersticken. Über Wochen lag ich krank danieder, und es dauerte beinahe ein Jahr, bevor ich mich wieder sichtbar machen konnte.

Aber wie gesagt: Im großen und ganzen war es ein schrecklich langweiliges Dasein. Jedes Jahr schien die Länge von mindestens sieben normalen zu haben, und am Ende wünschte ich nur noch, ich könnte sterben.

Eines Abends, nachdem man eine große Gesellschaft gegeben hatte, machte ich mich daran, mich zu betrinken. Es standen reichlich Flaschen auf dem Tisch, und ich hörte nicht auf, bevor die letzte geleert war!

Danach schritt ich wie gewöhnlich, diesmal jedoch in einer etwas schlingernden Gangart, zur Rezeption, um den Stapel mit Pässen durchzugehen. Ich war ja immer auf der Jagd nach einem guten Opfer.

Und plötzlich hielt ich meinen eigenen in Händen. Der Schock muß mich sichtbar gemacht haben, denn hinter mir hörte ich eine Stimme, die sagte:

»Sagen Sie, was machen Sie da eigentlich?«

Ich drehte mich um. Es war der kleine Kellner, der mir meine Mahlzeiten gebracht hatte.

»Ich, ich ... ich habe nur meinen Paß gesucht«, stammelte ich.

»Habe ich den Herrn nicht darauf aufmerksam gemacht, was der Prophet, seine Exzellenz Mohammed, über den Alkohol gesagt hat?« fragte er in mild tadelndem Ton. »Sie sollten besser zu Bett gehen. Ich werde Ihnen helfen.«

Am nächsten Morgen wachte ich mit dröhnenden Kopfschmerzen auf. Aber ich konnte mich an alles erinnern.

Aus dem Dänischen von Lars Kruse

Laila Stien

Vor dem Kaffee

Ich kann mich an niemanden erinnern, der so nett gewesen ist wie diese. Sie sind älter als wir. Er ist sicher über fünfzig. Er trägt Krawatte. Aber es ist nicht deshalb, es ist nicht, weil er Krawatte trägt. Es gibt viele, die das tun. Schon früher waren viele mit Krawatte hiergewesen. Und Anzug. Nicht Hose und Jackett. Anzug. Das ist nicht so ungewöhnlich, das. Viele, die sich jetzt rausputzen. Nicht nur Alte, sondern auch junge Leute.

Diese *sind* älter. Er trägt sicher schon lange Anzug. Sie hat Runzeln am Hals. Sie heißt Astrid. Es gibt niemanden in unserem Alter, der Astrid heißt. Sie hat langes Haar, das ein wenig nach vorne fällt. Trotzdem sieht man es. Wenn sie den Kopf dreht, wenn sie sich zum Beispiel zu ihrem Mann hindreht, er sitzt neben ihr, links, wenn sie sich in diese Richtung dreht, und das tut sie oft, nahezu die ganze Zeit, sieht man es ziemlich deutlich. Am Hals ist es am deutlichsten. Das ist das, was man bemerkt. Auf jeden Fall bei Damen. Bei Damen ist es das, was man zuerst bemerkt. Es sind keine Runzeln, eigentlich. Es ist etwas anderes. Falten. *Falten,* das ist, was es ist. Ganz dünn. Für gewöhnlich ganz dünn. Und schlaff. Wie das, was bei Hühnern unter dem Kinn hängt. Oder ist es beim Hahn? Bei beiden, glaube ich. Beide, Hühner und Hähne. Das, was zittert, wenn sie den Kopf schütteln. Das hier ist nicht ganz so locker. Aber es erinnert ein wenig daran.

Es ist vielleicht nicht schön von mir, so zu denken, aber

ich kann nichts dafür. Du kannst deine Gedanken nicht steuern. Sie kommen einfach, über so was bestimmst du nicht. Trygve sagt, man ist, was man denkt. Das kann schon gut sein. Ich bin kein schlechter Mensch deswegen. Ich meine nichts Böses damit, wenn ich an Runzeln oder Falten denke. Weiß ja, so werde ich auch. Das kann schnell gehen. Manche verändern sich sehr schnell. Es ist gut möglich, daß Astrid sie durchaus erst kürzlich bekommen hat. Es ist gut möglich, daß ich die Erste bin, die es sieht. Sonst ist sie ja schön und schlank und so jugendlich wie nur was. Und lustig. Sie ist sehr lustig. Sie lachen viel. Trygve und ihr Mann. Er heißt Jakop. Das ist auch ein altmodischer Name. Aber es macht nicht den Eindruck, als hätte er Probleme damit. Er hätte sich Jack nennen können, zum Beispiel, wenn er gewollt hätte, aber das will er nicht. Trygve nennt ihn Jackpot. Nicht so, daß er es hört, so deutlich. Aber er hat es an dem Tag gesagt. Ich habe Jackpot und seine Frau eingeladen, hat er gesagt. Was ich davon halte? Prima, habe ich gesagt. Seine Frau sagt Jakop. Jakop, sagt sie, immer wieder. Jakop, hör mal! Erinnerst du dich, Jakop? Und dann erzählt sie etwas Lustiges, etwas, das sie gemeinsam erlebt, gesehen, gehört oder was auch immer haben. Und er lacht. Trygve lacht auch. Er reißt den Mund so weit auf, daß man den wurzelbehandelten Zahn sieht. Sonst nimmt er es immer sehr genau damit, ihn zu verbergen. Hat davon geredet, ihn gegen Porzellan auszutauschen. Ein einziger Porzellanzahn für fünftausend Kronen. Aber jetzt lacht er. Hat bestimmt den ganzen Zahn vergessen. Nein, wir hatten bestimmt noch nie zuvor jemanden hier, der so unterhaltsam war. Nicht, so weit ich mich erinnern kann. Wir hatten viele, die freundlich waren. Im Grunde waren alle freundlich gewesen. Sie haben gesagt, daß das Essen gut sei. Daß wir ein schönes Haus hätten. Daß mir blau stehe. Und verschiedenes anderes. Es gab niemanden, der unangenehm gewesen wäre. Alle, absolut alle, haben das Essen gelobt. Ausgezeichnetes Essen, haben sie gesagt. Und solche Sachen. Sie hatten wohl geglaubt, ich hätte das Essen gemacht. Sonst hätten sie wohl nicht mich angesehen, als sie das sagten. Als sie sagten: hervorragendes Essen, lecker, oder: Das war wirklich gut, Monica. Schön zu hören, antworte ich dann. Trygve hat gesagt, daß es schlau sei, das zu sagen. Dann hat man nicht zuviel gesagt. Man hat nicht gelogen. Man hat nicht so getan, als hätte man das Essen gemacht, auch wenn man sagt »schön zu hören«. Es *ist* ja schön zu hören. Egal wie.

Trygve kennt einen Koch. Sie sind zusammen zur Schule gegangen. Ein Kindheitskamerad. Wir sehen ihn nicht so oft. Im großen und ganzen nur, wenn er mit dem Essen kommt. Er ist großzügig und liebenswürdig. Nimmt fast nichts. Der alten Freundschaft zuliebe, sagt er. Das ist es, was auch Trygve sagt: der alten Freundschaft zuliebe. Zum Beispiel wenn er anruft und fragt.

Mehrmals habe ich angeboten, das Essen zu machen. Schweinebraten. Ich kann gut Schweinebraten machen. Aber nicht doch, sagt er, das ist es nicht wert. Denk gar nicht daran, sagt er. Du hast genug. Mehr als genug zu tun.

Ich pflege das ganze Haus zu putzen. Ich weiß, daß es wichtig ist, einen guten Eindruck zu machen. Einen ordentlichen und guten Eindruck.

Dieser hier, der Jakop heißt – mit *p* und nicht mit *b*, ich habe nämlich gefragt –, ist besonders wichtig. Es ist von sehr großer Bedeutung, daß er einen ordentlichen und guten Eindruck bekommt. Also habe ich geputzt. Überall. Besonders im Bad. Alle Leisten. Und dann habe ich das blaue Kleid angezogen. Das, von dem alle sagen, daß es mir so gut stehe. Mir steht blau. Es paßt zu den Augen. Es war blau, was ich beim ersten Mal anhatte. Habe es sozusagen fortgesetzt. Nicht die ganze Zeit, natürlich. Ich habe auch andere Farben.

Du hast schöne Augen, sagte er. Das war mit das Erste, was er sagte.

So schöne Augen hast du. Er hat es bestimmt so gesagt. Das war in der Bar. Wir waren drei, vier Freundinnen zusammen. Von der Arbeit. Es war kurz vor Weihnachten. Wir waren todmüde. Bereuten fast, daß wir uns entschieden hatten auszugehen.

Jetzt bereue ich nicht. Es muß sicher und gewiß sein.

Jetzt erzählt er eine Geschichte. Er ist auch unterhaltsam. Jakop. Er erzählt von einem Kerl aus Brumunddal, der im Urlaub in England war und in einem Restaurant essen wollte. Der Ober kam und der Mann bestellte, laut und deutlich, auf englisch: »I want a bloody beef«, sagte er. Der Ober sah ihn einen Moment an, einen ziemlich langen Moment, dann sagte er: »Do you want fucking potatoes too?«

Den hatten wir schon früher gehört. Nur, daß der Mann aus dem Norden war.

Ich hatte ihn beim ersten Mal nicht ganz begriffen, aber verstehe ihn jetzt. Trygve erklärte es hinterher: Man kann blutiges Steak auf norwegisch sagen, aber auf englisch wird es total falsch.

Sie haben erwachsene Kinder. So alt sind sie. Astrid und Jakop.

Ich versuche mir vorzustellen … wie sie aussehen. Die Kinder. Die, die jetzt erwachsen sind. Oder fast erwachsen. Ob sie rote Haare haben wie die Mutter. Oder ob sie blond sind wie der Vater. Jakop hat eine gerade Nase. Sie hat einen kleine Huckel auf ihrer. Es würde besser passen, wenn es andersherum wäre.

Trotzdem ist sie hübsch. Die Zähne sind ganz ebenmäßig. Sie lacht die ganze Zeit. Vielleicht wegen der Zähne. Falls die Kinder ihre Zähne und seine Nase geerbt haben, haben sie Glück gehabt.

Ich denke immer über solche Sachen nach. Kann nichts dafür. Ich frage auch immer nach. Also nicht die Gäste, sondern Trygve. Hast du ihre Kinder gesehen? frage ich. Wie sehen *sie* aus? Es ist selten, daß ich Antwort bekomme. Vielleicht weiß er es nicht. Es ist wohl, weil er es nicht weiß, darum antwortet er mit einer Frage. Warum interessiert dich das? fragt er. Wegen nichts Bestimmtem, antworte ich. Oder: Nur so. Oder: Es interessiert mich halt. Was ist daran so spannend? Was ist so toll daran, das zu hören? will er wissen. Aber ich kann es nicht erklären. Kann nicht erklären, warum es wichtig ist. Oder nicht wichtig, genau genommen. Es ist einfach so, daß es mich interessiert, kurz und gut. Du könntest dir nicht vorstellen, dich für etwas anderes zu interessieren?, sagte er einmal. Er wirkte seinerzeit irritiert. Das war damals, als er auch sagte: Du findest es also bedeutsam, über diese Dinge zu spekulieren?; er sagte das auf eine etwas unangenehme Weise. Ich bekam eine Art Ekelgefühl, aber er bereute es sicher, denn er streichelte mir über den Rücken, legte die Hand auf meine Hüfte, zog mich zu sich und küßte mich auf die Wange.

Trygve ist sehr liebenswürdig. Wir haben, ungefähr seit wir uns getroffen haben, nicht gestritten. Er ist nicht so. Ist nicht so einer, der streitet. Wenn man einen Mann auswählt, muß man darauf achten, wie er sich gegenüber seiner Mutter verhält. Ist er liebenswürdig zu ihr, kannst du sicher sein.

Trygve *ist* wirklich liebenswürdig. Zu seiner Mutter. Zu allen. Seine Mutter kann schrecklich starrsinnig sein. Aber er läßt sich nichts anmerken. Läßt sie auf ihrer Meinung bestehen. Schließt die Ohren. Er sagt das – man muß nur die Ohren schließen, sagt er. Wäre er ein anderer gewesen – ein anderer wäre fuchsteufelswild geworden. Aber nicht Trygve. Er ist nicht so. Bläst sich nicht für nichts auf. Andere, die ich kannte, haben geschimpft und gepoltert. Wäre Trygve so gewesen, hätte ich ihm längst den Laufpaß gegeben. Er kann sich bemerkbar machen, ich meine, er sagt, was er denkt. Aber auf eine höfliche Weise. Auf eine gebildete und höfliche Weise.

Er öffnet eine neue Flasche Wein. Ich reiche mein Glas hin. Es ist lange her, daß ich es so nett hatte. Und lange her, daß der Wein so prima war. Manchmal finde ich, es wird zu sauer, ich bin nicht so für das Saure. Vielleicht sieht er das Glas nicht, oder er denkt: zuerst die Gäste, und da hat er ja völlig recht. Er schenkt Astrid ein, sie hat auch ein leeres Glas, oder fast.

Es steht neben dem Teller. Sie hat mehr Essen übrig. Das Vogelbeergelee hat sie nicht angerührt. Dann schenkt er Jakop ein. Sein Glas ist halb voll. Dann bin ich an der Reihe. Es gluckert in der Flasche, er gießt ein, aber nicht voll, und das ist auch in Ordnung, wäre sehr schade gewesen, wenn es übergeschwappt wäre. Manchmal kann ich ganz steif werden vor Schreck, wenn ich an so was denke – daß der Wein überschwappt, daß die Sauciere umkippt, so etwas. Es wird so wirklich für mich, daß ich fast glaube, daß es geschieht.

Ich trinke vorsichtig. Sehe vor mir, wie ein Glas umkippen kann. Ein Glas kann ziemlich leicht umkippen. Oder man schenkt es zu voll, so daß es überläuft, wenn man es hochhebt. Auf das Tischtuch, ins Essen, auf den Schoß.

Jakop hat fast die ganze Schneehuhnbrust gegessen. Dazu hat er sich mit einer kleinen Kartoffel versorgt. Astrid ißt jetzt auch. Es ist schön, daß sie das Essen mögen. Sie essen mit gutem Appetit. Ich frage, ob die Sauce kalt ist, ich kann das Essen in der Mikrowelle aufwärmen. Nein danke, das ist nicht notwendig, antworten sie. Beide antworten. Trygve schaut mich an. Sagt nichts. Schaut ziemlich lange. Während sie essen, während die Gäste essen. Es gefiel ihm nicht, daß ich gefragt habe. Ich kann es sehen. Obwohl es eine höfliche Geste war nachzufragen. Rücksichtsvoll. Kaltes Essen ist nicht gut. Besonders nicht Sauce. Wir wärmen das Essen oft in der Mikrowelle. Nicht wahr, man sitzt da, plaudert ein wenig; oft, daß das Essen kalt wird, während man ißt. Ich frage dann, ob ich es aufwärmen soll. Und dann nickt er, reicht mir den Teller und sagt: Ja, danke. Zum Beispiel. Oder: Ja, das wäre gut. Also stellen wir die Teller ein paar

Sekunden in die Mikro. Dann ist das Essen genauso warm, wie als wir anfingen.

Aber das paßt jetzt nicht. Ich habe den Hinweis verstanden.

Ich habe aufgegessen. Brauche nicht so viel Essen zu schaffen. Ich bin nicht gerade ein Vielesser, das bin ich nie gewesen. Schneehuhn ist auch nicht gerade mein Lieblingsessen. Ich halte mich an den Wein. Der ist nicht sauer, dieser hier.

Jetzt legen sie das Besteck hin. Jetzt heben sie die Gläser. Prosten. Auf die Wirtin. Trygve prostet auch. Lächelt. Nicht nur die Gäste. Alle lächeln. Laß mich, sagt Trygve, als ich aufstehe, um den Tisch abzudecken. Wir wollen doch noch Dessert. Ich hätte beinahe das Dessert vergessen. Es ist Erdbeerkuchen. Es ist seine Spezialität. Er sagt es selbst: Das ist nun gleichsam meine Spezialität, das da. Svein heißt er. Sie waren Nachbarn, als sie klein waren, er und Trygve, gingen in dieselbe Klasse.

Trygve blickt in Richtung der Teller. Daß ich sie nehmen soll. Nehmen und hinstellen, auf den Tisch. Sie stehen auf dem Buffet bereit. Die Gabeln auch. Sie sind aus Silber. Sie sind von Mutter. Von den Eltern also, obwohl Vater tot ist.

Ich stehe auf. Habe nicht so viel Wein getrunken, daß es ein Problem wäre aufzustehen. Das tue ich nie. Trygve auch nicht.

Abgesehen von dem einen Mal.

Er kommt mit dem Kuchen, reicht herum. Etwas Weißwein zum Kuchen? fragt er und sie nicken. Ja, danke, sagen sie, beide, und nicken.

Er nimmt die Gläser. Es ist ein Rest drin, aber er nimmt sie, stellt neue auf den Tisch. Ich habe mich gesetzt. Habe die Teller hingestellt, eine Gabel zu jedem gelegt.

Es ist ein guter Kuchen. Ich hoffe, es bleibt etwas übrig. Der hält sich mindestens zwei Tage.

Astrid mag Kuchen. Mmm ... sagt sie, mit Genuß. Ausgezeichnet, sagt er. Jakop.

Sie sind wirklich nett. Die Kinder sind sicher sympathisch, sie auch. So etwas hängt zusammen. Nette Menschen bekommen nette Kinder. Gemeine Menschen bekommen gemeine. So ist es. In der Regel ist es so. Sie haben einen Sohn und eine Tochter. Von jedem eins. Das ist das Ideale. Sohn zuerst und Tochter danach. Ich frage mich, ob die Tochter rote Haare hat. Aber es gehört sich nicht, nach so was zu fragen. Man kann fragen, was sie machen, wo sie leben und so weiter. Aber es gehört sich nicht, zu fragen, was für Haare sie haben. Es gehört sich auch nicht, uns nach allem zu fragen. Zum Beispiel Kinder. Das ist unpassend. Dafür gibt es auch niemanden, der danach fragt. Keiner der Gäste, die wir hatten, meine ich. Andere fragen ja. Auf der Arbeit und so. Wie ist es? fragen sie. Frisch von der Leber weg. Die Uhr tickt, sagen sie, du darfst die Zeit nicht verstreichen lassen. Keine Eile, antworte ich, Sara empfing, als sie neunzig war.

Ich habe nur Inger Johanne erzählt, wie es ist. Oder fast, wie es ist. Daß wir uns umentschieden haben. Daß Trygve sich umentschieden hat, besser gesagt. Ich hatte nicht vorgehabt, letzteres zu erzählen. Es ist einfach fehlgeschlagen. Aber ich sagte hin wie her nicht alles. Und darüber bin ich froh. Sagt man alles, wird man leer. Es bleibt nichts zurück. Du hast es weggegeben, irgendwie. Und manchmal geht es weiter, zu anderen, vielen vielleicht. Dann hast du auf keinen Fall etwas übrig. Ich sagte nicht, daß er rumschnüffelt. Ich käme nie dazu, jemandem zu erzählen, daß er rumschnüffelt. Daß er meine Schachtel kontrolliert. Mit den Pillen.

Jetzt prostet er. Es ist Weißwein zum Erdbeerkuchen. Der ist gut. Nicht sauer, dieser auch. Jakop hat angefangen, über die Arbeit zu reden. Schon. Schon beim Dessert. Meistens fangen sie nicht vor dem Kaffee damit an. Kaffee und Cognac. Likör für die Damen. Und Konfekt. Trygve pflegt eine Zigarre zu nehmen. Die meisten Männer, die hier waren, haben Zigarre geraucht. Aber Jakop ist noch mit dem Erdbeerkuchen beschäftigt, als er anfängt. Über die Arbeit. Es ist etwas unangenehm, daß er so früh anfängt. Während wir so eng sitzen. Denn wenn ich und die andere Dame dann anfangen, über etwas zu reden, dann werden es viele, die über unterschiedliche Sachen reden, nah nebeneinander. Das geht nicht. Darum sollte man einfach essen. Ich nehme ein Extra-Stück, obwohl ich wirklich satt bin. Astrid nimmt sich auch noch ein wenig, ein kleines Fitzelchen, gerade so dünn, daß sie es schneiden kann. Köstlicher Kuchen, sagt sie. Dann essen wir. Jakop redet von *Ästimation*. Er redet viel davon. Er ist es, der redet. Trygve nickt. Jakop sagt, daß viele gerne die Segel setzen würden, aber nicht mit irgend jemandem, nicht mit irgendwelchen Akteuren. Trygve ist derselben Ansicht. Er ist genau derselben Ansicht. Jakop sagt, wenn sie um diesen Bissen kämpfen wollten, dann müßten die anderen doch bei einigen gemeinsamen Dingen mitmachen, sich hinter einen Wunsch stellen. Er sagt mehr über Ästimation, und Trygve hat genau das gleiche gedacht.

Das Dessert dauert etwas. Ich mag es nicht, so lange beim Dessert zu sitzen. Es wäre besser gewesen, in den Salon umzuziehen. Dort sitzt man etwas verteilter und stört sich nicht gegenseitig. Und ich kann den Tisch abdecken. Nach dem Dessert bin ich es, die den Tisch abdeckt. Bevor ich den Kaffee hereintrage.

Jetzt sitzen wir eng. Und ich habe bald keinen Kuchen mehr. Obwohl ich langsam esse. Astrid ist fertig. Sie verfolgt, was die anderen reden. Manchmal nickt sie.

Damals saßen wir genauso. Nur, daß es andere waren. Jüngere. Beide waren in der Firma. Sie auch. Es war derselbe Kuchen. Erdbeerkuchen. Sveins Spezialität. Und sie mochten ihn. Lobten den Kuchen. Das Essen. Alles. Sie waren nett, sie auch. Sie hatte eine besondere Haarfarbe. Hatte sie gefärbt. Und nicht so, daß es nicht auffallen sollte. Daß es nicht auffiel, daß es gefärbt war. Im Gegenteil. Es war fast lila. Es war gemacht, *damit* man es sah. Das war die Pointe – daß man es sah, daß da etwas war, was man bemerkte. Darum kommentierte ich es. Sonst hätte ich das ja nie gemacht. Damals pflegten wir auch einen Willkommens-Drink zu servieren. Wir haben damit aufgehört. Es war wegen des Willkommens-Drinks. Das wurde zuviel. Alles in allem wurde es zuviel. Es gab Whisky. Ich bin nicht so begeistert von Whisky. Aber er wärmt. Und das Essen war gut. Ich erinnere mich nicht, ob es Schneehuhn gab. Es ist möglich, daß es etwas anderes war. Wir saßen so wie jetzt. Es war während des Desserts. Eigener Wein zum Dessert. Wir hatten eine Weile gesessen. Und es war nett. Sehr nett. Und sie hatte besondere Haare, wie gesagt. Ihr stand das. Es war schick. Darum sagte ich es. Weil es schick war. Wegen nichts anderem. Erinnere mich nicht genau, wie ich es sagte. Aber es war nichts Verkehrtes daran, ich meinte jedenfalls nichts Verkehrtes. Plötzlich drehte Trygve sich zu mir um, verdrehte sich auf dem Stuhl, verdreht am ganzen Körper, das Gesicht war verzerrt, als ob es ein fremdes wäre, ich erkannte ihn nicht, aber das war der Whisky, der machte das, machte, daß es zuviel wurde und daß er so wurde, verzerrt, fast steif, als er fauchte, denn das war, was er tat – fauchen, zugleich mit etwas anderem, etwas ganz anderem, etwas, das am ehesten einem Weinen ähnelte.

»Sei still«, sagte er, »du sagst so viel Dummes, würdest du bitte still sein!«

Wir servieren keinen Whisky mehr. Es wird zuviel. Man sagt Sachen. Sachen, die man nicht meint. Entweder servieren wir das Essen sofort, oder wir bieten einen kleinen Cocktail an. Der ist dünn, beinah nur Wasser mit Geschmack. Höchstens zwei Gläser Wein zum Hauptgericht. Das reicht. So, daß man gerade entspannt.

Heute bin ich entspannt. Diese waren so unterhaltsam. Trotzdem dauert das Dessert zu lange. Sie reden so viel und essen so langsam.

Jakop hat noch einen großen Bissen übrig. Vielleicht ist er satt. Es wirkt fast, als hätte er das Dessert vergessen, vergessen, daß er etwas übrig hat. Wir können sicher ebensogut rübergehen. Ich kann es vorschlagen. Daß wir rübergehen. Ich kann fragen, ob sie Kaffee möchten. Kaffee? kann ich fragen. Das ist eine kurze Frage, eine Frage, die nicht zu stören braucht.

Aber er redet, Jakop. Redet die ganze Zeit. Es ist nicht höflich zu unterbrechen, ich unterbreche nie, warte immer. Astrid hört zu – und nickt.

Ich kratze die Reste meines Kuchenstücks mit der Gabel auf. Kratze leicht, aber viele Male. Der Teller wird fast sauber.

»Kaffee?«

Plötzlich habe ich es einfach gesagt. Vom Teller aufgeschaut – und es gesagt.

Es wird still. Trygve dreht sich zu mir. Dreht den Körper. Den ganzen Oberkörper. Starrt mich an.

Dann hebt er den Arm, legt ihn mir um die Schulter, er ist schwer, ich kann den Knochen am Handgelenk fühlen, er drückt aufs Schlüsselbein. Er öffnet den Mund. Hat Erdbeere zwischen zwei Zähnen. Er schiebt die schwere Hand weiter um meine Schulter. Ich kann immer noch den Knochen fühlen. Dann bewegt er den Daumen langsam an meinem Hals auf und ab, mehrmals, bevor er den Körper zurückdreht. Zu ihnen. Zu den Gästen. Ich kann seine Augen nicht sehen, aber er lächelt. Lächelt breit.

»Kaffee?« wiederholt er.

Aus dem Norwegischen von Friederike Buchinger

Kim Fupz Aakeson

Der Löwe
23. Juli – 23. August

Der Löwe ist dominant,
er steht am liebsten im Zentrum
und erwartet, daß man
auf ihn hört. Der Löwe verteidigt
seine Position, Niederlagen
mag er überhaupt nicht.
Der Löwe kommt nur
mit den Situationen zurecht,
die er steuern kann.

Die Polizei hielt Arne Willumsen auf dem Enghavevej eigentlich nur an, weil er mit seinem Taxi mit 86 Stundenkilometern fuhr, aber da er reichlich nach Bier roch, machten sie natürlich einen Alkoholtest.

»Mit den alten Tüten war es doch viel gemütlicher«, sagte er und pustete in die elektronische Schachtel. Das sah nicht gerade gut aus. Er hatte 1,25 Promille, genau auf der falschen Seite der Grenze zwischen Trunkenheit am Steuer und Fahruntüchtigkeit.

»Ich bin auf dem Weg in die Garage«, sagte er den Beamten.

»Ja, natürlich«, entgegnete einer.

»Ich fahre sonst nie, wenn ich etwas getrunken habe«, erklärte er.

»Nein, natürlich nicht«, erwiderte der Beamte.

Beides stimmte, Arne Willumsen war überraschend zu den anderen gestoßen, die mit Hansi anstießen, weil der Zwillinge bekommen hatte. Aber das Taxi sollte anschließend ja nur schnell in die Garage, auch wenn er selbst zu gut wußte, daß er ein paar Elefanten zuviel hatte. Die Pils mit dem Tiermotiv, wie sie sie immer nannten.

»Wir spendieren eine Spazierfahrt«, sagten die Beamten. Arne war es nicht gewohnt, so von oben herab behandelt zu werden, und dann noch von zwei Hosenscheißern in Pfadfinderuniform, aber er war sich klar darüber, daß das nicht der richtige Zeitpunkt war, um sie zurechtzuweisen.

»Scheiße«, murmelte er.

»Wie bitte?« fragte der Beamte.

»Ach, gar nichts«, erwiderte Arne und ließ sich in ihr Auto fallen.

Das gab eine saftige Geldstrafe und die uneingeschränkte Aberkennung der Fahrerlaubnis für zwölf Monate mit der Aussicht, eine neue Prüfung machen zu müssen, wenn die Zeit um war. Er lieferte dem Taxiunternehmer die Schlüssel ab und war arbeitslos und 56 Jahre alt.

»Das ist vielleicht eine Scheiße, Willumsen«, sagte der Taxiunternehmer.

»Es sind jedenfalls verdammt lange Ferien«, entgegnete er und stand das erste Mal in seinem Leben da, ohne etwas zu tun zu haben.

Er war immer Taxi gefahren, die letzten acht Jahre für Codan; ihm gefiel das, und er war gut, machte keine schwarze Fuhre, nahm immer den kürzesten Weg und hatte noch nie die anderen zu Hilfe rufen müssen. Die Kunden in seinem Auto beschwerten sich nämlich nicht über die Rechnung. Oder über etwas anderes.

»Da kommt der König«, sagten sie beim Bingo und machten ihm einen Platz am Tisch frei. Er beendete seinen

Arbeitstag oft mit einem kleinen Faßbier oder zweien, einfach, um abzuschalten.

»Ist schon ein komisches Gefühl, seinen Arsch hier niederzulassen, ohne Geld verdient zu haben«, sagte er.

»Haha«, lachten die anderen.

Aus irgendeinem Grund saß er immer am Tischende. Wenn es an der Zeit war, stand er auf und sagte zum Beispiel: »Nun, meine Herren, mit Frauen ist es wie mit Toastbrot, sie müssen warmgehalten werden.«

»Haha«, lachten alle folgsam.

Er war groß und kräftig, sprach durchdringend und mit deutlicher Stimme und hatte eine beeindruckende Pracht schwarzer Haare voller Pomade auf dem Kopf – und er hatte keine Angst, seine Meinung zu sagen, ganz im Gegenteil. Er hatte seine drei Mädchen sicher und ordentlich erzogen. Sie waren inzwischen daheim ausgezogen und kamen allein zurecht, so daß Arne und Minna jetzt reichlich Platz in ihrer Wohnung im Kastrupsvej hatten. Und außerdem war er ein guter Sozialdemokrat, mit Parteibuch.

Minna hatte es natürlich gut aufgenommen.

»Da müssen wir eben durch«, hatte sie gesagt. »Nur gut, daß wir hier billig wohnen.«

Er hatte nicht geantwortet. Vier Tage lang hatte er zu Hause gesessen, vier Tage lang hatte er unruhig zwischen den verschiedenen Kanälen hin und her gezappt, ohne etwas richtig zu sehen, laute Unterhaltung, Popmusik und blonde Mädchen. Als Minna endlich vom Flughafen und ihrer Arbeit im Catering heimkam, saß er überflüssig und mundfaul am Küchentisch, während sie in den Töpfen rührte.

»Was hast du gemacht?« fragte sie.

»Willst du dich über mich lustig machen?«

»Du könntest doch Sport machen«, schlug sie ihm lächelnd vor, »nur so zum Spaß.«

»Ja«, erwiderte er, »oder ein Puzzle legen.«

»Du solltest jedenfalls nicht den ganzen Tag hier drinnen rumhängen.«

»Laß das mal meine Sorge sein«, sagte er. Er setzte sich wieder vor den Fernseher.

»Wie wäre es, irgendwohin zu gehen?« rief sie. »Es gibt so viele Möglichkeiten.«

Am nächsten Tag ging er wirklich hinaus. Zum Bingo, wo er sein Tischende wiederfand. Er wollte sich nicht betrinken oder seinen Kummer ertränken, er wollte nur ein wenig aus der Wohnung raus, seinen Mund benutzen und die Dinge beim Namen nennen. Das lief auch gut.

»Warst du heute draußen?« fragte Minna später.

»Yes«, antwortete er, was ja auch stimmte.

Am Abend sahen sie gemeinsam fern, und er legte einen Arm um sie und nannte sie sein altes Mädel.

Alkohol wird vom Blut durch den Magensack und den Dünndarm aufgenommen, wonach die Leber ihn in Acetaldehyd, Wasser und Kohlendioxid aufspaltet; wenn jedoch das Tempo der Aufnahme höher ist als das der Verarbeitung, bekommt man einen Rausch. Das ist es in groben Zügen, was mit Arne Willumsen beim Bingo geschah, nicht jeden Tag, nicht die ganze Zeit, aber regelmäßig. Er kam heim, nicht spät, nur so gegen Abend, mit einem kleinen Tüdelüd, zum Schäkern aufgelegt und eine Spur zu laut sprechend.

»Mir gefällt das nicht«, sagte Minna.

»Ich glaube nicht, daß ich dich gefragt habe, ob dir das gefällt«, erwiderte er und ließ sie los.

»Warum redest du so mit mir?« fragte sie.

»Misch dich da nicht ein«, sagte er und hob einen Zeigefinger. »Das ist alles, was du sollst.«

Minna zog sich zurück, das tat sie immer, wenn er diesen Ton anschnitt. Er öffnete sein Hemd, setzte sich, guckte fern und wechselte die Kanäle, sie ging schießlich mit einer

Frauenzeitschrift ins Bett. Und schlief, als er kam. Und wachte nicht auf, obwohl er ein wenig hustete und sich mehrfach hin und her warf.

An so einem Abend geschah es, er kam kurz nach der Essenszeit, ein Teller stand da, mit Aluminiumfolie abgedeckt, und Minna saß wartend in der Küche.

»Komm her und setz dich«, sagte sie ruhig.

»Ja ja, ich komm ja schon«, sang er und merkte noch gar nichts.

»Ich komm ja schon, ich eile ...«

»Es ist noch lange hin, bis du deinen Führerschein wiederkriegst«, sagte sie, und jetzt merkte er es, deutlich genug. Er schob den Teller von sich.

»Ja, und?«

Sie sagte: »Und deshalb müssen wir uns darüber einig werden, wie es in der Zwischenzeit hier zu Hause laufen soll.«

»Aha.« Er warf ihr einen Blick zu.

Sie sagte: »Denn so wie jetzt geht es nicht weiter.«

»So so.«

Sie sagte: »Du mußt damit aufhören, da unten herumzusitzen und zu trinken, du mußt dir eine Beschäftigung suchen.«

Er machte eine Kunstpause, dann beugte er sich übertrieben weit zu ihr hinüber: »Wenn ich Probleme habe, meine Zeit rumzukriegen, dann werde ich schon Bescheid sagen.«

»Wir haben Probleme«, sagte sie, jetzt flüsterte sie fast.

»Hör auf!« rief er und schlug mit einer Hand auf den Tisch, trat den Stuhl nach hinten und ging ins Wohnzimmer.

»Ich höre nicht auf«, beharrte sie.

Er blieb stehen, das war doch zum Verrücktwerden, er drehte sich um, sah auf sie hinunter, jedenfalls traute sie sich nicht, aufzusehen. Er sagte: »Ich habe gesagt, es reicht, nicht wahr?«

»Arne, du wirst mir schon zuhören müssen.«

»Halt's Maul«, sagte er. Jetzt wurde er aber wirklich wütend, saß sie doch einfach da, fummelte mit ihren Frauenhänden und ließ nicht locker. Er spürte, wie wütend er wurde, er wollte, daß sie endlich aufhörte.

»Arne ...«

»Du hältst jetzt die Klappe!«

Er warf sich in den Sessel, schaltete irgendein Programm an und war zufrieden, daß er ihr Essen nicht angerührt hatte. Dann stand sie hinter ihm.

»Ich möchte gern, daß wir zu Ende reden«, sagte sie.

Er fuhr hoch, ging schnell zu ihr und zeigte ihr mit dem Zeigefinger direkt ins Gesicht.

»Verflucht noch mal, jetzt ist aber Schluß, du Nervensäge!«

Sie weinte. »Du wirst zuhören müssen.«

Das sagte sie. Du wirst zuhören müssen. Da kam seine Hand, fremd und ganz von fern, für beide überraschend, kräftig in ihr Gesicht, er sah, wie sie verschwand, als hätte jemand sie weggepustet, sie war ein Staubfussel, machte aber dennoch Lärm, als sie auf die Fensterbank aufschlug.

Sie waren beide still. Er dachte, daß es einfacher wäre, wenn sie weinen würde, das wäre viel einfacher für ihn, er hätte ihr aufhelfen und sie in den Arm nehmen können und sagen, daß er keine Ahnung hätte, was mit ihm los sei. Aber es kam kein einziger Laut von ihr, der Beharrlichkeit in Person, die verbissen auf die Beine kam und, ohne ihn anzusehen, beharrlich aus dem Wohnzimmer ins Schlafzimmer ging. Er setzte sich vor den Fernseher, stand dann aber wieder auf und zog sich die Jacke an. Sie sollte ihn doch in Ruhe lassen.

Am nächsten Vormittag wachte er mit dem Gesicht im Kopfkissen, einem stechenden Kopfschmerz und einer deutlichen Erinnerung auf. Es war ein Samstag, aber sie lag nicht mehr

im Bett. Er war erleichtert, sie in der Küche rumoren zu hören. Ihm zitterten die Hände, und er blieb sehr, sehr lange unter der heißen Dusche stehen.

Als er in die Küche kam, wusch sie ab, drehte sich aber nicht ihm zu, er zog die Nase hoch und setzte sich gehorsam hin. Es war Kaffee in der Thermoskanne. Er starrte in seine Tasse.

Er fragte: »Muß irgendwas eingekauft werden?«

»Warum?« fragte sie, immer noch mit dem Rücken zu ihm.

Er räusperte sich und sagte: »Ich könnte vielleicht ...«

Näher war Arne Willumsen in seinem gesamten erwachsenen Leben einer Entschuldigung noch nie gekommen. Es klingelte, er schaute von seiner Tasse auf.

»Wer ist das denn?« fragte er. Es war noch nicht einmal halb elf.

»Das ist Karen«, sagte sie und klapperte mit dem Besteck. Karen war die mittlere. »Sie will sich die Kaffeemaschine für Kenneths Geburtstag ausleihen.«

»Ich geh schon ...« sagte er, stand auf und dachte, daß sie ja fast ein Gespräch miteinander geführt hatten.

Als er Karen die Tür öffnete, sagte sie lächelnd: »Ach, da haben wir ja den Frührentner.«

»Ja, ja«, sagte er und ließ sie hinein. »Geht's gut?«

»Gestern habe ich vielleicht was erlebt«, erzählte sie und warf ihre Holzpantinen in den Flur. »Ich wollte Hasse zur Schule fahren, und da war auf der Brücke ein Stau ...«

Er war froh, daß sie gekommen war, jetzt würde es gemütlich werden.

»... und alle hupten, und plötzlich stürmten zwei Typen aus ihren Autos und fingen an, sich zu verprügeln, das ist nicht gelogen.«

»Die Leute sind doch nicht ganz bei Sinnen«, sagte er. Sie ging ohne zu zögern an ihm vorbei in die Küche, er blieb in der Tür stehen.

»Hallo, Mutti.«

Minna drehte sich mit einem fremden Gesicht um. Ihre Lippen waren angeschwollen und verfärbt. Arne konnte seinen Stuhl nicht erreichen. Er blieb stehen. Diese Lippe, blau und anklagend, er hatte noch nie etwas Ähnliches gesehen.

»Was ist denn mit dir passiert?« Karen war nur überrascht.

»Arne hat mich gestern geschlagen«, sagte Minna, ganz deutlich und ohne zu zögern.

Er blieb stehen.

Karen sagte: »Also.« So zum Spaß, aber dann schwieg sie, und das Lächeln trocknete ein, der Ernst hing schwer in der Küche. Minna nahm die Glaskanne heraus, zog die Kaffeemaschine aus der Steckdose, wickelte die Schnur um sie und gab Karen das Ganze. Aber sie sah nur Arne an.

»Was ist denn ...«, begann Karen.

»Ist schon in Ordnung«, wiegelte Minna ab. Sie wandte ihren Blick nicht ab. »Das wird nicht wieder vorkommen.«

Arne Willumsen spürte den Blick seiner Tochter schnell über sich huschen, er senkte seine Augen zu Boden. Und wünschte, er könnte die wenigen Schritte bis zum Stuhl schaffen.

Aus dem Dänischen von Christel Hildebrandt

Marianne Fastvold

Fleisch und Liebe (all of me)

Er kommt in einer lauwarmen Wolke aus Lavendelseife und Fenjala-Badeöl aus dem Badezimmer, in einem tomatenrot- und grüngestreiften Bademantel, der ihm bis über die zottig behaarten Knie reicht. Die Haare seiner Waden und seiner Brust kräuseln sich auf der rosa Haut. Er stolziert in den Freitag abend hinein und legt Stevie Wonder auf; Schlagzeug und Synthesizer dröhnen im Zwerchfell.

Sie liegt vor dem Fernseher auf dem Sofa. Die sympathischen Fischaugen des Detektivs zeigen einen Moment lang Mitleid mit dem Mörder aus armen Verhältnissen, der in die schicksalhafte Falle getappt ist. Sie hat sich nach der Arbeit nicht umgezogen. Der Rock schneidet ihr in die Taille. Ihre Zehen sind in den rußfarbenen Seidenstrümpfen zu Eis erstarrt. Der Schmerz in der linken Brust hat nicht nachgelassen. Sie wickelt sich bis ans Kinn in die taubenblaue Mohairdecke.

Eiswürfel klirren, in der Küche werden Lieder gesummt, und schon sitzt er bei ihr auf dem Sofa, mit dem geblümten Tablett, mit Campari und Zitrone.

»Ich friere«, sagt sie undankbar, klappert mit den Zähnen gegen die Eiswürfel an. Neben ihr sitzt der wärmste aller Männer – bereit.

»Schön und unnahbar«, sagt er. »Prost!«

Beim Lächeln zeigt er oben und unten die Zähne. Er ist der Mann, der sich nicht abspeisen läßt.

Edvin Alexander schläft erschöpft ein, nachdem ihm zuerst Mama, dann Papa sechsmal vorgelesen haben, wie das Kaninchen fast vom Fuchs gefressen worden wäre.

»Ich glaube, ich kriege die Grippe«, sagt sie.

»Schon wieder!«

»Oder meine Tage. Oder eine Pilzinfektion«, fügt sie hinzu, »einen Darmkatarrh oder vielleicht auch Masern. Einen Ausschlag. Irgendwas. Im Büro sind verschiedene Viren im Umlauf.«

Der Mörder wird bei Nacht und Nebel zur Wache geschafft. Der Nachspann rollt und rollt über den Bildschirm. Sie kommt sich betrachtet vor, abgeschätzt. Seine frischgebadeten Lippen pressen sich aufmunternd auf ihre gefrorenen.

»Ich besorg etwas Warmes.« Eine kraftvolle Entscheidung.

Energisch läuft er in die Küche, um eine warme Abendfrau herzustellen. Sie ärgert sich über seine braunen Pantoffeln.

»Leg eine Platte auf«, piepst sie. »Etwas Melancholisches.«

Er tut alles für sie.

Sie schläft ein oder zwei Stunden, zur Gesellschaft von Billie Holiday und Küchengeräuschen: Quirlen, Klirren, Scheppern, Spülen, Anbraten. Der Schlaf durchzieht sie immer mehr, umschließt sie, schenkt Ruhe, Wärme in ihrem erfrorenen, wehen Innersten. Sie schwimmt unter Wasser, und da kommt er auf sie zu, riesig, lächelt mit seinen breiten, rosa Lippen, »ein Weichhai bin ich«, lächelt er. »All of me, why don't you take all of me«, mit Billies heiserer, weher Stimme, und wickelt sich in ihre Haare. Sie reißt sich entsetzt los und blickt in sein fülliges Gesicht, in seine meerblauen Augen, in sein kräftiges, plombiertes Lächeln. Sind das wohl – denkt sie – Fangzähne, Schneidezähne oder Brechzähne?

»Bitte sehr!«

Der Eßtisch ist mit rostroten Kerzen geschmückt, sie wickelt sich weiterhin in die Wolldecke, er gießt Rotwein in die ererbten Kristallgläser. Mitten auf dem riesigen Erbteller liegt etwas Kräuseliges und Schwarzes, und es jammert auf einem Salatblatt, hinter einer fächerförmigen Zitronenscheibe und einem kleinen, grünen Puschel.

»Was ist ...?« fragt ihre Außenseite, die prickelt nämlich.

»Schlangenzungen«, antwortet er.

Sie winden sich und schießen kleine, spitze Blitze ab.

»In Butter gebraten, mit Knoblauch, Petersilie und Estragon«, erklärt er, »fördert die Wollust.«

»Und das Runde in der Schüssel?«

»Schafshoden, fritiert, war gar nicht leicht, die aufzutreiben«, teilt er mit.

»Kann ich mir denken.«

»Bitte sehr.«

»Glaubst du, das hilft?«

»Das muß helfen, es hat ein Vermögen gekostet. Aber wir können so nicht weitermachen und höchstens zweimal im Monat vögeln.«

»Machen wir das?« fragt sie, hat vergessen, nachzuzählen.

»Nimm doch einen, probier mal, nur einen einzigen, bitte!«

»Vielleicht«, sagt sie, »ich mag mir gar nicht vorstellen, was passiert, wenn du alles alleine ißt. Aber vorher muß ich einiges trinken. Und ich verspreche nichts.«

Sie trinkt einiges. Er kostet einen Runden.

»Wie schmeckt's«, fragt sie neugierig.

»Geht schon runter«, sagt er und gießt schnell ein Glas Wein hinterher.

Vielleicht wäre Schnaps besser, überlegt er und schüttelt sich. »Das Rezept kommt aus einem Kochbuch für Aphrodisiaka.«

»So ein Kochbuch hast du gekauft?«

»Es ist ja wohl höchste Zeit, daß jemand hier etwas fürs Familienleben tut«, sagt er vorwurfsvoll, »sauteuer war es auch noch.«

Der Wein vermischt sich mit dem Blut, strömt heiß durch ihren Körper. Und dann tut sie es, plötzlich, verschluckt eine Schlangenzunge, ohne auf den Geschmack zu achten, spült sie mit Wein hinunter.

»Das hilft nicht«, sagt sie.

»Hallo, gib ihr doch erst mal eine Chance, wirf deine Vorurteile über Bord. Probier mal einen von diesen kleinen, leckeren Runden!« Seine Stimme klingt vor Eifer ganz nasal, und rasch wird ein Hammelei in Portweinsoße getunkt und auf ihren Teller gelegt. Sie will ihre Vorurteile über Bord werfen. Sehnt sich danach, die Stiche in der Brust loszuwerden, die Kälte im Rückenmark, die Sorgen im Büro, die Probleme in der Familie. Verschluckt einen. Wird von dem würzigen, witzigen Geschmack überrascht, nimmt noch einen. Und noch einen. Wird ihr jetzt wärmer? Sie trinkt noch mehr Wein, läßt sich zurücksinken und spürt wirklich das Feuer, das sich von der innersten Urtiefe her ausbreitet.

»Du bist unglaublich«, sagt sie, stopft sich voll, »wie bist du nur auf die Idee gekommen, wirklich phantastisch«, sagt sie, »und die viele Arbeit!« Sie macht sich über die Reste her, leckt sich die Portweinsoße von den Fingern. Was für eine Glut in ihr braust und brennt! Ihre Brüste heben sich, winken, wollen ins Freie. Ihre Haut prickelt, und sie will sich über seinen behaarten, üppigen Körper hermachen!

»Warte nur, bis ich deine Eier kriege«, lacht sie. Sie kocht vor Lebenslust, »aber erst wollen wir den Nachtisch. Wo bleibt der Nachtisch, jetzt bin ich wirklich neugierig!«

Er hat keinen Nachtisch gemacht. Er muß aufs Klo. Sie gießt sich neuen Wein ein, und ihre Perlhuhnstimmung hebt sich noch. Er bleibt eine Stunde fort. Dann steht er in der Tür.

»Wollen wir nicht lieber Feierabend machen«, fragt er, »es wird langsam spät.«

Er sieht bleich aus. Aber darauf kann sie ja wohl keine Rücksicht nehmen? Sie könnte beim bloßen Anblick seiner Eier unter dem tomatengrünen Bademantel explodieren, strahlt, »na komm, jetzt holen wir sie.«

»Du ... das meinst du doch nicht im Ernst?«

»Was glaubst du denn? Du hast das doch so gewollt!«

Er muß nachgeben. Mit zaghaftem Lächeln legt er seine kleinen Eier in die Schüssel. Sie gießt den Rest der Portweinsoße darüber und steckt sie in den Mund.

»Schwächer, milder als die vom Hammel, aber nicht so schlecht«, sagt sie anerkennend. Dann streift sie Seidenstrümpfe, Kostümrock, Unterhose ab, reißt Bluse und BH auf. Spürt, daß sie sich jetzt auf den Tisch setzen muß. Es spielt keine Rolle mehr, daß sie Orangenhaut an den Oberschenkeln hat, daß ihr Bauch schwabbelt. Sie tippt munter mit den Zehen gegen sein Weinglas und reicht ihm ihre Brüste mit Salat, Zitrone und den letzten beiden Schlangenzungen.

Er muß Zeit gewinnen. Öffnet eine weitere Weinflasche und kaut nachdenklich an ihren Zehen herum.

»Fast wie Oliven«, murmelt er.

Langsam kehrt die Farbe in sein Gesicht zurück. Er wird röter und röter, und sein Lächeln wird unglaublich breit, sie kann sehen, daß er Schneide-, Fang- und Brechzähne hat, hintereinander, drei Reihen. Das beunruhigt sie vielleicht ein wenig, aber sie will jetzt weitermachen, und sie geben sich saftigen Oberschenkeln, feinen Nieren, behaarten Bäuchen und zitternden Arschbacken hin, alles wird in einem Rausch von Geruchs- und Geschmacks- und Anblickserlebnissen verzehrt, zu seinem heißen, rauhen Lachen und ihrem ziemlich echten Stöhnen.

Und dann, plötzlich, hat sie genug. Endgültig. Sie muß das einfach zugeben. Seit einer Viertelstunde wird ihr ganz einfach schwindlig von dem Anblick seines stetig größer werdenden Mundes. Habe ich mich stärker gestellt als ich ihn, fragt sie sich und spürt wieder die Stiche in der Brust, schlimmer als vorher. Sie drückt auf die Fernbedienung, und Billie ist wieder da. Ein heiseres, wehes Gespenst mit Live-Aufnahme, »you took the part, that once was my heart, so why not take all of me ...« Um sie herum brüchige Stakkato-Trompete, heiserer Samt des Altsaxophons, Klaviergeklimper, das Publikum ruft, applaudiert, die Stiche in der Brust werden unerträglich, sie macht es einfach.

Das nackte Herz. Nimmt er heraus, legt es auf den Tisch, zwischen abgenagte Schulterknochen, Oberschenkelknochen und halbgegessene Hüftknochen. Glänzend, glatt, tiefrot, pochend liegt es da. Er schaut verblüfft hoch, hört mitten im Schlüsselbein auf.

»Da ist ein Knoten, verstehst du«, sagt sie verlegen, »am linken Herzbogen. Kannst du den sehen? Er tut weh, die ganze Zeit.«

»Ja, aber ...«, sagt er, nimmt ihr Herz in die Hand. Es pocht wie ein lebendiges Vogeljunges. Es ist ganz still. Die vielen Körperreste überall sind fast schon peinlich. Zeit, um ins Bett zu gehen, unter die Decke, der Abend ist zu Ende. Sie streckt die Hand aus, will ihr Herz zurück. Und sieht, daß er sich verlockt fühlt.

»Gib's mir! Liebste. Als Nachtisch ...«, bittet er.

Sie blickt in seinen riesigen Rachen. Vielleicht hat sie damit ja gerechnet. Vielleicht ist das die Lösung für die Schmerzen, ein für allemal.

Er holt einen sauberen, grünen Glasteller und legt ihr pochendes Herz vorsichtig darauf. Die Gabel nähert sich. Der rote, pochende Klumpen zieht sich zusammen, weigert sich, und sie wirft sich über den Tisch, um es zu retten, mit

Schmerz, Knoten und allem. Er legt die Gabel weg. Sieht sie an.

»Ich wüßte wirklich gern, ob die Frauen heutzutage überhaupt noch lieben können«, sagt er verletzt.

Sie krampft die Hände um ihr Herz zusammen. Es pocht einsam und verängstigt.

»Das soll nicht gegessen werden. Sondern ... verstanden«, sagt sie, und jetzt strömen ihr die Tränen über den ganzen Leib.

»Und dabei war es gerade so gemütlich.« Er seufzt urtief. »Na gut«, sagt er dann, »kommt jetzt wieder, daß ich dich nicht verstehe?« Jetzt spricht er noch lauter. »Und wenn, dann stimmt das auch. Ich verstehe überhaupt nichts mehr, nicht dich, nicht mich, wer versteht überhaupt noch irgendwas? Kannst du mir das verraten?«

Sie schnieft, schluckt, sieht ihn an. Ihre Tränen trocknen ein. Sie weiß, daß sie hierzu nichts sagen kann.

Er holt den Cognac. Gießt beiden großzügig ein. Sie sitzen still da. Es wird langsam hell, die Vögel zwitschern.

»Es ist möglich«, sagt er, dreht das Glas, »es ist möglich, daß du recht hast. Irgend etwas übersehen wir hier. Und vielleicht weißt du darüber mehr als ich?«

»Ich habe in letzter Zeit so große Zähne bekommen«, sagt sie.

Er blickt sie forschend an.

»Ja«, sagt er. »Stimmt. Aber es steht dir.«

Der Cognac wärmt nicht so sehr wie sein tiefes, brummendes Lachen. Die Hand, die den Herzklumpen hält, öffnet sich, ganz von selbst.

»Nun nimm es schon«, sagt sie.

Aus dem Norwegischen von Gabriele Haefs

ODD KLIPPENVÅG

Krümel

ES WAR FAST zu unglaublich, um wahr zu sein! Unverschämt war das, jawohl! Und das einem alten Menschen wie ihr! Ja, die Zeiten änderten sich, das stand wirklich fest. Was sich die heutige Jugend aber auch erlaubte! Und das einem alten Menschen wie ihr! Da hatte diese Person doch mit ihrem Schreihals auf dem Arm dagestanden und sie angepöbelt. Die sollte sich lieber einen Vater für das arme Wurm suchen! Und das alles nur wegen der paar Krümel!

Sie war völlig außer sich. Das spürte sie im Herzen. Und dabei hatte sie doch schon hohen Blutdruck und sollte solche Aufregungen vermeiden. Und ihr rechter Fuß wurde beim Treppensteigen immer so dick. Bald würde sie wohl nicht einmal mehr selber einkaufen gehen können. Aber kümmerte sich deshalb irgendwer um sie? O nein! Heutzutage waren doch alle nur noch mit sich selber beschäftigt. Nur alten Menschen wegen purer Kleinigkeiten die Hölle heiß machen, das konnten sie. Unverschämt war das. Einfach unverschämt!

Sie selber hatte nicht ein einziges Wort gesagt. Vielleicht, weil sie so verdutzt gewesen war, schon möglich. Aber vielleicht war es auch besser so. Ihre alte Mutter hatte immer gesagt, sie solle Edvard totschweigen. Ach, das war lange her. Aber es war schon ein kluger Rat gewesen. Jemanden totschweigen. Das hatte sie schon oft gemacht, und nun war es eben wieder passiert. Mit dieser unverschämten Person, die selber nicht die geringste Rücksicht nahm. Unverschämt war das!

Hier hatte sie gesessen und an nichts Böses gedacht. War nach dem Mittagsschläfchen kurz aufgestanden, um sich ein Täßchen Kaffee und danach ein gutes Schlückchen zu gönnen. Dieser Sherry war einfach köstlich, und sie hatte sich wirklich zusammenreißen müssen, um sich nicht zu einem zweiten Gläschen verleiten zu lassen. Dann hatte sie sich lange über 7 waagerecht den Kopf zerbrochen. Nach vielem Hin und Her war ihr endlich aufgegangen, daß diese »Zusatzzahlung« die »Gefahrenzulage« sein sollte, und das war wirklich eine Leistung, ein Wort mit vierzehn Buchstaben. Aber dann war da noch dieses entsetzliche 68 senkrecht gewesen, »ungewalzter Silberdraht«, dabei war sie steckengeblieben. Und prompt war dann auch noch diese ... diese entsetzliche Person gekommen.

Nein, sie konnte sich einfach nicht mehr konzentrieren, und der »ungewalzte Silberdraht« war und blieb ein Geheimnis. Herrgott, ihr Herz.

Wenn sie nun doch ein Schlückchen Sherry trank? Nur zur Beruhigung. Sherry half doch gegen alles. Gegen Einsamkeit und Langeweile. Gegen Nervosität. Und jetzt war sie so nervös. Sie zitterte richtig, und wenn sie nicht vorsichtig war, dann würde sie Edvard noch auf den Boden fallen lassen. Das war ihr schon einmal passiert, und Glas und Rahmen zu erneuern war wirklich nicht billig. Eigentlich brauchte sie die Flasche ja gar nicht hinter dem Service zu verstecken, es war ja auch nicht leicht, sie da herauszuholen. Aber sie wollte sich ja auch nicht in Versuchung führen, das Fleisch ist doch so schwach ...

Es schien wirklich augenblicklich zu helfen. Sie wurde von einer guten Wärme erfüllt. Von etwas, das linderte und betäubte. Sie gönnte sich übrigens nicht viele Freuden. Ihr Leben lang hatte sie geknausert und gespart. Das war nun einmal ihr Los gewesen. – Ach, Edvard hatte ein Lächeln gehabt! Aber leicht war es nicht immer gewesen. Sie hatte sich oft hart machen und auch zahllose Erniedrigungen hinunterschlucken müssen. Aber immerhin lebte sie noch. Und Edvard lächelte unter seinem dunklen Schopf, als ob er das beste Gewissen auf der Welt besäße. – Nein, sie wollte nicht daran denken, wie er sie im Stich gelassen hatte. Das war doch alles so lange her. Und ein Seemannsleben ... wie hieß es doch noch in dem Lied? – Wie kurzatmig sie war, wenn sie nur ein wenig gesummt hatte!

Ach, sie würde sich doch noch ein drittes Glas gönnen. Diese Irre hatte sie völlig aus dem Gleichgewicht gebracht, es war bestimmt besser, wenn sie sich wieder hinsetzte. Nein, das Kreuzworträtsel mußte noch warten. Es eilte ja schließlich nicht. Jetzt mußte sie sich erst einmal ausruhen und erholen.

Die Kleider ruiniert, hatte sie gesagt. – Nein, nicht mehr daran denken. Als ob *sie* daran schuld sei. Ach was! – Da war die Sonne! Wie gut die wärmte, und das durch das geschlossene Fenster. Ihr war fast schon heiß. Na, nur ein kleiner Riß in der Wolkendecke. Ja, es war wirklich ein verregneter Sommer gewesen. Aber das konnte ja auch egal sein. Sie kam doch nirgendwohin. Immerhin, früher war das Wetter besser gewesen. Wärmer und sonniger. Jetzt gab es doch nur noch selten so einen wirklich guten, altmodischen Sommer. Wie die Sommer in ihrer Jugend ... Lächle du nur, Edvard! – Jetzt gab es nur noch Erinnerungen, Erinnerungen. Und diese Kamee. Ein Geschenk, das er von einer seiner vielen Reisen mitgebracht hatte. Wie sie diese Aphrodite liebte. Ach, sie hätte weinen können.

In der Flasche war offenbar noch ein Glas. Was soll's, das konnte sie auch noch trinken. Denn sie wollte keine traurigen Gedanken, und wenn ihr Fuß nicht allzu weh tat, konnte sie sich am nächsten Tag Nachschub kaufen. Bald wurde ja ihre Rente ausgezahlt. – Und jetzt schrie übrigens in der Wohnung unter ihr dieses arme Kind. Wenn sie nun selber den Leuten die Bude einrennen wollte, wenn sie sich über etwas geärgert hatte! Und das alles nur wegen ihrer Krümel!

Ja, früher hatte es noch richtige Sommer gegeben. Viel, viel wärmere und sonnigere. Und wie fröhlich sie gewesen war. Und wie jung! Ach, wenn sie doch noch einmal ... nein, sie wollte nicht jammern. Die Jugend kam nie mehr zurück. Das galt für alle Menschen, und sie war doch nicht ganz ohne ... Ach, dieser Edvard! Jetzt hämmerte ihr Herz wieder los. Bloß wegen der Erinnerung. Und sie wurde heiß und lief rot an, genau wie damals. Damals.

Das Hemd war auf seiner braunen Haut so weiß gewesen. Die schwarzen Hosenbeine gestreift. Und goldene Schnüre an seiner Schirmmütze. Kein Wunder, daß alle ihn mochten und ihn ihr wegnehmen wollten. Aber damals nicht, nicht damals! Denn er stand auf dem Sonnendeck, und sie war bei ihm, und sie hatte für ihre Ersparnisse ein helles Empirekleid gekauft. Es war fast schon Nacht, aber noch nicht dunkel, und sie waren ganz allein, denn die Touristen wurden von zuviel Sonne und Seeluft so früh müde. Und sie hatte gelacht und war so fröhlich gewesen. Er hatte gesagt, sie solle still sein, er hatte aufs Land gezeigt und ihr die Namen von Städten genannt, in denen sie nie gewesen war, die sie auch später nie besucht hatte, sie konnten doch nicht in jeden Fjord an der Küste hineinfahren.

Sie mußte ihre Bluse aufknöpfen. Da hatte sie wohl doch zuviel getrunken. Zwei Glas waren meistens mehr als genug, und jetzt hatte sie das vierte auch fast schon leer. Das ging ja wirklich nicht. Daß sie sich nicht beherrschen konnte! In ihrem Alter! Sie trank sonst, wenn sie in ihren Erinnerungen schwelgte, höchstens drei, und das nahm dann meistens ein böses Ende ... Sie mußte aufpassen. Wenn sie nur sitzenbleiben könnte. Und sich die Brosche mit der Aphrodite ansehen, die so glatt und glänzend in ihrer Hand lag. Aber dann würden ihre Füße einschlafen, sie mußte jetzt ein wenig hin und hergehen.

Hin und her, und danach konnte sie sich an ihre Patience setzen. Der Bube lag auf der Dame, und nichts ließ sich noch bewegen. Vielleicht wäre es besser, gleich eine neue zu legen.

Nein, sie schaffte es nicht. Und nun fiel eine Karte auf den Boden. Herz acht. Sie hörte besser auf, ehe sie hinterherfiel. Vielleicht sollte sie sich doch wieder in den Schaukelstuhl setzen. – Jetzt flog vor dem Fenster eine Möwe vorbei, aber sie würde nicht ... das nicht!

Das war der letzte Tropfen. Jetzt konnte sie nichts mehr in Versuchung führen. Und sie saß fast unbeweglich da. Der Stuhl bewegte sich nicht mehr. Fast wie damals an Deck, mit den langsam rollenden Wellen ... Er hatte sie in den Arm genommen. Nicht, weil sie sonst umgefallen wäre. Nein, das nicht. Er hatte so seine Pläne gehabt, dieser Edvard! Hatte sie mit starken, braunen Händen gehalten und sie hinter das Rettungsboot zu den Taurollen geschoben, die nach Sommer dufteten. Sie hatte Angst gehabt, es könnten Leute kommen, obwohl alles still gewesen war. Abgesehen von den Wellen, die gegen den Schiffsrumpf schlugen, und dem gleichmäßigen, beruhigenden Dröhnen des Motors. Edvard hatte »pst« gesagt und kitzelnde Wörter in ihren Nacken geflüstert. Hatte ihre Haare hochgeschoben und ihre Nackengrube mit harten Küssen bedeckt, während seine Finger sich ihren Weg gesucht hatten. Und dann hatte sie halb gelegen, halb gestanden. Und als sie den Kopf zurücksinken ließ auf die Plane, die er geholt hatte, schaute sie in den Himmel. Und Sterne funkelten, und Vögel segelten über die Masten. Anfangs war er so hart gewesen, und sie hatte ihren Oberschenkel wundgerieben, weil sie nicht bequem genug lag. Aber sie hatte nichts gesagt. Hatte nur gespürt, daß sie ihn liebte und daß alles trotzdem schön war. Denn er war fast ein anderer gewesen, als er keuchend an ihrer Brust lag. Sein Gesicht war schmerzlich verzogen, und deshalb wollte sie ihn dichter an sich ziehen. Aber es war gar kein Schmerz. Er wimmerte und genoß sie. Genoß sie. Und auch sie genoß ...

Das war doch alles gelogen. Gelogen, daß alte Menschen

nichts mehr empfanden. Sie merkte es doch ganz genau. Wenn sie die Hände unter ihr Unterkleid schob und ihre Brüste liebkoste. Dieses Zittern. Sie war überhaupt noch nicht tot. Und ihre Hände zitterten. Und ihr Schoß war heiß. Wenn er nun hier wäre! In Fleisch und Blut! Statt einfach nur dazustehen und sie jeden Tag zu erinnern, bis sie krank wurde und verrückte Dinge anstellte. – Aber nein, er stand da in seinem Rahmen. Und sie mußte sich mit sich selber begnügen. Sie hatte zu lange geschwiegen, als er sie auf die Probe gestellt hatte. Um herauszufinden, wie weit er mit anderen gehen konnte. Und vielleicht hatte ihre alte Mutter doch nicht recht gehabt. Denn es war ihr nicht gelungen. Sie hatte ihn nicht totschweigen können. Sie würde sich wohl nie von ihm befreien können. Denn er lebte noch. Lebte jetzt!

Und sie schämte sich nicht, o nein! Es tat gut, jawohl. Ein paar Freuden wollte sie auch noch haben. Nein, sie war nicht tot. Das glaubten die anderen bestimmt alle. Die rechneten jeden Tag damit, daß sie jetzt ins Altersheim gebracht werden müßte. Und die frechsten Kinder aus dem Haus riefen ihr Gemeinheiten hinterher. Und dann noch vorhin diese unverschämte Person! Die hätte sie ja fast vergessen. – Und wenn sie nun aus purem Trotz ... nur um klarzustellen, daß sie sich solche Frechheiten nicht gefallen ließ. Wenn sie ihre Kleider geordnet hatte, natürlich.

Ihr war ein wenig schwindlig, aber sie wollte unbedingt die Tür öffnen. Die klemmte so leicht, bei dem feuchten Wetter. Jetzt ging sie auf, endlich. Und es war zwar reichlich kalt, aber das kühlte auch ihr Gesicht ab. Der viele Regen hatte die Blumen im Blumenkasten übel zugerichtet. Die Lubelia war verblaßt, war aber groß und kräftig und breitete sich aus. Sie war ja doch sehr schön! Die vielen Regentropfen in den winzigen Blüten glitzerten fast wie Silber. Und die Pelargonien waren nicht weniger wütendrot. Wie Lampions.

Da waren sie schon. Kaum tauchte sie auf dem Balkon auf, schon kamen sie angejagt. Eigentlich war das seltsam, Möwen mitten in der Stadt. Aber sie liebte ihre Möwen. Liebte sie. Wie die im Flug die Brotkrümel schnappten! Und dann schrien sie. Wild, fast wie auf See. Ach, wie sie das liebte! Sie war wieder auf Kreuzfahrt. Der Regen traf ihr Gesicht wie Gischt, und der Wind fuhr ihr durch die Haare. Ach, was war sie froh. Hier, hier! In der Tüte ist noch viel mehr! Ach, jetzt schrie hier jemand vor Freude, genau wie sie. Bestimmt einer von der Mannschaft. Oder vielleicht der Graue aus Amerika. Ja, nimm schon. Und hier ist noch mehr! – Nein, das war jetzt eine wütende Frauenstimme, unter ihr. Himmel, war denn etwas passiert? Hier, hier ist der Rest. Nehmt den Rest, Edvard sitzt sicher im Salon.

Aus dem Norwegischen von Gabriele Haefs

PENTTI SAARIKOSKI

Die Zeit in Prag

ICH GING ZUR BANK, aber meine Hand zitterte so, daß ich meinen Namen nicht schreiben konnte, muß ein paar Kognak trinken. Meine Verfassung war nicht die beste. Gestern war ich in der Kirche. Waren ziemlich viele Leute da, vorwiegend Frauen. Sie sangen Kriste, Sveta Spasiteli und knieten nieder und erhoben sich und saßen mit gesenktem Kopf da. Alles war Gold, was glänzte. Es ist Mittagszeit. Ich kriegte einen Brief von meiner Frau. Ich hab siebentausend Mark Schulden beim Staat. Die drohen, den Fernseher zu pfänden, und was soll sie dann abends machen? Ich krieg den Kognak nicht in den Mund, der schwappt auf den Tisch. Ich werd nie wieder gesund. Ich hab kein Taschentuch, ich rotz in die Liturgie, die ich aus der Kirche mitgenommen hab. Als ich aus der Kirche kam, war das die Zeit, in der die Bäume versuchen, einander langsam näherzukommen, und mir fällt alles wieder ein: Ich war auf dem Weg zum Kartoffelklauen, als mir ein alter Mann entgegenkam, der einen toten Hund im Arm trug. Er brachte den Hund zum Hundefriedhof. Ich stieß gegen einen leeren Kinderwagen. Das war 1959 in Haaga, wenn ich mich recht erinner. Ich hab Socken gekauft, tschechische Socken, die 25 Kronen kosteten, genausoviel wie drei Kognak, ist das nicht ziemlich viel für Tschoggen? Wenigstens waren sie warm. Ich hab aufgehört, in den Nachtklub zu gehen, deshalb taucht hier auch kein Frauenname auf, und weil ich nicht mehr vom Suchen sprech, hab ich offensichtlich das gefunden, wonach ich gesucht hab. Die Menschen sehen hier auch kein bißchen anders aus als in Finnland. Sie essen mehr, weil sie ärmer sind. Ich bat den Ober, mir beim Kognaktrinken zu helfen, es war Mutterblut und Muttermilch, vor uns verschüttet. Bald traue ich mich, zur Bank zu gehen. Zwei Jäger kommen rein, von denen sieht der eine aus wie Castro.

Aus eigener Kraft komm ich nicht unter die Decke. Ich stink wie eine tote Hundefotze. Warum schreien alle? Ich geh zur Polizei, ich hab Angst vor der Polizei, die haben eine Waffe hinterm Rücken, ich muß aber Anzeige erstatten. Ich geh zur Bank. Ich bin spät dran. Ich warte auf sie. Es geht bergauf, wenn ich abwärts geh. Ich bin schon ein Teil der Stadt, meine Haut kriegt Risse wie die Wände hier, und der Verkehr bewegt sich schnell vorwärts, ich hab keine Gewalt über meine Worte. Jan Hus predigte von 1402 bis 1413, damals, als Prag die zweitgrößte Stadt in Europa war, und schrieb das Traktat »De sex erroribus«, die Zeit war aber noch nicht reif dafür. Ich hab schon neue Reisepläne. Ich geh mir den Ort ansehen, wo ich geboren bin. Ich krieg Ladoga zu sehen. Vielleicht seh ich auch den Syväri, dessen Wasser brachte Vater in einer Flasche von der Front mit, und mit dem wurde meine Schwester auf den Namen Viena Inkeri getauft. Wir wohnten so weit am Arsch der Welt, daß man dort nicht mal im Sommer anders als auf dem Schlitten hinkam. Japanische Geisteskranke, die sich im Dschungel versteckten und glaubten, es wär immer noch Krieg; Ärzte verfolgten sie, um sie mit Largactil zu füttern, so daß sie nach und nach glaubten, es wär Frieden auf der Erde.

Ich lief ein wenig nach hinten gebeugt, weil ich Holz im Arm trug, ich war dabei, die Sauna zu heizen. Nachdem ich das Feuer angezündet hatte, ging ich zum Steg, legte mich auf den Bauch und schaute mir an, was da im Wasser so kreuchte und fleuchte. Am Ufer gegenüber trällerte jemand. Ich versuchte, einen Fisch mit der Hand zu fangen, ich hätt ihn ihr gegeben, aber es gelang mir nicht, und seitdem ist es mit unserer Ehe bergab gegangen. Ich wünschte, sie säße jetzt dort, ich würde nix sagen, nix erklären, ich wär nur bei ihr. Ich würd ihr eine Stadt bauen, nun steh ich aber schon im Dienst eines anderen Arbeitgebers; letzte Woche zogen wir los, Nowgorod zu erobern. Meine Mutter fand es richtig, daß Feinde starben, aber nicht, daß auch unsere eigenen Männer draufgingen. Sie kapierte nicht, daß das Interesse am Krieg darauf beruht, daß jeder eine kleine Chance hat, am Leben zu bleiben: Wer würde denn in den Krieg ziehen, wenn es keine Todesgefahr gibt? Und wer würde in den Krieg ziehen, wenn feststeht, daß alle sterben müssen? Gerade das ist der Grund, warum das Leben heutzutage so schwer ist: Kriege werden unmöglich gemacht.

Letzte Nacht, als ich auf dem Heimweg war, kam es mir so vor, als hätt ich eine Aktentasche unterm Arm gehabt. Kommste auch bald? Nix geht mehr nach Plan. Meine Augenbrauen werden allmählich grün. Ich geh runter zum Wasser. Sei gut zu mir. Und nachher, wie isses? Ist die Wasseroberfläche wie Sahne? Paßt zwischen die Steine noch Feuer? Ich hab dann eine karierte Schirmmütze auf. Meine Mutter ist ein Mensch vom alten Schlag. Ich hab ihr so viel Kummer gemacht, daß sie ganz zufrieden sein kann. Sie sitzt im Schaukelstuhl mit der Brille auf und sieht weg, aber sie wird dort kaum etwas erkennen.

Während ich bei der Polizei Anzeige erstatten war, zeigte der Wachtmeister mir eine Tür; ich kam in einen Flur, in dem gepolsterte, numerierte Türen waren. Nirgends ein Ton, ein Gespräch, Streit, das Klappern einer Schreibmaschine, das Kratzen eines Stiftes zu hören, überhaupt keine Geräusche, wie man sie normalerweise in einer staatlichen Behörde hört. An den Türen stand nix geschrieben, daß ich hätte entscheiden können, wohin ich hätte gehen müssen. Schließlich faßte ich mir ein Herz, klopfte an die erste Tür, die Schalldämmung jedoch war so dick, daß die Leute da drinnen, wenn da überhaupt jemand war, nix gehört hatten.

Ich wartete einen Augenblick. Dann faßte ich mir ein zweites Mal ein Herz und machte die Tür einen Spaltbreit auf. Ich stand in der Türöffnung und trug mein Anliegen vor, daß ich Anzeige erstatten möchte, ich sprach zuerst deutsch, dann englisch, aber der bebrillte Mann hinter dem Schreibtisch guckte mich bloß an, fast mit leicht beleidigtem Gesicht, weil man ihn gestört hatte. Er hielt einen Stift in der Hand, um zu demonstrieren, daß er Wichtigeres zu tun hatte. Ich stand weiterhin in der Tür, doch dann sah er mich strenger an als zuvor und hielt seinen Stift noch höher, um zu demonstrieren, daß er wirklich Wichtigeres zu tun hatte. Ich ging zur Tür Nummer zwei, öffnete sie ohne zu zögern, und dort saß eine mild aussehende Frau hinter dem Tisch, die ich fragte *Sprechen Sie*, und sie sagte auf schwedisch *Talar Ni* und drückte mir einen weiteren Stempel in den Paß. Ich machte mich schnell davon und dachte, Kafka ist ein realistischer Schriftsteller, so wie Joyce. Auf den Tuzexi-Treppen stand ein junger Mann mit hochgeschlagenem Mantelkragen, er hatte schlechte Haut, alles Unangenehme bemerk ich an Menschen zuerst, er fragte im Flüsterton: »Do you speak English?«, und als ich nickte, bat er mich um zehn Dollar, er würde dafür 170 Kronen zahlen. Ich hab ihn übers Ohr gehauen. Ich gab ihm zehn dänische Kronen. Er verschwand schnell zur Bank. Ich stellte mir sein Gesicht vor, wie er beim Geldtauschen am Schalter stand. Dann stellte ich mir vor, wie lange er für die 170 Kronen hatte arbeiten müssen. Ich ging in ein teures Restaurant und brachte das Geld mit vorzüglichen Speisen und Kognak durch. Jetzt ist der nächste Morgen. Der Mann wirft Kohle in den Kamin. Ich müßt meine Schuhe vom Schuster holen, denn heute regnet es, und die mit der Ledersohle halten das Wasser nicht ab. Als wir klein waren, teerten wir die Sohlen der Skistiefel, es war ein Ritual, die ganze Familie war damit beschäftigt. Der Teer roch so gut. Wenn man von einer Skitour nach Hause kam, wurden die Skistiefel mit Zeitungspapier ausgestopft, damit sie sich nicht krumm zogen. Mutter hatte das Essen gekocht, sonntags gab es immer etwas Besseres. Der Abend verging mit Hausaufgaben. Als ich an einem Abend nach dem Essen im Fenster vom Haus gegenüber ein Mädchen sah, das mich anschaute, bekam ich eine Erektion, und ich hielt das für eine Krankheit. Ich wurde verschlossen. Ich hatte natürlich Freunde. Wir trafen uns regelmäßig, wir waren sechs, einer ist jetzt Doktor der Philosophie, der zweite Mag. phil., der dritte Med. cand., von dem vierten weiß ich nix, der fünfte ist gestorben und dann ich. Ich fühlte mich in ihrer Gesellschaft nicht wohl, ich brauchte sie aber trotzdem. Wir kamen aus einem anderen Land als die anderen Jungs aus der Klasse. Wir schrieben Gedichte, malten Bilder, lasen Tschechow und tranken Tee. Sie kamen aus besseren Familien als ich: Der Vater von dem einen war Professor, vom zweiten Bankdirektor, vom dritten weiß ich nicht mehr, irgendein Direktor, vom Vater des vierten hat man nie etwas gehört, der Vater vom fünften war Ingenieur. Mein Vater war nix. Wir trafen uns nie bei mir zu Hause.

Letzte Nacht schlief ich in einem tiefen Turm. Ich suchte einen Balkon, von dem aus ich zum Volk sprechen wollte. Die Bäume zitterten im Wind, weil auch ihnen kalt war. Ich liebte. Ich drückte ihre Knöchel. Am Morgen guckte ich hinaus und glaubte, auch auf dem Hausdach gegenüber läge Schnee. Es hatte geregnet, und die Sonne schien drauf, es sah wie Schnee aus. Wenn man ein solches Leben führt wie ich, dann macht es nicht viel Unterschied, ob was im Traum oder in der Wirklichkeit passiert. Mutter klopft Teppiche aus. Ich töte sie und schenke ihr ewiges Leben. Ich hab gleiches und anderes gesehen, unter anderem einen Boxer, der Geige spielen konnte, obwohl ich ihn niemals spielen gesehen hab. Kleiner Berliner Junge, du lernst es noch. Es ist bald Frühling, ist hier der zehnte Frühling in Folge. Ich ging hinunter, dort wurde über alle Ereignisse geredet, weil alle das Gefühl hatten, daß sich nix ereignet hatte. Ich mach jedem ein

Pferd, aus Holz, damit sie besser über den Strom kommen, ich mach aus ihnen Dachziegel, Pflastersteine, Gruben, Wolkenbänke, warum störte sie da das Beisammensein, das noch nicht mal angefangen hat? Die Frau im Badezimmer wäscht die Hemden des Mannes, der Mann ist im Laden, um mir Milch zu kaufen. Ich erinner mich an einen Satz: Es hat mehr Würde, sich einmal im Leben einer Gefahr auszusetzen, als sich ewig Gedanken zu machen, wie man sie vermeiden könnte. Caesar cum? Zwischen den Stacheln des Stacheldrahtes sitzen Vögel. Dabei fiel mir eine Frau ein, die schlaffe Brüste hatte. Ich versteh nicht, warum mir das einfiel.

Wenn man nicht mindestens zwei Minuten vor seinem Tod ahnt, daß man stirbt, dann landet man auf dem Mond, so steht es in einem Text, den ich unter einem Stein fand. Lustig schläft, und wenn er keinen Kopf und auf dem Kopf keine Brille hätte, dann säh er aus wie ein großes Zäpfchen, das für einen großen Riesen bestimmt ist. Wir altern immer schneller als unsere Feinde. Diese Ehe macht einen harmonischen Eindruck, wenn der eine ein Buch liest und die andere Artikel schreibt, immer beschäftigt. Ich stieg in die Badewanne, und das Wasser wurde so schmutzig, daß ich meine Zehen nicht mehr sehen konnte. Ich lief mit meinem Bruder um die Wette, und als er bis zum Ersticken gelaufen war, rief ich ihm nach, daß er gestohlen hatte, und ich forderte Revanche. Die Revanche gewann ich. Man nimmt den Löffel in das schöne Händchen. Ich sammele Erfahrungen. In der Küche wird geschnitten, ich glaube Zwiebeln, ich kann die Zeit nicht überschreiten.

Kalter Tag, Dezember, ich weiß aber nicht, der wievielte. Gegenüber sitzt ein alter Mann, der Pràce liest und Kaffee trinkt, er interessiert sich für die Ereignisse der Welt, er denkt nicht ans Sterben, so wie wir Jungen, weil der Tod ihn bereits fest im Griff hat. Er möchte möglichst viel von dem wissen, was er bald zurücklassen muß. Nach dem letzten

Tag gibt es keinen Tag mehr, denn die Sonne ist kalt, sogar Gott ist tot, und Jesus, der jetzt noch zu Gottes Rechter sitzt, leuchtet nicht, weil sein Licht von Gott geliehen war. Übrig ist noch der Heilige Geist, der ist die Dunkelheit. Als wir vertrieben wurden, auf die Reise gingen, auf der ich noch immer bin, andere gaben auf, auf unsere Möbel wurde die Nummer 999 oder 666 gemalt. Die Vergangenheit halt ich an der Hand. Eine hundertköpfige Frisur. Wenn man sich in der Vergangenheit verirrt, ist man in Sicherheit, aber wenn man sich in der Zukunft verirrt. Dort werden so gute Spiegel gemacht, daß sich die Blicke von überall kreuzen. Ein nervöser Mann kam rein und setzte sich an den Tisch, so, als setzte er sich an alle Tische zugleich. Er begann, die Speisekarte zu verschlingen, und als er sie durchhatte, sah er satt aus. An diesem Ort war ich vorher noch nie. Ich guck aus dem Fenster. Eine Familie macht ihren Tagesspaziergang, der Vater schiebt heute den Kinderwagen, weil Sonntag ist. Die Mutter trägt den Weihnachtsbaum, schon steht es vor der Tür, das Weihnachtsfest, die bedrückendste Zeit des Jahres, weil es in der Kindheit der Höhepunkt des Jahres war? Es gibt keine Höhepunkte mehr, keine Weihnachtsfeste, keine Ferien, keine erste Liebe, nix, was warten würde; das Leben gleicht einer Stadt, an deren Randbezirken neue Stadtteile entstehen, aber immer seltener schafft man es, von den vertrauten Stätten zu neuen aufzubrechen und Menschen kennenzulernen, von denen es von Tag zu Tag mehr gibt und von denen man nur einen Bruchteil kennt. An den Tod zu denken fällt nicht schwer, nur die Vorstellung, tot zu sein, ist schwierig, genauso schwierig ist es, sich vorzustellen, daß der Weltraum unendlich ist oder auch, daß er irgendwo endet. Ich guck in das Fenster im Erdgeschoß, die Leute dort trinken Kaffee aus weißen Porzellantassen, auf dem Fensterbrett liegen weiße und rote Äpfel, ich wär gern hingegangen, um mit ihnen meinen Morgenkaffee zu trinken. Ich beneide Menschen, die sich vorstellen, daß sie Grund haben, mich zu beneiden. Der alte Mann. Die Häuser in seiner Stadt sind schon recht klein, alle, fast alle sind in seinem Herzen.

Ich bin auf dem Steg. Jemand kommt angeschwommen. An diesem Jemand baumelt ein Handtuch, so daß es am Boden schleift, in dem Nadeln stecken, und wenn das Handtuch so baumelt, dann ist es in der Hand eines schönen Mädchens. An den Häusern hier läßt sich schwer ablesen, ob sie früher Paläste waren, in denen jetzt eine Behörde ist, oder ob es früher einmal eine Behörde war und jetzt ein Theater. Die Häuser stellen sich nicht selbst vor, ihre Wände sind vollgedüngt mit allerlei Volk, Ranken herzoglicher Schönheiten, und sie ermüden alle während der Rede, die über sie gehalten wird. Unser Gott ist auf dem besten Wege, ein Ungott zu werden, aber ihm werden noch immer Wohnungen erbaut; denn der Arbeiter hat seinen Lohn verdient. Die Kerze ist runtergebrannt, und der Rest verschwindet in der Flasche.

Aus dem Finnischen von Dagmar Mißfeldt

Rosa Liksom

Ich war die ganze Woche rumgeflogen

Ich war die ganze Woche rumgeflogen und total reif für die Insel. Freitag, als ich noch bei der Arbeit war und die letzten Festnahmen für die Woche unterschrieb, beschloß ich, mich am Abend vollaufen zu lassen. Ich klingelte bei Tanja an, und die sagte, sie geht gleich ins Cantina West, weil da die schönsten Typen der Stadt sind. Ich meinte, warum nicht, weil ich wollte einen richtigen Kerl. Ich ging von der Arbeit nach Hause zum Umziehen und unter die Dusche, zog die schwarze 501 an und den besonders tief ausgeschnittenen Body, in dem man auch was sieht. Ich düste zu Tanja, und bei ihr wurde ordentlich was gekippt, wir nahmen ein Taxi und surften die lange Schlange entlang in die Kneipe. Wir pflanzten uns an die Bar, aber da war kein Mensch, der uns auch nur eine Sekunde interessiert hätte, alle Typen sahen ziemlich scheiße aus, boring. Dann hatte Tanja die Idee, daß wir mal in den Keller linsen sollten, ja verdammt, da waren supergut aussehende Biker, die ich fast angebaggert hätte. Tanja meinte, jetzt alles ganz easy. Wir gingen zusammen aufs Klo und malten uns noch ein bißchen mehr Make up ins Gesicht. Wir boxten uns zur Bar durch und bestellten Fernet mit Minze. Ich spähte in die Runde und suchte mir einen aus, und Tanja suchte sich einen anderen aus. Meiner sah von der Seite verdammt so aus wie der junge Richard Gere und mit tollem Zopf. Tanjas Typ sah ziemlich scheiße aus, aber die hat noch nie Geschmack gehabt. Ich war supergut drauf, und ich sagte zu Tanja, jetzt setzen wir uns ganz cool zu denen an den Tisch. Ich hatte mir in den Kopf gesetzt, daß ich heute nacht nicht allein ins Bett geh, ich gehör zu der Sorte Frau, die jeden Kerl nimmt. Okay, wir marschierten also zu den Typen an dem Tisch und stellten denen diesen erprobten Kneipenalk vor die Nase. Sie glotzten uns mit offenem Mund an, kapierten dann aber schnell, was Sache war. Ich besorgte an der Bar noch mehr Fernets mit Minze, und als ich zurück an den Tisch kam, da legte ich diesem Richard Gere gleich die Hand aufs Knie. Da glotzte der mich nur an, einmal. Seinen Schädel umgab eine total helle, kriminelle Aura, und ich zappelte am Haken. Der sprach den ganzen Abend kein Wort mit mir, aber ich ließ nicht locker. Nach der Sperrstunde dampfte Tanja mit ihrem Fettklops ab, aber ich blieb. Ich hatte beschlossen, daß ich dem Typ volle Pulle ein Flötenkonzert gebe. Ich sagte, wir gehen zu mir. Zuerst sah's so aus, als wär no chance, ging aber doch los. Wir fuhren mit dem Taxi zu mir, und ich bot was aus der halben Flasche Jack Daniels an. Ich quasselte die ganze Zeit wie ein Wasserfall, aber der sagte keinen Ton, lächelte noch nicht mal, und mir brannte verdammt noch mal die Muschi. Ich kenne mich, und ich weiß, daß Kriminelle mich anmachen. Aber natürlich funktioniert das nicht bei jedem Gangster. Zum Beispiel machen mich Bankräuber kein bißchen scharf, auch keine Wirtschaftskriminellen, aber Drogendealer und Gewalttäter, da steh ich drauf. Das ist eine komische Geschichte, weil man glauben könnte, Bulle identifiziert sich immer mit Bulle. Aber ich bin doch nicht so eine Oberklassentussi, sondern ich bin auf der Straße groß und zur Intelligenzbestie geworden. Okay, alles lief supergut, und ich kriegte ihn ins Bett. Ich geb zu, ich war blau, aber das war der Typ auch. Ich war so supergeil, daß ich Angst hatte, ich könnte explodieren, bevor er in mir drin war. Aber zum Glück bin ich es nicht. Er kam sachlich in mich rein, fing an zu nageln, und in dem Augenblick, wo ich meinen Orgasmus kriegte, schrie ich aus Versehen »Kripo!«.

Also dachte ich, ich übergeb den den Jungs von der Kripo. Und da warf mich dieser Typ auf den Boden und fragte, was ich da eben gesagt hätte und zog sich seine Boxer-Shorts über und glotzte mich kreidebleich an. Der fragte, ob ich bei den Bullen wär, und ich sagte ja. Der ließ sich gleich auf die Bettkante plumpsen und grinste. Der griente zum ersten Mal an dem Abend, und ich mußte fürchterlich losbrüllen vor Lachen. Ich schloß, daß es von dem Typ aus gesehen eine etwas peinliche Situation war, auch wenn ich schon mit ganz anderen Typen gepennt hab und stand mit dem Feeling auf, okay, alles wieder auf Anfang, aber der Kerl verpaßte mir so einen Tritt, daß ich wieder zu Boden ging. Stell dir mal vor, der fing an, sich anzuziehen und wollte sich verdünnisieren, obwohl wir noch nicht fertiggevögelt hatten. Ich sagte dem: »Ich verspreche, ich hab nie an was anderes gedacht als nur an dich.« Der grinste nur fies, glotzte mir in die Augen und meinte, so tief wär er noch nie gesunken. Ich kapier nicht, was er damit gemeint hat. Der verduftete, und in meiner Not hätt ich fast die Jungs von der Flugstaffel angerufen, damit sie seinen Job zu Ende machen.

Aus dem Finnischen von Dagmar Mißfeldt

Sigmund Doksum

Spargel – Beschreibung eines Autors mit Nebenjob

Ich habe Angst vor Katastrophen.

Aber ich lasse mir nichts anmerken. Vor allem macht die Frau rechts, die mit dem Regenschirm, mir Kopfzerbrechen. Sie stützt sich auf den Tisch, legt die Hand darauf, gerade in dem Moment, als ich das Messer in die Tischplatte steche. Zum Glück verfehle ich sie.

»*Das Universalmesser schält Kartoffeln*«, sage ich. »*Es schneidet alles wie Butter!*«

Ich versuche, eine Kartoffel aus der Schüssel zu nehmen, aber sie rutscht mir aus den Händen, glatt wie ein Stück Seife. Ich habe vergessen, das Wasser auszugießen, als ich die Kartoffeln im Hinterzimmer gewaschen habe.

Ich gehe in die Hocke, um die Kartoffel aufzuheben. Lange lebe der Kapitalismus, denke ich. Die Schreibmaschine fehlt mir durchaus nicht. Es lebe die freie Marktwirtschaft. Ich sehe die Stiefel der Leute, die hier auf dem Boden des Supermarktes stehen. Sonst nichts. Ich schreibe die Kartoffel ab.

Im Aufstehen klappe ich einen weiteren Teil des dicken Universalmessers auf. Ich weiß nicht mehr, wozu dieser Teil dient. Er ist halbmondförmig. Und aus rostfreiem Stahl. Er ist so groß wie mein kleiner Finger. Ich lasse es darauf ankommen:

»*Öffnet Austern!*« rufe ich. »*Gar nicht schwer! Schauen Sie her!*«

Dieser Vers bringt neue Personen dazu, vor meinem Vorführstand stehenzubleiben. Zum Glück habe ich keine Austern zur Hand. Mindestens drei neue Leute sind dazugekommen. Einen sehe ich nur aus dem Augenwinkel. Er steht schräg hinter mir. Ich bin froh darüber, daß ich die Whiskyflasche so gut versteckt habe. Die sieht garantiert niemand. »*Die sieht garantiert niemand.*« Ich hebe das Universalmesser hoch und betrachte es. Aber ich denke nicht an den dicken Metallklumpen, den ich unter dem Neonlicht des Supermarktes in der Hand halte. Ich frage mich, ob das S in »sieht« klar aus meinem Mund gekommen ist oder als sch.

Das Messer hat noch weitere neununddreißig Funktionen. Ich glaube, ich bin bis zu Funktion 5 oder 6 gekommen. Ich nehme mir jetzt den Spargel vor. Bisher hat der Dosenöffner noch nie versagt.

Den habe ich im Griff.

»Das ist Spargel«, sage ich.

Ich hebe die Dose hoch und zeige sie meinem immer noch wachsenden Publikum.

Das hier habe ich geübt. Das hier ist meine Glanznummer. Ohne zitternde Hände – warum denke ich das? Ohne zitternde Hände? Ich nehme mir eine Sekunde Zeit, um einen Blick auf meine rechte Hand zu werfen. Doch, die zittert ein bißchen. Seitlich.

Mit leicht zitternden Händen – aber erfüllt von Selbstsicherheit – klappe ich den Dosenöffner aus. Ich brauche nicht einmal meine Fingernägel dazu. Er springt geradezu von selber heraus. Es läuft einfach perfekt. Ich lasse ihn sinken, um die Spargeldose zu öffnen, als mir aufgeht, daß ich mich in der Dunkelheit unter dem Tisch vergriffen habe. Es ist nicht die Spargeldose, der ich mit dem Dosenöffner zu Leibe rücken wollte. Sondern die Whiskyflasche. In der gerade noch genug vorhanden ist, um den Boden zu bedecken.

Ich blicke auf. Ich will erklären. Vor mir scheint sich der gesamte Supermarkt angestaut zu haben. Es ist an der Zeit,

die Wahrheit zu erzählen. »Das ist kein Spargel«, sage ich und zeige auf die Whiskyflasche. Ich rufe nicht. Ich versuche es mit der Lautstärke, in der ich sonst Geheimnisse erzähle. »Ich habe mich geirrt.«

Ich gehe hinter dem Stand in die Hocke, um die Konservendosen zu suchen – obwohl ich ja eigentlich genau weiß, wo sie stehen. Ich nutze die Gelegenheit, um die Whiskyflasche zu heben und den letzten Schluck zu trinken, ehe ich mir eine Spargeldose schnappe und wieder auftauche. Die Zuschauer haben nichts gemerkt. Es ist wirklich betrüblich, wie leicht die Verbraucher sich heutzutage an der Nase herumführen lassen.

»Das ist der Spargel«, sage ich stolz, denn dieses Mal habe ich einwandfrei recht.

Ganz hinten in der Menschenmenge, die sich vor meinem Stand drängt, beginnt jemand zu applaudieren. Langsam, rhythmisch bewegen seine Handflächen sich aufeinander zu. Ein anderer schließt sich an. Und noch einer. Bald applaudiert die gesamte hinterste Reihe. Und dann applaudieren sie alle. Sogar die Frau, die rechts von mir gegen den Stand gedrückt wird, legt ihren Regenschirm weg und applaudiert.

Ich sehe, daß der Filialleiter mir von den Kassen her zufrieden – und vielleicht auch ein wenig überrascht – zuwinkt. Ich winke fröhlich zurück, und mir fällt ein, daß ich nicht die geringste Ahnung habe, wo ich vorhin das Universalmesser hingelegt habe.

So vergeht der restliche Tag.

Aus dem Norwegischen von Gabriele Haefs

Peter Seeberg

Die Schnaps-Geschichte des Taxifahrers Kenneth Pedersen

Wir sind nun alle schon so lange zusammen – wenn man es so nennen darf – und ihr wißt, daß ich vom Schnaps die Finger lasse. Casanova hielt es genauso – habe ich gelesen. Alkohol habe ich noch nie angerührt, ja, noch nicht einmal ein helles Pils. Es macht mich einfach nicht an und hat es nie getan. Ich weiß nicht, ob es meinem Vater ebenso ging, jedenfalls habe ich ihn nie Bier trinken sehen. Aber das war wohl auch zu einer Zeit, als richtige Ärzte noch meinten, es sei unter ihrem Stand, Bier zu trinken. Das hat sich ja ein wenig geändert.

Mein Großvater väterlicherseits rührte auch keinen Schnaps an, aber daheim bei ihm zu Hause gönnten sie sich Rotwein sonntags zum Essen. Daran erinnere ich mich noch. Und ich glaube, meine Onkel waren einem Gläschen auch nicht abgeneigt, wenn Großmutter nicht aufpaßte. Und so fand ich ringsherum im Garten verstreut Aquavit-Flaschen »Rød Aalborg«, was normalerweise ja ein eindeutiges Indiz ist.

Großvater war ja Oberst, sein Vater General. So betrachtet, hat es da einen kleinen Abstieg gegeben, aber ich glaube nicht, daß er trank. Großmutter war die Tochter eines Direktors im Zollministerium. Wenigstens der trank nicht. Er war ein kleiner, dünner Mann, der seine Kinder nur Sonntag abends sehen wollte. Ansonsten mußten sie im Bett liegen, wenn er von seinem langen Arbeitstag nach Hause kam.

Tja, das alles hat mir nur meine Mutter erzählt. In ihrer

Familie hielt man Maß, schätzte jedoch den Alkohol, um sich etwas zu beleben, in Maßen, versteht sich. Auf dem Pfarrershof auf Fünen – ihren klitzekleinen fünischen Akzent muß meine Mutter von ihren Spielkameraden dort übernommen haben – brauten sie selbst Bier und kelterten Wein aus roten Johannisbeeren. Mutter und Tante Hilda hatten nichts gegen einen Likör zum Kaffee, und Onkel Ernst bekam abends sein Bier. Heute trinken ja alle Bier und Wein, als ob es Leitungswasser wäre.

Es ist weder aus Ärger noch aus Furcht, daß ich keinen Schnaps anrühre. Es ist mir einfach fremd. Ja, ich finde, es riecht gräßlich, die Gläser sind noch das Schönste. Im übrigen mag ich lieber Tee als Kaffee. Auch Kakao und Schokomilch bedeuten mir etwas – damit kann man seinen Kalkbedarf decken, schließlich habe ich zarte Knochen genau wie mein Vater – sagt meine Mutter.

Ich persönlich habe also kein Verhältnis zum Alkohol oder zum Schnaps. Das ist ein ungeheurer Vorteil, wenn ich an meine Kollegen denke, die sich unentwegt damit beschäftigen.

Es gibt da eine Menge Geschichten von der Arbeit.

Aber das, was ich erzählen will, geschah in meiner Zeit auf dem Gymnasium, in der die meisten Jugendlichen Schnaps ja erst richtig kennenlernen.

Wir waren eingeladen zu einem Klassenfest zu Hause bei einem etwas langweiligen Mädchen namens Birthe. Sie war die Tochter eines Ärzte-Ehepaars, das natürlich nicht zu Hause war an dem Abend. Birthe war Einzelkind, genau wie ich.

Wir tauchten also auf und bekamen einen Drink. Das heißt, ich nahm einen Saft, den es auch gab. Dann wurden Hamburger gereicht – das war ja zu der Zeit modern, Anfang der Siebziger. Und dann gab es Weißwein. Es dauerte nicht lang, bis er fast ausgetrunken war und ein paar der Jungs durchs Haus zogen auf der Suche nach dem Schnapsschrank. Der jedoch war mit einem Vorhängeschloß gesichert, und so versuchten sie, den Kellerschlüssel zu finden, den Birthe allerdings um den Hals trug.

»Da unten ist nichts«, sagte sie. »Es gibt, was auf dem Tisch steht. Und jetzt tanzen wir.«

»Das ist nicht dein Ernst«, sagte ein großer rothaariger Bursche, der Børge hieß und Sohn eines Generalstaatsanwalts war. »Irgendwas ist in jedem Keller zu holen.«

Birthe schüttelte bemüht energisch den Kopf und bekam einen sehr kleinen Mund, aber dann zog ihr Børge einfach den Schlüssel über den Kopf und lief in den Keller. Es war eine sehr steile Treppe, die vom Hintereingang der Küche abging, und Børge hatte einen Typ im Schlepptau, der ihm auf Schritt und Tritt folgte und Kristoffer hieß. In der Oberprima gab man ihm den Namen Kristoffer von Bayern, das störte ihn wenig.

Es entstand ein ordentliches Palaver oben, ob die beiden Jungs wohl etwas finden würden. Einige machten sich am Plattenspieler zu schaffen, und ich stand in der Tür zum Garten, den Arm um das schönste Mädchen der Klasse gelegt. Jona roch wie eine feine Honigmelone. Wir hatten bereits einen kleinen Gang zum Pavillon, der an einer Waldschneise stand, ins Auge gefaßt.

»Dabei kann jedenfalls nichts passieren«, sagte Jona und lächelte mich an. Sie machte es uns beiden so leicht. Das Schlimme war, daß wir erst noch ein anderes Mädchen, das Mathilde hieß, abschütteln mußten. Nun war es ja Sommer und noch früh am Abend, wir hatten es also nicht eilig, aber Mathilde witterte bereits Ungemach und wollte uns unter allen Umständen an unserem selbstverständlichen Vorhaben hindern.

»Jetzt tanzen wir«, drängte sie sich auf. Ich wurde auf die Tanzfläche im Gartenzimmer gezogen und hoffte inständig, daß sie sich damit begnügen würde. Aber bereits ehe sich die Gruppe am Plattenspieler auf das erste Stück geeinigt hatte, war sie bereits eine Menge über Jona losgeworden: Warum ich mich nur dafür hergab, das hätte sie nicht erwartet, und sie hörte nicht auf. Sie war die Tochter eines Ingenieurs, der in Malaysia arbeitete, und sie vertrat eine Menge Standpunkte ihres Vaters.

Sie preßte sich an mich, während Jona weiter in der Tür, die zum Garten führte, stand und mich anlächelte. Ich war echt sauer über jede Minute, die ich verlor.

Mitten im Tanz kommt plötzlich Børge mit Kristoffer in den Hacken polternd die Kellertreppe hinauf. Die Tür fliegt auf, und sie halten jeder zwei Literflaschen in Händen. Nicht zu sehen, was das war. Ich würde in jedem Fall nichts davon nehmen.

Mathilde war ganz und gar nicht bereit, mit dem Tanzen aufzuhören. Inbrünstig hielt sie meinen Hintern gepackt. Allerdings entstand jetzt ein Tohuwabohu, und die Flaschen wurden zum allgemeinen Bestaunen in die Luft gereckt. Es waren drei Flaschen Portwein und ein ganzer Rød Aalborg – da blieb ihr am Ende nichts anderes übrig, als doch loszulassen. Ihre großen Brillengläser waren total beschlagen, und sie mußte sich räuspern, um bei Stimme zu bleiben.

»Was darf's sein?« fragte sie. Ich schüttelte natürlich den Kopf.

Jetzt wurde getrunken. Zuerst der Portwein, Hemden und Blusen kriegten Flecken. Aber Jona blieb bloß an der Tür stehen und lächelte. Sie wußte, ich würde kommen, sie wußte, daß ich an diesem Abend eigentlich nur sie im Kopf hatte. Keiner von uns hatte Lust, fest mit dem anderen zu gehen. Sie heiratete dann ziemlich bald nach dem Abitur einen Typen, der zwanzig Jahre älter war als sie. Ein paar Jahre später wurde sie bei einem Unfall getötet. Von einem Baum, der auf ihren offenen Wagen niederfiel. Das war in Brasilien.

Davon ahnten wir damals nichts.

»Geh' nur«, sagte Mathilde plötzlich, nachdem sie ein

paar Schluck Portwein intus hatte. Aber so wollte ich nun auch nicht abziehen. Ich blieb noch einen Augenblick.

»Wer will noch einen Kleinen?« sagte Børge und zeigte auf die Schnapsflasche. Hinter ihm stand Birthe, kaute auf ihren Lippen und wußte nicht, was sie tun sollte. Jetzt ging es los. »Ich«, sagte Kristoffer und nahm einen kleinen Schluck. Alle nahmen einen, und bald war die Hälfte ausgetrunken. Ich stand noch neben Mathilde, als sie die Flasche bekam, sich zu mir umdrehte und sagte:

»Ich trinke den Rest, wenn du nichts nimmst.«

Ich schüttelte den Kopf. Sie setzte die Flasche an den Mund und lehnte sich nach hinten. Die Flasche stand jetzt senkrecht, Børge und Kristoffer schrien, ich sagte nur:

»Sei vorsichtig, Mathilde.«

Birthe war ganz bleich geworden. Jona kam hinzu und wollte Mathilde die Flasche entreißen, aber sie stellte sich Jona in den Weg und schubste sie weg, so daß sie fast aus der Tür flog, sich aber gerade noch am Rahmen festhalten konnte. Sie war geschmeidig, sie war eine phänomenale Turnerin und schnell wieder auf den Beinen.

Da hatte Mathilde jedoch schon ausgetrunken. Sie war bereits feuerrot im Gesicht. Børge gab seiner Bewunderung Ausdruck:

»Echt stark«, sagte er. Mathilde ließ die Flasche fallen, aber dann hob sie sie wieder auf, hielt sie am Hals gepackt und fing an, sie wie eine Keule umherzuschwingen:

»Hat vielleicht jemand Angst?« sagte sie. Sie war ein hübsches Mädchen, außer mir waren alle möglichen Jungs hinter ihr her. Sie sah furchteinflößend gut aus in ihrem engen grünen Kleid mit dem roten Gürtel.

»Hat vielleicht jemand Angst?« sagte sie noch einmal.

Es lag tatsächlich etwas Angst in der Luft.

»Macht Platz«, sagte sie und winkte die Leute zur Seite. Langsam wichen sie zurück. Was wollte sie? – Dann stand sie allein auf der Tanzfläche mit erhobener Flasche.

Und dann sagte sie das Skandalöse:

»Entweder geht Kenneth mit mir ins Bett, und zwar auf der Stelle, oder« – sie hob die Flasche – »ich schlage hier alles kurz und klein.«

Jona lächelte mich von der Terrassentür aus an.

»Etwas Angenehmeres kann man sich doch gar nicht vorstellen«, sagte Børge und lachte.

Es wurde eine Menge gequatscht. Zwar dachten die meisten verhältnismäßig freizügig, aber über das hier waren die Meinungen dann doch geteilt.

»Nun mach' es doch, Kenneth«, rief Birthe.

Ich sagte nichts. Birthe reckte die Flasche immer noch hoch. Mit der freien Hand hatte sie ihr enges Kleid ein bißchen hochgezogen. Sie hatte sehr schöne Beine.

»Nanana«, sagte sie, »es ist doch wohl keiner verärgert.«

Die meisten schüttelten den Kopf.

Nur eines der Mädchen, die dunkelhaarige Selma, die mich schon einmal hatte auflaufen lassen, begann zu schniefen und heulte los. »Jetzt hör' aber auf«, sagte ein Mädchen, das Frida hieß. Aber Selma jammerte weiter.

Mathilde sah mich mit dürstenden Blicken an. Sie war verzweifelt. Es sah aus, als ob sie auch gleich losheulen würde. Offensichtlich mußte sie ihren Willen immer bekommen haben. Ich sah Jona, die mich ansah. Ich schüttelte nicht den Kopf oder zuckte mit den Schultern, ich sagte einfach »Nein« – eines der wenigen Male in meinem Leben.

Im selben Augenblick schleuderte Mathilde die Flasche auf den Tisch neben der Terassentür, wo eine antike Petroleumlampe mit Kuppel als Tischleuchte stand. Auf die hatte sie es abgesehen. Unter lautem Geschrei wurde die Kuppel zerschmettert. Die Flasche flog weiter Richtung Fenster und zerbrach eine Scheibe. Danach nahm sich Mathilde den Nippes in den Regalen und Schränken vor und fing an, Bilder von den Wänden zu reißen.

Ich ging hinaus zu Jona, wir gingen ein paar Schritte in den Garten und nahmen einander bei der Hand.

Da sie nun gut bei der Sache war, bekam Mathilde recht bald Unterstützung. Erst der eine, dann der andere nahm kleine Dinge und warf sie auf die Erde, wo ein dritter dann darauf herumtrampelte. Der Plattenspieler lief, und die Leute tanzten auf den Überresten. Es wurde ein großes Fest. Selbst die Gastgeberin Birthe gab sich am Ende geschlagen, warf Stühle um und ließ sich in sie fallen, so daß die Lehnen aus der Verleimung krachten. Danach rissen andere sie weiter in Stücke. Kurz vor Schluß waren die Gardinen an der Reihe. Sie wurden heruntergerissen und in den Garten geworfen.

Jona und ich sprachen nicht viel miteinander. Wir konnten nicht gehen, auch wagten wir uns noch nicht nah aneinander heran. Da war etwas, das erst vorbei sein sollte.

Nach einer Stunde sank die Stimmung, man versuchte, das Chaos zu sortieren. Einige legten Stuhlbeine nebeneinander, andere machten Kunst oder schliefen in den Ecken. Nur Børge kam ein einziges Mal heraus und kotzte ins Staudenbeet.

»Warum kommt ihr nicht rein?« sagte er und spuckte.

Die Friedlichsten, diejenigen, die vielleicht nur einen Brieföffner in ein Ölbild gerammt hatten oder ähnliches, machten sich jetzt auf den Nachhauseweg. Es wurde still.

Jona zog mich fort.

»Jetzt können wir doch ein bißchen rübergehen«, sagte sie und wies mit einem Nicken zum Pavillon. »Ich könnte es mir jetzt gut vorstellen, im Leben soll ja das Positive nicht wegen des Negativen zu kurz kommen.«

Wir hatten unseren Spaß, und es dauerte lange. Als wir aus dem Pavillon kamen, hatte man das Licht im Gartenzimmer ausgemacht – oder es war zerdeppert. Wir gingen über den nassen Rasen. Auf halber Strecke lag eine Gestalt. Ich zweifelte nicht eine Sekunde, wer es war, aber Jona kam mir zuvor.

»Da liegt Mathilde«, sagte sie und lief hin. Wir redeten ihr zu, aber sie rührte sich nicht.

»Sie muß ins Krankenhaus«, sagte Jona. Wir packten sie. Sie war schwer, trug keine Schuhe, ich sah, daß sie Gras zwischen den Zehen hatte.

Wir trugen sie hoch zur Terrassentür. Alle waren gegangen, außer Birthe, die in einem Stuhl saß und gähnte.

»Ich wollte nicht ins Bett gehen, bevor ich sicher war, daß ihr gegangen seid«, sagte sie. »Ich konnte Mathilde nicht allein reintragen.«

»Sie muß ins Krankenhaus«, sagte Jona. »Vielleicht stirbt sie an einer halben Flasche.«

»Daran habe ich gar nicht gedacht«, sagte Birthe. »Ihr etwa?« Sie war recht entspannt und ging hinauf, um einen Krankenwagen zu rufen. Oben mußte es noch ein intaktes Telefon geben.

»Was werden deine Eltern zu dem hier sagen, wenn sie nach Hause kommen?« sagte Jona.

»Nichts, denke ich. Mein Vater sagt bestimmt, daß es höchste Zeit sei, sich neu einzurichten, meine Mutter wird ein bißchen maulen wegen der französischen Lampe. Das war eh alles nichts wert.«

Jetzt in dieser Dunkelheit sah sie überhaupt nicht mehr langweilig aus. Sie lächelte zufrieden und nahm alles, als ob es ganz natürlich sei.

Wir trugen Mathilde durchs Haus zur Straße und warteten auf den Krankenwagen. Jona und Birthe erklärten ihnen alles.

»Sie hat sich ganz einfach die Flasche an den Hals gehängt. Wir konnten nichts machen«, sagte Birthe zu den Männern.

Dann fuhren sie los.

Und wir gingen, obwohl Birthe uns noch auf ein Nachtessen einlud.

Mathilde ist es seitdem ausgezeichnet gegangen. Ich glaube, sie arbeitet für die Mütterhilfe. Sie hat vier Kinder mit einem leicht behinderten Mann, aber ist sehr glücklich. So geht es oft.

Auch Birthe ist verheiratet. Es heißt, sie sei Internistin. Ihre Lehre aus jenem Abend war, von da an nichts mehr wirklich ernst zu nehmen. Alles kann nützlich sein.

Aus dem Dänischen von Lars Kruse

SVAVA JAKOBSDÓTTIR

Das Fest unter der Steinmauer

ALS ER DAS HAUS betrat, konnte Snorri die Tatsache, daß Gäste erwartet wurden, nicht ignorieren. Es war das erste Fest in diesem Haus, und doch wirkte es schon wie ein älteres, das an solche Veranstaltungen gewöhnt war. In der Luft hingen Hektik, Erwartung und auch eine leichte Nervosität. Alles schien nur noch für das Fest zu existieren.

In der Luft hing auch der Vorwurf, daß er sich verspätet hatte. Aber das war nicht seine Schuld. Nicht er hatte über das Tempo bestimmen können, er hatte endlos lange in der Hverfisgötu im Stau gesteckt. Der Asphalt war vereist und glatt; es wäre zu gefährlich gewesen, sich aus dem Stau zu stehlen. Er hatte sich mit dem Strom treiben lassen müssen. Allerdings hatte er sich auch erleichtert gefühlt, weil es nicht schneller ging. Und deshalb fühlte er sich jetzt schuldig.

Der Vorwurf kam zusammen mit Essens- und Parfümgerüchen aus der Küche. Schweigend zog er seinen Mantel aus, zog aus seiner Aktentasche eine Flasche und blieb in der Küchentür stehen. Seine Frau hatte sich schon für das Fest zurechtgemacht. Sie stand in einem schwarzen, tiefausgeschnittenen Kleid am Herd, ihre Hände machten sich an Töpfen und Kochlöffeln zu schaffen. Ihre Selbstsicherheit schob sich wie eine Wand zwischen die beiden. Widerwillig kam er sich, wie so oft, hier wie ein Fremder vor. Es war das Fest seiner Frau. In seinem Elternhaus hatte es nie Feste gegeben; da hatten die Leute einfach etwas zu essen bekommen. Leute, die wie seine Eltern vom Lande hergezogen waren; Leute, die weit gereist waren und Hunger hatten. Seine Mutter hatte einfach aufgetischt. Niemals im schwarzen, tiefausgeschnittenen Kleid. Niemals mit so wichtiger Miene, als sei der Eßtisch ein Ziel, das sie nach anstrengenden Zwischenstops in Kellern und Mietwohnungen endlich erreicht hätten.

An diesem Abend wollten sie ihr Haus vorzeigen.

Seine Frau sah ihn an. Rasch stellte er die Flasche auf den Küchentisch.

Sie wandte ihren Blick wieder ab, und er schämte sich. Er hatte nicht unhöflich sein wollen, aber jetzt hatte er ihren Streit vom Morgen wieder zum Leben erweckt. Die Flasche war ihm gefolgt, eingepackt ins Papier des staatlichen Alkoholgeschäftes, und nun stand sie auf dem Küchentisch. Genau da hatte er gesessen, vor seiner zweiten Kaffeetasse, die Zeitung auf dem Tisch. Es war ein Morgen wie alle anderen gewesen, bis er dann gesagt hatte, er habe kein Geld mehr; er könne diese Flasche Sherry einfach nicht bezahlen.

»Kein Geld mehr?« wiederholte sie.

Es war klar, daß sich jetzt ein Streit zusammenbraute. Er schien einen sechsten Sinn entwickelt zu haben, mit dem er einen Streit herankommen spürte. Und im richtigen Moment verschwand er dann, eine Hälfte von ihm löste sich aus seinem Körper und hielt sich aus allem heraus, stand abseits und wartete unangefochten ab. Diese Hälfte konnte einfach nur einen Schritt vortreten und die Herrschaft über die andere ergreifen: Hör jetzt auf! Diese Hälfte hatte alle Streitereien von gestern und alle von morgen erlebt und wußte um ihre Sinnlosigkeit. Das Blöde war nur, daß er es nicht tat, er blieb einfach abwartend stehen. Und hörte zu.

»Ich habe gestern alles für die Steinrechnung gebraucht.«

»Haben wir die nicht schon letzten Monat bezahlt?«

»Das war der Maurer.«

»Kannst du dir nicht einen Vorschuß geben lassen?«

Sie sprach von seinen ewigen Bittgängen zur Zahlstelle wie von Ausflügen, die seiner Gesundheit dienen sollten.

»Ich habe mir schon einen Vorschuß geben lassen. Und einen Vorschuß und noch einen Vorschuß. Wir leben von Vorschüssen.«

»Meinst du denn im Ernst, wir können zu einem Essen mit drei Gängen einladen und dann keinen Aperitif servieren?«

Er zuckte mit den Schultern.

»Ich will das einfach nicht«, ihre Stimme klang jetzt wieder aufgeregt, »ich gebe kein Fest, wenn ich vor dem Essen keinen Sherry anbieten kann.«

»Dann laß es eben.«

»Bisher hast du meines Wissens nie etwas gegen Sherry vor dem Essen einzuwenden gehabt.«

»Bisher hatten wir auch immer noch Geld.«

»Das brauchst du wirklich nicht wie eine Sensation hinauszuposaunen. Wir haben doch eigentlich nie Geld.«

»Dann sind wir ja wohl einer Meinung.«

»Du stellst dich nur so an, weil es um mein Nähkränzchen geht. Seit wir beschlossen haben, sie einzuladen, um ihnen das Haus zu zeigen ...«

»Ich weiß wirklich nicht, warum du immer behauptest, ich hätte etwas gegen dein Nähkränzchen. Es ist doch klar, daß wir ihnen das Haus zeigen. Ich kann mir ja nicht einmal eine Unterhose kaufen, ohne daß sie beim Nähkränzchen herumgezeigt wird. Ist das Haus nicht genauso, wie sie es haben wollten ... Steinmauern ... getäfelte Decken ... Parkett und Fliesen und ...«

Sie starrte ihn an.

»Du solltest dich schämen! Soviel ich weiß, waren wir in jeder Hinsicht einer Meinung.«

»Sicher. Habe ich je etwas anderes behauptet? Du mußt mir besser zuhören.«

Er sah, daß sie kurz vor der Resignation stand. Mit

spitzer Stimme sagte sie, es sei schlimm genug, daß der Garten in diesem Zustand sei, nichts als Lehm und Dreck, und daß im Flur noch immer kein Spiegel hing, und jetzt auch noch das ...

»Eigentlich ist der Sherry mir ja egal«, sagte sie hoffnungslos, »bloß erwarten das eben alle.« Sie brach in Tränen aus. In solchen Momenten war er dann nicht mehr zweigeteilt. Er ging zu ihr, streckte die Hand aus ...

»Seit wir in diesem Haus wohnen, streiten wir uns nur noch«, schluchzte sie.

Er stand neben ihr, berührte sie aber nicht. Er blickte sie schweigend an, fand keine Worte, die den Abgrund zwischen ihnen überbrücken könnten. Er konnte natürlich sagen, daß sie es sich im Moment nicht leisten könnten, den Garten in Ordnung zu bringen oder sich einen Spiegel zu kaufen; daß der Hausbau einfach zuviel für sie gewesen sei; er konnte sagen, daß er sich heiß und innig wünschte, sie hätten niemals Felsbrocken aus dem Osten des Landes kommen lassen, um daraus im Wohnzimmer eine Mauer zu bauen. Aber das hätte nichts gebracht. Die Steinmauer stand nun einmal da, erbarmungslos und ein Denkmal für seine Dummheit, ein Windschutz an einer Stelle, die die Winde nie erreichten. Da stand sie nun, weiß Gott, wieso eigentlich; lag es einfach nur daran, daß solche Steinmauern gerade modern waren, waren hier Geld und Geschmack der Maßstab gewesen? – Nein, es gab bestimmt noch einen anderen Grund, es mußte einfach einen geben ...

Er war müde, todmüde.

Vielleicht ...

Seine Fingerspitzen berührten den nackten Arm seiner Frau.

Vielleicht konnte er für sein Leben keinen anderen Windschutz errichten.

Er streichelte behutsam, leise ihr Handgelenk. Ein feiner Flaum bedeckte ihre Haut, die hellen Härchen bewegten sich

leicht unter seiner Berührung. Seine Finger spielten mit den Härchen, genossen das Gefühl ihrer weichen, nackten Haut. Er sehnte sich nach ihr, wollte das unbehagliche Gefühl in seiner Brust zum Einschlafen bringen, bei ihr wieder ganz und ungeteilt sein. Aus Erfahrung wußte er jedoch, daß hier weder Ort noch Zeit paßten; ihr weißer Hals, ihre nackten Schultern über dem schwarzen Kleid, die Schürzenbänder um ihre Taille erweckten in seinem Körper Erinnerungen an das Begehren, das er am Morgen empfunden hatte. Er stand ratlos und gefangen mitten in der Küche, zwischen seiner Frau und der Sherryflasche.

»Willst du dich nicht umziehen, ehe die Gäste kommen?« fragte sie.

Innerhalb einer Stunde hatten alle Gäste sich im Wohnzimmer versammelt. Und das Zimmer machte seinen Besitzern keine Schande. Schönheit und Wärme umschlossen die Gäste; nun war seine Stunde gekommen. Gedämpfte Lampen tauchten alles in mildes Licht; Lachen und rasche Blicke und aufleuchtender Schmuck durchbrachen Licht und Wärme. Die Sherrygläser spiegelten sich im silbernen Tablett; im Hintergrund waren die Steine, die einst im Berg gesessen hatten; jetzt steckten sie gezähmt und unterworfen in der sorgfältig zusammengefügten Mauer, die Eßecke und Wohnbereich trennte.

Sigga meldete sich zu Wort. »Ich habe vorhin erst zu Porlakur gesagt, daß wir uns viel zu selten sehen, wir alle, meine ich.«

»Ganz meine Meinung«, sagte Elin, »wir wollten heute eigentlich ins Theater, aber wir haben die Karten zurückgegeben. Ich bin tausendmal lieber hergekommen.«

»Eine Premiere?«

Sie nickte. »Die Wildente. Von Ibsen. Der Typ ist ja nicht gerade spannend, ich meine, es ist schließlich kein modernes Stück ...«

Snorri lief mit dem silbernen Tablett durchs Zimmer. Der perfekte Gastgeber hat für jede und jeden eine herzliche, originelle Bemerkung auf Lager: Zu seinem Kummer war er viel zu angespannt, das Lächeln machte ihm Mühe, was er sagte, fiel wie tot von seinen Lippen. Er hatte das Gefühl, zusammen mit dem Zimmer einen persönlichen Kampf durchfechten zu müssen, dessen Ausgang ungewiß war. Sein altes Gefühl von Unsicherheit in Gegenwart dieser Frauen schien die Überhand zu gewinnen. Und doch hatte er eigentlich nichts gegen sie, gegen diese Gruppe von acht Frauen (oder waren sie gar zehn?), die sich einmal die Woche an einem Punkt trafen, wie die Beine einer Spinne, die sich dort ausbreiteten. Er hatte niemals ihnen gegenüber einen Standpunkt bezogen, das war nicht nötig gewesen. Er hatte sie sich durch seine Frau zugelegt, gefragt worden war er nicht. Oder hatten sie sich ihn zugelegt? Wenn sie sich bei seiner Frau trafen, wurde er zum Kaffee angeboten wie ein Nachtisch, mußte sie begrüßen wie ein wohlerzogener Junge von zehn Jahren, der den Gästen seiner Mutter guten Tag sagen muß. Und sie ließen sich begrüßen und fühlten sich sicher in ihrer Position als Gäste des Hauses, während er selber nichts war, weder Gast noch Gastgeber. Er wußte nicht, was er war. In solchen Momenten war auch seine Frau ihm fremd.

Die Anwesenheit ihrer Ehemänner nahm ihnen diesmal etwas von ihrer Macht. Er war in seinem vollen Recht als Gastgeber; er war den Männern dankbar, weil ihre Anwesenheit ihm Stärke gab. Allerdings war keiner dieser Männer sein Freund. Sie hatten außer diesem Nähkränzchen keine Gemeinsamkeiten. Trotzdem hatte er das Gefühl einer Gemeinsamkeit: Zu festlichen Anlässen zogen sie ihre besten Anzüge an und gaben vor, sich miteinander zu amüsieren.

»Prost!«

Er leerte sein Glas mit einem Zug.

Schweigen, während alle tranken.

Dorrý brach das Schweigen.

»Tja«, sagte sie mit freundlicher Stimme, wie eine Lehrerin, die die letzte Stunde freigibt, »ich muß schon sagen, das hier ist einfach ein wunderschönes Haus.«

Sofort schauten alle sich um. Snorri fühlte sich plötzlich auf seltsame Weise fremd. Aus purer Verwirrung fing er an, Freyjas Profil anzustarren. Hohe Wangenknochen, gerade Nase, hinten hochgesteckte Haare; schön, aber distanziert, kalt. Berühren verboten. Er hatte gehört, solche Frauen seien im Bett die besten. Wie kam man an solche Frauen heran? Tómas, ihr Mann, saß in der Ecke und klopfte gerade seine Pfeife aus. Jetzt schaute er auf. Einen Moment lang sah Snorri, daß Tómas und Freyja einen Blick wechselten. Nur einen Atemzug lang. Und vielleicht aus purem Zufall. Danach widmete Tómas sich wieder seiner Pfeife. Er sah sich nicht um. Und er äußerte sich auch nicht zu den lobenden Kommentaren über Zimmer und Haus, die sie von allen Seiten hörten. Das Pfeifesäubern war offenbar eine Beschäftigung, die alle Konzentration in Anspruch nahm. Snorri ärgerte sich plötzlich über Tómas. Warum zum Henker schaute dieser Kerl sich nicht um? Dazu war er doch schließlich hier! Zugleich aber spürte er, trotz allem, daß er diesen Mann gern zum Freund gehabt hätte, wenn sie sich anderswo und unter anderen Umständen kennengelernt hätten, wenn er ihm etwas anderes anzubieten hätte als dieses Haus.

Siggas schrille Stimme riß ihn aus seinen Gedanken.

»Diese Mauer macht sich einfach wunderbar. Ich habe euch ja gesagt, ihr würdet es nicht bereuen, euch so eine Mauer bauen zu lassen.«

Jetzt stand Tómas auf und ging zur Mauer hinüber. Snorri trat neben ihn, Tómas klopfte mit den Fingerknöcheln gegen die Mauer.

»Aus Drápuhlið?« fragte er.

»Búlandstindur.«

»Das muß eine Heidenarbeit gewesen sein ...«

»Drei Wagenladungen.«

»Teuer?«

Ihre Blicke begegneten sich. Ihre Augen kämpften miteinander, maßen ihre Kraft.

»Tja«, sagte Snorri und zerbrach sich dabei den Kopf, ob Tómas eine Steinmauer hatte, »kommt drauf an, was man unter teuer versteht. Aber es hat natürlich seinen Preis gehabt.«

In seiner Verzweiflung hielt er Ausschau nach seiner Frau. Er hatte das Gefühl, daß ihm jetzt nur eins helfen könnte: Wenn sie sich in die Augen schauten, wenn ihre Blicke sich durch dieses Zimmer und die vielen Menschen einen Weg bahnten. Aber er fand ihre Augen nicht. Sie war damit beschäftigt, den Sherry anzubieten.

Aus dem Isländischen von Gabriele Haefs

Ulf Lundell

Näht mir meinen Schwanz wieder an

»Hier«, sagte er. »Setz dich. Setz dich auf den Boden, ich hab keine Stühle, wie du siehst. Wären deine Möbel nicht so verdammt häßlich, dann hätt ich mir von dir schon längst welche ausgeliehen, aber wie gesagt, und wie du wohl selbst weißt, sehen sie einfach beschissen aus. Woher kriegt der die eigentlich, dein Verkäufer?«

»Er macht sie selbst. Er ist gelernter Möbeltischler.«

»Oh«, sagte Greger und riß die Lasche von seiner Dose und genehmigte sich ein paar große Schlucke.

»Hör mal«, sagte er, rülpste und schnappte nach Luft, »was wollt ich doch gleich noch sagen ... ja ... mir gefällt's hier, ich mag diese Bude. Ich hab vorher mit einer Tussi zusammengewohnt, aber das ging ein bißchen schief. Sie hat mich rausgeschmissen. Ein starkes Stück von ihr, find ich, ich hätt sie ja mit einem Schlag vermöbeln können, wenn ich gewollt hätt, aber hätt ich natürlich niemals gewollt. Das ist ja gerade der Witz bei Karate, das ist ja Selbstverteidigung ... und dann war die Sache ja die, daß sie auch Karate konnte. Ich mochte sie, wirklich, aber sie konnte es mit mir nicht aushalten. Letzten Endes kann ich sie ganz gut verstehen. Warte, ich hole einen Aschenbecher.«

Er war flink aufgesprungen und kam mit einer Kaffeedose zurück, die er auf den Fußboden stellte.

»Du rauchst nicht«, sagte ich.

»Nein, nein. Ich trink ab und zu ein Bier ... ansonsten

halt ich mich an frische Luft und Rohkost. Aber rauch du nur, das stört mich nicht.«

»Okay«, sagte ich und zündete mir eine Zigarette an. »Wie lange wohnst du schon hier?«

Er schaute an die Decke und rechnete.

»Ja, wohl schon ein paar Jahre«, sagte er und verließ die Decke. »Am Anfang war es nicht so das Wahre, ich war damals aber auch mit dem Buch zugange, und dabei konnt ich auf das Drumherum scheißen. Vielleicht liegt es daran, daß ich damit übrigens nicht fertig geworden bin ... ich fühl mich einfach so verdammt wohl hier.«

»Ich verstehe«, sagte ich.

»Wohl kaum ... aber zum Teufel, vielleicht tust du es doch. Du hast ja auch Texte geschrieben. Aber ein Roman, das ist die absolute Supervorstellung. Ich kann nicht mehr aufhören, wenn ich erst mal losgelegt hab. Außer natürlich, wenn auf der anderen Seite zufällig ein japanischer Rock vorbeiflattert, dann ist es aus. Skål, Cosmo, der Flügel Freund!«

»Skål!«

Wir tranken, und Greger holte neues Bier, und ich stellte meines solange beiseite. Er riß seines auf und trank von neuem.

»Nein, verdammt«, sagte er, rülpste und schnappte wieder nach Luft, »man hat mich rausgeworfen, im wahrsten Sinne des Wortes, keine unerwünschten Handgreiflichkeiten. Ist nicht gerade einfach, das Schreiben mit so was wie Familienleben unter einen Hut zu bringen. Da waren zwar keine Kinder, aber trotzdem ..., sie konnte mein ewiges Gejammer und Gequatsche nicht ab. ›Du bist ein verflucht großer Egoist‹, sagte sie, und was verdammt nochmal blieb mir anderes übrig, als ihr recht zu geben. Ich bin tatsächlich ein verflucht großer Egoist. Ich brauch bloß die Schreibmaschine und Papier, damit's mir gutgeht. Und dann zwischendurch einen kleinen Budo. Und da kann man ja nachts immer noch auf die Jagd gehen, wenn's im Sack zu kribbeln anfängt. Aber heute abend, das muß ich dir erzählen, da ist was ganz Verrücktes passiert.«

»Was ist passiert?«

Greger leerte seine zweite Dose und holte eine neue.

»Tja«, sagte er, ließ sich auf seine über Kreuz geschlagenen Beine nieder, so daß er einer Art Angriffsroboter ähnelte, und ich war bereits neidisch auf seine Fähigkeit geworden, die ganze Zeit den Hintergedanken zwei Schritte voraus zu sein. »Ich war unten im Klub gewesen und hatte volle Pulle trainiert, ich war in perfekter oder jedenfalls in so gut wie perfekter Balance, und ich war in der Sauna gewesen und hatte vorm Spiegel jede einzelne meiner Fasern kontrolliert und festgestellt, daß ich in jeder Ecke meines Körpers einen Haiku hatte, ich war verdammt nochmal eine lebende Legende, und wenn ein ganzer Betonviadukt vom Himmel runtergedüst wäre, um mich in Grund und Boden zu stampfen, dann hätte ich bloß mit dem linken Ringfinger gewunken, und diese moderne Erscheinung wär zur Hölle gefahren ... in so einer Form war Greger diesen Abend, und dann sagt Basho, ein Kumpel, wir nennen ihn so nach einem alten japanischen Meister, also Basho sagt so was in dem Stil wie ... ›Jetzt stürzen wir uns ins irdische Leben, Jungs‹, und da nahm die Samuraigang, ohne lange zu überlegen, ein Taxi in die Stadt und ab in die nächste Kneipe, frischgekämmt und unwiderstehlich. Dort saßen wir vier Mannsbilder und tranken und grölten vor Lachen und fühlten uns zenbuddhistisch, auch wenn ich all den Buddhismus-Krempel über Bord geworfen hab und statt dessen mehr Spaß hab, also nicht direkt als Clown, sondern als Gaukler vielleicht, ich glaub an Spaß, das hab ich von Ionesco gelernt, von dem haste bestimmt noch nie was gehört, er sagt aber, daß der Buddhismus kaum einem westlichen Menschen so wahnsinnig guttun kann, es sei denn, dieser westliche Mensch würde sich statt dessen dem Spaß widmen, um seine Seele zu retten, und in dem Fall so lange wie möglich seine Späße treiben ... das öffnete mir die Augen, und ich gab meinen Ehrgeiz darein, Zen-Meister zu werden, jetzt möcht ich lieber Spaß-Meister werden ... und hör dir jetzt mal an, was ein Spaß-Meister alles an einem Abend erlebt, wenn er ganz ins weltliche Leben eintaucht, neuerweckt, und der, wie gesagt, am ehesten an ein Haiku-Festival erinnert. Vier Samurai an einem Tisch in einem Lokal, strahlender Sonnenschein und volle Gläser, und dann war es zu später Nachtstunde Zeit zum Anbaggem, und so kam es dann, und ich schwenk meine schwarze Babianlocke runter über das vollkommen fleckige Tischtuch, auf dem die zarten Unterarme einer blonden Geisha ruhen, und ohne mit der Wimper zu zucken, drück ich mein muskulöses Hinterteil in das rote Plüschsofa und leite einen verbalen Massenmord ein. Nach noch ein paar unwiderstehlichen Gingrog fahren wir im Taxi hierher und trinken noch was, allein, um anschließend zum sexuellen Teil des Abends überzugehen. Ficken nach allen Regeln der Provinzialregierung und danach noch mehr Bier und ... wird es langweilig?«

»Nein, nein ... und dann?«

»Dann kehrten wir nochmal zum sexuellen Teil zurück, und dann kommt also das Finale oder besser gesagt das Examen für einen Samurai, der beschlossen hat, all den Buddhismus-Krempel über Bord zu werfen und sich statt dessen der Narretei zu ergeben ... die Geisha nimmt mit ihren gepuderten Lippen den Schwanz des Samurai in den Mund, und was glaubste, passiert dann?«

»Weiß nicht.«

»Die Geisha beißt plötzlich zu, fest, fest wie verrückt, so fest, daß ich mich nicht traue, ihn rauszuziehen, weil ich glaube, wenn ich mit einem Ruck das Becken rumreiße, das einzige Ergebnis darin besteht, daß ich mit großen Glubschern zusehen kann, wo mein Schniedel zwischen ihren Zähnen abbleibt und ihr das Blut das Kinn runterläuft!«

»Unglaublich!«

»Unglaublich, kann man wohl sagen ... so ergeht es also einem Samurai, entschuldige, daß ich blau bin, aber das hier ist ja schließlich unsere Wiedersehensfeier ... wir sind uns todsicher in irgendeinem früheren Leben schon mal begegnet ... entschuldige verdammt nochmal auch den Ausdruck oder besser den Titel Samurai, weil ich das doch über Bord geworfen hab, hab bloß ein kleines Problem mit der Umstellung, trage nach Lage des heutigen Tages den Titel Narr ..., aber ich behalt selbstverständlich noch meine Balance, die ist unglaublich wichtig, das wirste schon noch kapieren, sobald ich die Gelegenheit hab, dir ein bißchen Cosmo vorzuführen ... Karate, Kendo und Kyudo ... vom Allerfeinsten, das Bogenschießen ... du wirst schon sehen ... nicht zu vergessen die unglaublich wichtige Balance ... wo verdammt war ich nochmal stehengeblieben?«

»Im Mund einer Geisha.«

»Genau, genau ... da bin ich stehengeblieben, ein Narr, klingt zu negativ, aber du, Cosmo, verstehst mich ... da bin ich also im Mund der Geisha mit meinem ganzen verdammten Organ, und sie hält die Eichel fest mit ihren scharfen, weißen, glatten Zähnen, und ich krieg langsam Panik und bettele, sie soll aufhören. ›Laß los‹, so wie zu einem Hund ... ›Laß los, laß los!‹ – ›Warum denn?‹ fragt sie, und wie sie das hinkriegt, ›Warum denn?‹ zu sagen mit einem ganzen Schwanz im Mund, ist mir ein Rätsel, aber sie sagt: ›Warum denn, gefällt dir das nicht?‹ Ich steh da wie ein Haiku-Festival, jeder Muskel in meinem Körper könnte einen Streitwagen in den Asphalt quetschen, ich bin schön, stark und unglaublich, und nur für mich hat die Sache bloß einen einzigen Haken ... zwischen ihren Beißerchen hat sie meinen Schwanz perfekt in der Zange ... sie kann mir im selben Atemzug den Sinn des Lebens abknipsen, wann immer es ihr gefällt ... in ihren Augen tanzt der Teufel und ist brennende Hölle, wo schwarz und rot die Rache leuchtet ... oder, wie

mir sehr viel später einfiel, in diesen Augen leuchtet ein derart unglaubliches Bewußtsein um das Verhältnis der realen Dinge, daß ich dir, Cosmo, sagen kann, daß das überhaupt die einzige Frau auf der ganzen Welt ist, der ich irgendwann in meinem Leben nochmal an die Brust fassen will, sie weiß bei allem ganz genau, worauf es ankommt, sie weiß, daß ich der bin, der ich bin, eine Haiku-Ausstellung, ein Muskelpaket von selten verwundbarer Art, und sie hält einfach mit einem Lächeln meinen Schwanz zwischen ihren Zähnen und fragt ganz deutlich ›Gefällt dir das nicht?‹ Verstehste?«

»Nein.«

»Doch, du verstehst das ... und als ich sie inständig bitte, um Himmels Willen in drei Teufels Namen Kruzifix verdammt nochmal loszulassen, da schüttelt sie bloß den Kopf, und dann als Paradebeispiel von einem ganzen Kerl heb ich den rechten Arm, um ihr Gott verdammt nochmal eins auf die Nase zu donnern, und da fällt diesem Traum von einer Frau nichts Besseres ein, als noch ein bißchen fester zuzubeißen, und ich schreie verdammt ›Aua, aua, aua‹ und muß den Arm wieder sinken lassen und sie bitte, bitte, bitten aufzuhören. Ich hatte überhaupt keine Chance, verstehste?«

»Ja«, sagte ich, »das verstehe ich.«

»Nein, das tust du nicht ... aber trotzdem ... es ging weiter, ich hier wie eine Statue männlicher Explosionskraft, und sie dort auf den Knien im Bett mit ihren rotschwarzen Augen, die mich anstarrten, nicht ansahen oder guckten, sondern zu mir hoch starrten in unglaublich todesverachtender, kolossaler Siegesgewißheit ... die reinste Urgewalt ... sah – nein, also schaute zu mir auf, in einer Situation totaler Macht ... verdammt, ich bin doch auch nur ein friedliebender Typ, ein Narr kurz gesagt ... wollt doch nur bumsen und diese Nacht meinen Spaß haben und reiß also diese verdammt weibliche Urgewalt auf ... was für ein Idiot ich bin. Es ging weiter. Ich stand da mit gebeugten Beinen, die allmählich nachgaben, aber nicht ganz nachgeben durften, weil dann nämlich Blut auf ihr armes, schönes, weißes Kinn gekommen wäre ... muß da hengstartig und brav stehenbleiben, und dann sagte die Lady ... ebenso geishaartig und deutlich wie zuvor: ›Du bist ein verdammt großer Egoist, weißt du das?‹, und nochmal kriegte ich die Gelegenheit, jemandem in diesem Punkt recht zu geben, und das war das Beschissenste ... ich war gezwungen ja, ja zu sagen und nicht: ›Ja, was zum Teufel soll das jetzt ...‹. Ich hätt sie erschlagen können ... wenn sie nicht gerade meinen Schwanz zwischen ihren Zähnen gehabt hätte ..., stand da mit zitternden Beinen, und dann biß sie zu, nur so zum Spaß, aber ich war scheißwütend und schrie los ... sie hätte ihn ja abbeißen können ... oder? Und ihn runterschlucken ... oder ihn ausspucken, und ich wäre dann ... näh, in dem schönsten Pyjama mit meinem Schwanz in der Hand los durch die Stadt zum Krankenhaus am Sabbatsberg, in die Notaufnahme gestürzt und hätt geschrien: ›Näht mir meinen Schwanz wieder an!‹ ... wie unglaublich pathetisch!«

Er war vollkommen erschöpft und erfrischte sich mit einem Bier. Ich leerte meines mit unkontrollierten Bewegungen und öffnete noch ein weiteres.

»Und dann«, fragte ich, »was ist dann passiert?«

»Tja, sie ließ ihn dann los, ... warf sich wieder auf den Rücken und lachte und wurde ganz urplötzlich ernst und sah mich wieder aus diesen rotschwarzgrünen Augen an, und weil ich in Balance war, auch wenn die Eichel da an einem Schwanz hing, der eher einem verfaulten Regenwurm glich ... schrecklich ... da fragte ich sie, warum zum Teufel sie das getan hat ... sie lächelte bloß und sagte: ... ›du bist süß‹ ... sie lächelte, und dann sagte sie: ›du bist süß‹, stand auf, zog sich an, ging raus, und weg war sie, und ich saß da auf der Bettkante mit meinem verfaulten Regenwurm und der Haiku-Ausstellung und den Muskeln am ganzen Körper, der sagte: ›Her mit einer ganzen Kompanie grüner Bundis, ich bin mordsmäßig in Stimmung‹ ... alles, was ich in dieser

Situation war, war schlappschwänzig und süß. Was für eine Situation! Und nun ist es auch noch so und ganz folgerichtig natürlich ... weil ich nämlich im nachhinein den Abend als meine wahrhafte Feuerprobe als Narr betrachte ... daß ... daß ... daß ich sie haben muß ... also die Geisha, ihr, sie, ihr ... wie zum Teufel heißt das ... ich müßt es doch eigentlich wissen, ich bin immerhin Schriftsteller ... 'tschuldige, daß ich blau bin ... ich muß sie haben!«

»Du mußt sie haben!«

»Genau, ich muß sie haben ... ich hab nicht vor, eher aufzugeben, als bis ich sie gefunden hab ... sie ist schließlich eine richtige Frau ... ich verwette meinen Arsch, daß sie die Frau der Frauen ist ... sie ist, hol mich der Teufel, so weit fortgeschritten, daß sie Gott ist!«

»Oh, oh, oh ... Gott doch wohl nicht?«

»Mehr, mehr ... sehr viel mehr noch ... sie ist die verdammte Anwort ... ich muß diese Lady wiederhaben ... nun aber mal wieder ernst, du, wo wir gerade davon reden ... weißte was?«

»Nö.«

»Heute nacht werden wir sie finden.«

»Heute nacht?«

»Genau, wir fahren im Taxi in die Stadt, und wir werden sie wiederfinden, und du wirst mir dabei helfen ... ich muß diese Frau haben, die mich volle fünf Minuten meines kostbaren Narrenlebens ganz und gar gefangengehalten hat!«

»Okay«, sagte ich, »wir werden sie finden!«

Und etliche Biere später machte zumindest er sich auf den Weg. Er hatte bestimmt schon zehn intus, wogegen ich fünf vernichtet hatte. Da war die Balance eine Idee aus dem Gleichgewicht geraten. Er war ganz euphorisch und wollte hinaus in die schwarze Brühe und dieser »Geisha« hinterherjagen und tigerte in seinen 27 Quadratmetern auf und ab, und trotz der vibrierenden Besessenheit gelang es ihm zufällig, sich das Telefon zu schnappen und ein Telefongespräch zu führen, von dem ich nicht viel mitbekam, außer, daß es damit endete, daß er für mich ein Lokal organisierte, wo ich weiterbechern konnte. Und nachdem er das geregelt hatte, war er schnell auf den Beinen, brachte sich mit ein paar Sprüngen in der Koje auf Touren, und dann dauerte es nicht lange ... er *mußte* los, und mit einer schäumenden Bierdose in der Hand rauschte er unter wildem Gebrüll ins Treppenhaus, und ich saß weiterhin ruhig auf dem Boden in seiner Wohnung und hörte ihn verschwinden wie einen brennenden Kometen, der durch die Nacht zog. Nachdem sein Gebrüll abgeebbt war, wurde alles still. Ich sammelte Bierdosen und Kippen ein und stellte alles auf die winzige Spüle. Dann ging ich über die Straße. Ich spazierte nach Hause und wußte nicht, ob ich aufgewacht war oder ob ich bloß eine Episode aus einem Traum vom Vortag kurz vorm Einschlafen geträumt hatte.

Aus dem Schwedischen von Dagmar Mißfeldt

Unni Drougge

Zwei Texte

Erster Text

Stellen Sie sich eine Frau mit Sprachfehler vor, die laut auf alles und alle einredet. Sie sieht nicht mehr klar und stößt alles mögliche um, wenn sie sich unbeholfen ihren Weg sucht. Außerdem stinkt sie. Ist sie nicht einfach unwiderstehlich? Der Traumfick?

Nichts da. Ändern Sie das Geschlecht dieses beklagenswerten Wesens, und Sie haben den Durchschnittsmann mitten im Freitagssuff. Einen Typen, der sich mit Alkohol stärkt, um der abendlichen Anbaggerei gewachsen zu sein. Er hält sich für eine Gabe Gottes und macht sich als solche an alle weiblichen Wesen heran, die in sein Blickfeld geraten. Aber die einzige, die möglicherweise anbeißt, ist sein betrunkenes weibliches Gegenstück. Die, die die Typen schöngesoffen hat, paßt zu dem, der sich die Mädels hübschzecht. Gleich und gleich gesellt sich gern. Als ich am vergangenen Freitag mit dem Spätzug nach Göteborg fuhr, hatte er sich in eine Alkoholikerklinik auf Schienen verwandelt. Riesige Mengen von mehr als ausreichend abgefüllten Trotteln rannten johlend durch die Wagen hin und her, fielen ab und zu über irgendein Knie oder traten den Frauen auf die Zehen. Der Speisewagen war besetzt von brüllenden Pavianen mit rotunterlaufenen Augen. Um sich durch den Gestank von Schweiß und Mundgeruch dieser Kreaturen mit ihrem widerwärtig angeschwollenen Selbstvertrauen hindurchzunavigieren, brauchte frau die Toleranz einer Mutter Theresa. Und das Personal hätte einwandfrei das doppelte Gehalt verdient, für diesen zusätzlichen Einsatz als psychiatrischer Notdienst.

Wie aber ist bei einem so großen Anteil unserer männlichen Bevölkerung die Wahnvorstellung entstanden, sie könnten beim anderen Geschlecht besonders großen Erfolg landen, wenn sie sich so unsexy wie möglich machen? Es heißt, daß der Wein die Zunge lockert, aber das führt nur zur unsauberen Aussprache peinlichen Blödsinns. Es heißt auch, daß niemand nüchtern tanzt, aber die Unnüchternen vögeln ebenso erbärmlich, wie sie tanzen. Und ein mieser Fick hat noch keinen Menschen glücklich gemacht.

Volle Mannsbilder riechen scheiße, reden scheiße und sehen scheiße aus. Weshalb ich eine kurze Lektion in der Kunst des Frauenaufreißens erteilen möchte: Haltet die Fresse und seid nüchtern. Mehr sexy als in diesem Zustand werdet ihr leider nicht.

Zweiter Text

Ab und zu hören wir Teeniemädels damit protzen, wie blau sie am letzten Freitag waren. Danach gehen sie zum Systembolaget, und davor steht eine verdreckte und heruntergekommene Frau und sagt äääähhh, hassu ma ne Krone. War sie auch irgendwann einmal eine törichte kleine Nuß, die so reizend mit ihrem Freitagssuff kokettiert hat?

Ja, was ist aus uns allen geworden, die wir uns in jungen Jahren doll und dusselig gesoffen haben?

Manche von uns sind in den Irrgängen der Karriere zu treffen, an Tresen, an denen wir uns niederlassen können. In der Streßbranche ist die betäubende Wirkung des Alkohols der absolute Schmuselappen. Freifließende Erfrischungen gehören sozusagen zum Job dazu. Alkohol wird zum Gleitmittel bei der Gesprächseröffnung und zum Leim für den steilen Weg nach oben. Und jetzt, wo wir gleichberechtigt sind, gönnen auch wir Frauenzimmer uns als Betthupferl einen Whisky! Gerne mit einer Zigarre angereichert.

Das alles stecken wir mit links weg. Für den Moment jedenfalls. Wir Frauen heutzutage sind doch so stark. Fast alles schaffen wir selber. Und an eine Flasche gelehnt, schaffen wir noch ein wenig mehr. Und noch ein wenig mehr. Nur noch ein paar Tropfen, danke, Frau! Weine nicht, sondern trink! Es ist noch weit bis zu diesem besonderen Tropfen, der Träne, die die Blase platzen läßt!

Wir kommen mit Dröhnschädel ins Büro, verraten aber nicht, wie der Kater in uns wütet. Wir machen schließlich unsere Arbeit, anders als gewisse andere. Und wir behalten die im Auge, die ihre Arbeit nicht so richtig gut machen. Damit wir unsere immer noch ein wenig besser machen können.

Zum Beispiel mit Hilfe von Champagner und edlen Weinen. Einem Drink in der Bar, der aufs Spesenkonto verbucht wird. Und noch einem. Wir haben doch einen anstrengenden Job. In der Zukunftsbranche finden wir die tatkräftigen und kreativen Frauenzimmer. Wir halten durch. Wir sind von anderer Art.

Wir sind alleinstehende Mütter, die zu Elternabenden gehen und sich ein Glas einschenken, wenn die Kinder schlafen.

Wir sind die Mädels, die auf der Party bis drei Uhr durchhalten und zum Sex einen Schlaftrunk nehmen.

Wir nehmen Arbeit mit nach Hause zum Wein.

Wir sind die, die sich gestern abend so toll amüsiert haben, daß sie die Unterhose falsch herum anhatten, als sie nach Hause kamen.

Wir sind die, die so gern den Chef, die Schwiegermutter, das Kindergartenpersonal und die ganze Welt zum Teufel schicken würden. Aber wie würde das aussehen? Wir denken zuviel darüber nach. Wie alles mögliche aussehen würde. Wie die Dinge aussehen, ist nämlich wichtiger, als wie sie sind.

Wir sind die, die perfekt sein wollen, alles andere zählt nicht. Und für die, die »perfekt« ist, ist das Gleichgewicht

von Lob und Kritik gefährdet. In beiden Fällen werden wir doch daran erinnert, daß wir bewertet werden, und schon stürzen wir in den verzehrenden Abgrund der Selbstzweifel. Wir werden gemessen, und wir werden gewogen, also können wir auch verworfen werden, wenn wir das Maß nicht erfüllen. Und das Gewicht, Herrgott, das Gewicht! Salat ohne Dressing, bitte, und eine Karaffe Wein. Kalorienarmen trockenen Weißwein. Wir machen es gut, denn wir machen es light. Wir haben einen Anflug von fast allem: Eßstörungen, Beziehungsproblemen, Depressionen, Hypochondrie, Erschöpfung, Neid, Einsamkeit, Trennungsangst, Leistungsangst, Beziehungsangst, Lebensangst und Todesangst. Alles zusammen wird zum ziemlichen Schwergewicht. Aber ein leichter Rausch umschließt den Trübsinn wie eine weiche Rettungsweste. Alkoholismus light, ihr Lieben. Das klappt, es bringt uns wieder an die Oberfläche. Und die allein ist wichtig. Wir Frauen, die über die glatte Oberfläche gleiten, verlieren vor anderen Augen nie den festen Boden unter den Füßen. Wir öffnen die Eisentür und lassen sie wieder zufallen. Nicht mit Getöse schrecklich groß, sondern lautlos, wir machen unsere Sache doch so gut. Hinter dem Eisen vergießt der Clown die Tränen des Erfolges. Dort lecken wir die Wunden, die wir uns beim Mutantrinken geschlagen haben.

Ja, wir, die wir uns in unseren jungen Jahren doll und dusselig gesoffen haben, sind nicht wenige. Aber wir werden niemals wie Penner-Lotta vor dem Systembolaget werden. So tief werden wir nicht sinken. Penner-Lotta streckt die Hand aus und bittet um eine milde Gabe. Wir strecken niemals die Hand aus, um um Hilfe zu bitten. Lieber sterben wir. Und das tun wir. Oft, ohne daß irgendwer begreift, warum.

Denn wir machen unsere Sache ja gut, wie gesagt.
Wir schlagen die Stöckelabsätze gegen die Decke.
Und wir sterben in unseren Lackstiefeln!
Und darauf: Prost!

Aus dem Schwedischen von Gabriele Haefs

Vigdis Hjorth

In Bayern

Anständige Norweger brauchen sonntags drei Dinge: eine Prise Kultur, einen Spaziergang an der frischen Luft und eine Tasse heiße Schokolade mit Sahne.

Es ist Sonntag vormittag in München, und wir möchten gern als anständige Norweger gelten. Die Kultur ist schon erledigt, wir haben das Jagd- und Fischereimuseum besucht und ein Tier kennengelernt, von dessen Existenz wir bisher keine Ahnung hatten, den Wolpertinger. Ein aggressives, kaninchenartiges Wesen mit einem Horn auf der Stirn, Hahnenkamm, Hauern, Krallen und Flügeln. Das ist mehr als genug Kultur und Natur für einen Sonntag, deshalb machen wir bei dem schönen Wetter einen Spaziergang, durch Pflasterstraßen mit Weihnachtsdekoration und ohne Autos, wo Musiker aller Art vor den verschlossenen Ladentüren stehen und in kühnem Takt Weihnachtslieder spielen.

Es ist Zeit für die heiße Schokolade, und wir gehen ins nächste Wirtshaus, das ein wenig aussieht wie das berühmte Café Frognerseter in Oslo.

Im Wirtshaus sitzen rotwangige Männer in Kniebundhosen, ansonsten erinnert wenig an das Sportcafé auf dem Holmenkollen. Niemand hier trinkt Schokolade, die meisten scheinen mindestens in ihren vierten Krug mit wild schäumendem Bier vertieft zu sein. Nicht nur die Männer in Lederhosen und Hosenträgern. Hier sitzen auch elegante Damen und ältere Herren mit Stock und alte Damen mit Gehgerät und

Kinder im Kinderwagen und Jugendliche und Schulkinder, die aus Bierdeckeln Kartenhäuser bauen.

Und dabei hatten wir gedacht, die entfremdete EU-Bevölkerung säße zu Hause vor dem Computer und surfte durchs Internet.

Ein wenig überrascht vom Lärmpegel und den vielen Leuten, bleiben wir stehen und halten Ausschau nach einem Tisch, wo wir, nur wir beide, Ruhe und Sonntagsfrieden finden. Aber im Lokal gibt es nur riesige, lange Tische für alle. Wir bahnen uns einen Weg zwischen üppigen Serviererinnen mit Tabletts voller Bierkrüge. Wir suchen uns den dünnstbevölkerten Tisch hinten im Lokal, bekommen aber bald Gesellschaft. Sechs dicke Männer in Kniebundhosen nehmen Platz und werden bald zu guten Freunden. Danach wollen sie sich auch mit uns anfreunden. Sie bieten uns Radies an und schwenken so eifrig ihre Bierkrüge, daß wir schließlich in mildere Stimmung geraten. Wir haben noch immer keine Schokolade bekommen und fragen die gemütlichen Herren, was denn auf der Speisekarte steht. Saumagen, Kalbsköpfe, Spanferkellunge und saure Schweinenieren mit Knödeln.

»Alle anständigen Bayern essen sonntags Kalbskopf«, sagt der eine.

»Und trinken Dunkelweizen«, sagt der zweite und prostet dem dritten zu.

Der vierte ist eingeschlafen. Seinen Bierkrug hält er zuerst noch in festem Griff, dann aber geht der mit wilder Schaumspritzerei zu Boden. Wir schauen uns verlegen um, unsere Tischgenossen aber wischen sich fröhlich Schaum von den Lederhosen und bestellen für den Schlafenden ein neues Bier.

Nach drei dunklen Bieren und einem aufgelösten Kalbskopf haben wir den Versuch, uns als anständige Norweger zu erweisen, aufgegeben. Die Welt ist ungerecht. Sonntags ist es viel leichter, anständige Bayern zu sein. Uns gelingt das wirklich so gut, daß mein Liebster nicht mit seinem eigenen

geliebten Hut nach Hause kommt, einem diskreten Stetson. Statt dessen ist er nun glücklicher Besitzer eines Jägerhutes mit Federn.

Aus dem Norwegischen von Gabriele Haefs

Anne-Marie Berglund

Leben I

Sie stand auf dem Bahnsteig und wollte in den Zug nach Paris einsteigen. Aber sie stieg nicht ein. Ich fahre statt dessen woanders hin, dachte sie, das hatte sie das ganze Leben gedacht. Diesmal gelang es ihr allerdings, heute ist mein Glückstag, und sie ging zurück in die Bahnhofshalle.

Bordeaux war eine finstere und häßliche Stadt: weit vom Bahnhof ins Stadtzentrum, niedrige, schmutzige Häuser, eine Kathedrale, die fast schwarz war, und hinunter zu den Kais kam man noch nicht einmal, die Autobahn und die Fabriken trübten das Wasser. Es war noch nicht lange her, daß sie von Paris aufgebrochen war, um ein wenig herumzureisen, aber es kam ihr vor wie viele Jahre. Das Leben in Hotelzimmern, kreuz und quer durch die Landschaft, alles fing mit jedem Tag wieder von vorn an.

Sie war draußen in dem berühmten Badeort Arcachon gewesen, fast eine Woche geblieben. Um die Jahrhundertwende war er berühmt gewesen, Schriftsteller und Künstler kamen aus Paris dorthin, die große Kurtisane Liane de Pougy erwähnt Arcachon in ihren Memoiren, die hatte sie gelesen, und die Nostalgie hatte sie gepackt. Das Casino unten an der Uferpromenade stand noch, beherbergte aber jetzt ein Maklerbüro, einen Schönheitssalon und ein paar Luxusgeschäfte. Der Park, in dem die Pfauen einhergeschritten waren, hatte sich größtenteils in einen Parkplatz verwandelt.

Es war November, und es regnete ununterbrochen, am ersten Abend quälte sie sich den Pier hinaus. Da draußen stand ein junger Mann in Ölzeug und angelte. Er schaute nicht auf, als sie kam, dennoch waren sie beide die einzigen Menschen, die an dem Abend unterwegs waren.

Danach war ihr klar, daß sie sich an jedem beliebigen Ort allein bewegen konnte, niemand würde aufschauen, noch nicht einmal einen Finger rühren. Es hätte eine Erleichterung sein müssen, sie hatte sich schließlich immer beschwert, daß es für Frauen so schwierig wäre, allein zu reisen.

Fünf Tage lang war sie in dem ehemals vornehmen Badeort herummarschiert in dem Versuch, das Meer zu erleben.

Sie hatte einen Bungalow gemietet, eine kleine Wohnung in einem garagenartigen Hotelanbau. Ihre Unterkunft hatte eine kleine Veranda zum Hinterhof, auf der zwei Plastikstühle standen, den ganzen Tag kein einziger Sonnenstrahl, in der Nacht Eiseskälte aus der Erde durch den dünnen Boden. Aber es gab eine voll ausgestattete Kochnische und ein Schlafzimmer. Fernseher. Bügeleisen. Sogar einen Toaster. Nach mehreren Monaten im Hotel schien es die größte Freiheit zu bedeuten, sein eigenes Essen kochen zu können, kommen und gehen zu können, wann sie wollte, ohne an einer Rezeption vorbeizumüssen.

Sie hatte am ersten Abend für mehrere hundert Franc Lebensmittel eingekauft: Öl, Tomatenmark, Spaghetti, Kognak, Eier, Butter, Gewürze, Wein, Kaffee und so weiter, und der erste Abend war wirklich ein Fest: Marcello Mastroiani im Fernsehen, Kognak nach dem Essen. Das Frühstück am nächsten Morgen war immer noch ein Fest, sie mußte nicht auf die Zeit zwischen sieben und neun achten, nicht an die Putzfrau denken, hier putzte man selbst. Am zweiten Abend ging sie aus, um Austern zu essen, erlitt aber einen der alten Anfälle von Schüchternheit, denen sie entwachsen zu sein glaubte, die bewirkten, daß sie sich nicht traute, das Restaurant zu besuchen, das sie ausgesucht hatte. Statt dessen entschied sie sich für ein Bistro, auf dessen Speisekarte Pizza, Hühnchen mit Pommes frites oder Hamburger mit Ei standen. Sie nahm Hühnchen. Und trank dazu den billigsten Wein. Die ganze Zeit hatte sie das Gefühl, beobachtet zu werden. Es durfte nicht wieder anfangen! Schließlich hatte sie vor, eine Zeit in Arcachon zu bleiben, um den Artikel über das Leben um die Jahrhundertwende in Badeorten zu schreiben, Bibliotheken aufzusuchen, etwas Nachforschung zu betreiben ... Sie zahlte die Rechnung mit zitternden Händen. Da war der Ausgang. Man steht einfach auf und geht hocherhobenen Hauptes geradeaus. Im übrigen waren nur wenig Leute im Restaurant, die alle mit sich beschäftigt waren: ins Glas glotzen, Lottoscheine ausfüllen, Soße mit einem Stück Brot auftunken ...

In dieser Nacht lief schwarze Flüssigkeit aus ihr. Wie sie schon beim dritten Bissen vermutet hatte, war das Hühnchen nicht frisch. Aber sie aß es trotzdem. Sie übergab sich auch – was für ein Glück, daß sie ein eigenes Badezimmer hatte. Das ist gut, dachte sie, so reinige ich den Magen, und morgen geht es mir besser.

Aber als sie am nächsten Tag aufwacht, zittert sie so, daß sie sich kaum Kaffee kochen kann. Sie öffnet die Fensterklappen, Rauhreif auf den Büschen und den vertrockneten Rosen auf dem Beet. Die Eiseskälte vom Fußboden will nicht nachlassen. Sie betrachtet sich im Spiegel, ihr Gesicht hat im Lauf der Nacht eine andere Form angenommen, sie sieht aus wie eine andere.

Hier kann ich auch nicht bleiben! Es gibt vielleicht noch nicht einmal eine Bibliothek in der Stadt, jedenfalls kann ich mich so, wie ich jetzt aussehe, dort nicht blicken lassen.

Doch da sie für fünf Tage bezahlt hat, bleibt sie, weil man das Geld nie zurückbekommt. Wann lerne ich das Voraussehen, denkt sie, ich wußte doch, daß es ein Fehler ist, im November im Parterre zu wohnen, ein *Bungalow* mitten im Winter!

Erleichtert bestieg sie dann den Zug nach Bordeaux. Die Putzfrau fand eine ordentliche Beute von ihr vor, denn sie kaufte weiterhin Lebensmittel ein, als würde sie bis in alle Ewigkeit bleiben; es war beruhigend, den Kühlschrank zu füllen, obwohl sie nach diesem Hühnchen kaum etwas essen konnte.

Jetzt stand sie endlich auf dem Bahnsteig in Bordeaux, es war Zeit, weiter Richtung Norden, Weihnachten und Neujahr zu fahren.

Statt dessen ging sie in die Wartehalle, begann, die Anzeigetafel mit den Abfahrtszeiten zu lesen, gab es keinen Ort, konnte man nicht abweichen ... sich etwas verspäten, nur noch ein kleines bißchen. Und da liest sie La Rochelle. An etwas erinnert sie sich, aber an was ... da will sie hin ... vielleicht ist sie Hellseherin, es muß etwas Historisches sein, sie fühlt sich nach La Rochelle gerufen.

Es gibt keinen Anfang und keinen Schluß. Man bewegt sich auf einer bereits vorgezeichneten Bahn, fließt wie Wasser dahin, schnappt aber mehr nach Luft, es ist mühsam für den Menschen, vorwärtszukommen.

Sie entscheidet sich für ein Abteil, in dem ein Mann allein am Fenster sitzt. Er liest die *Libération* und sieht alltäglich aus, in ihrem Alter, etwas jünger. Er nickt freundlich, hebt ihren Koffer auf die Gepäckablage. Ja, es war richtig, nach La Rochelle zu fahren, das spürt sie.

Als der Zug schon losgefahren ist, kommt eine junge Mutter mit Kind dazu, sie haben viele Tüten und Taschen dabei, die junge Frau ist nervös, zerrt am Kind, verteilt die Tüten um sich, seufzt, wirft die lange, ungepflegte Haarmähne nach hinten ... am Hals ein blauer Knutschfleck.

Das Kind ist auf der Hut, ein kleines Mädchen mit Jungenhaarschnitt und einem trotzigen, blassen, kleinen Gesicht. Es will aus dem Fenster schauen und beugt sich unaufhörlich über den Herrn, le monsieur, wie die Mutter ihn nennt. Hör auf, le monsieur zu stören, Isabelle! Monsieur liest, siehst du das nicht. Und am Ende gibt sie dem Kind eine Ohrfeige.

Da kreuzten sich ihr Blick und der des Mannes, und sie

dachte: Was für ein netter und feinfühliger Mann, denn sie sah schließlich, daß auch er sich über die Ohrfeige aufregte.

Dann bot er dem Mädchen seinen Platz an, ließ sie am Fenster sitzen, damit sie hinausschauen konnte! Nein, sie brauchte nicht hinauszuschauen. Sie ist einfach nur anstrengend, kümmern Sie sich nicht um sie, monsieur!

Aber er hob das Kind ans Fenster, so daß es in seinem Arm die Nase an die Scheibe drücken konnte. Die Mutter schien alles andere als glücklich über diese Aktion zu sein, sie zuckte die Schultern, seufzte: oh, diese Kinder!

Der Mann las genauso ruhig wie vorher seine Zeitung weiter. Er hatte sanfte Gesichtszüge, eigentlich ein fast unansehnliches Gesicht, war fast aschblond. Er trug einen dunkelblauen Pullover mit Hemdkragen darüber und eine klassisch graue Hose. Ihr fiel auf, daß seine Schuhe staubig und ziemlich abgenutzt waren.

Seine Schwäche für Kinder war offensichtlich, obwohl er die ganze Zeit las, hatte er ein wachsames Auge auf das kleine Mädchen, und seine Hand war sofort zur Stelle, falls es wankte oder zu begeisterte Gesten vollführte.

Die kleine weiße Unterhose des Kindes lugte bei der geringsten Bewegung hervor. Es war seltsam, ein Kind mitten im November mit bloßen Beinen herumlaufen zu lassen.

Nächste Station La Rochelle!

Da war die Mutter mit dem Kind schon ausgestiegen, sie waren die kommenden zwanzig Minuten allein im Abteil gewesen. Der Mann war sehr schüchtern, aber sie spürte, daß er eine poetische Ader hatte, ja, so wollte sie es nennen. Sie wußte im Grunde nicht, was mit ihm los war oder mit ihr. Sobald die anderen das Abteil verlassen hatten, stellte ein großes Einvernehmen sich ein, eher gesagt, das Einvernehmen hatte sich schon durch das Kind mit der überforderten Mutter eingestellt. Jetzt lag gewissermaßen eine beginnende Freundschaft in der Luft.

Aber er war schüchtern, und sie hatte Angst, seine Frau könnte warten, denn er hatte dieses übliche Gold an der rechten Hand.

»Bleiben Sie lange in La Rochelle?« fragte er gerade noch im letzten Augenblick.

»Ein paar Tage ...«

»Aha, ich steige hier nur um. Aber ich habe eine Stunde Aufenthalt. Ich will einen Spaziergang machen. ... Wenn Sie nichts dagegen haben, könnten wir vielleicht eine Weile gemeinsam verbringen ...«

Die Rettung! Denn sie hatte Todesangst, wieder einmal in einer neuen Stadt anzukommen, ein Hotelzimmer zu suchen, allein ins Restaurant zu gehen. Nur eine Weile mit diesem fremden Mann würde ihre Ankunftsrituale verändern, so daß sie für diesmal dem Schrecken entging.

Er war nicht besonders gesprächig, aber seine Augen sind ausdrucksvoll grau, eine ungewöhnliche Zärtlichkeit ruht auf seinen Gesichtszügen, als sei er im Grunde ein glücklicher Mann.

Sie schlägt vor, daß sie ihr Gepäck in einem Schließfach unterbringt; so macht sie es immer. Dann, wenn sie ein Zimmer gefunden hat, holt sie es. Er hat nur eine Umhängetasche dabei, nicht besonders schwer, sagt er, die er mitnehmen will. Er ist auf der Reise zu seiner Schwester in Nantes. Sei es, wer es will. Sie hat genug mit ihren Angelegenheiten.

Sie machen einen ausgedehnten Spaziergang durch La Rochelle, kommen zum Strand, dort spielt eine Gruppe von Jungen in kurzen Hosen Ball. Ihre Beine sind frisch sonnenverbrannt und ihre Stimmen heiser, an der Grenze.

Sie sitzen lange in der Nachmittagssonne und beobachten die Jugendlichen. Wer hätte gedacht, daß es November ist. La Rochelle liegt geschützt vor den stürmischen atlantischen Winden, die Stadt scheint wie eine Idylle. Sie weiß nichts über La Rochelle, er sagt, während des Krieges ... Sie hört nicht zu. Sie weiß nichts über La Rochelle.

»Was machst du jetzt?« – Sie sind zum Du übergegangen.

Er stammt aus der Zeit der alten Linken, nach wie vor Mitglied in der Partei, er arbeitet gewerkschaftlich, von Beruf ist er Teleingenieur. Er hat ihr schon einen Stift mit dem Aufdruck Telecome gegeben.

Sie sagt, wie es ist, daß sie sich ein billiges Hotel sucht, denn so macht sie es immer.

»Abenteuerin«, sagt er. Ja, wenn man es denn so nennen will. Sie reist in der Gegend herum und wohnt in verschiedenen Zimmern. Und denkt.

»Mein Leben«, sagt er ... »das ist die Gewerkschaft und die Familie und dann lese ich viel.«

Aber sie trennen sich nicht. Als sie ihren Koffer vom Bahnhof abholen und er zum Bahnsteig gehen will, um in seinen Zug zu steigen, sagt er: »Darf ich eine Nacht mit dir verbringen?«

Sie hat große Angst gehabt, daß er von ihr fortfährt. Vor allem wegen der Sache mit dem Hunger, denn wenn sie wieder einen Anfall bekommt, so daß sie zum Essen nicht in ein gutes Restaurant gehen kann, tja, dann kann sie fast nicht mehr weitermachen.

»Ja«, sagt sie.

»Wir gönnen uns heute abend ein gutes Essen, wenn du willst ...«

Ja. Und alles geht dann viel leichter, ein Hotel finden, ein gutes Zimmer bekommen. Das erste Zimmer ist klein, zum Hof hinaus.

»Wir gehen hinunter und lassen uns ein anderes geben«, sagt er und schwupps, haben sie ein besseres Zimmer. Der Hotelbesitzer ist freundlich, bezahlt werden kann am nächsten Tag. Natürlich. Als sie endlich allein im Zimmer sind, bekommt sie Appetit auf ein Glas. So macht sie das immer. Gießt einen Schluck ins Zahnputzglas und kippt es hinunter. Um sich Mut anzutrinken. Er hat überhaupt keine Übung in solchen Dingen.

»Du trinkst!« sagt er. Er ist aus den Schuhen gestiegen (aus diesen abgelaufenen), und sie stellt fest, daß seine Strümpfe riechen.

»Manchmal«, antwortet sie, »ein Glas im Hotelzimmer.« Sie bereut es, daß sie die Flasche herausgeholt hat. Billiger Rum. In seinen Augen sehr billiger. Aber sie ist es so gewöhnt. Er macht doch schließlich mit, es müssen doch wohl ihre Gewohnheiten gelten. Der Geruch seiner Füße hat schon angefangen, sie zu stören. Eine ganze Nacht soll ich mit diesem Fremden verbringen, denkt sie.

Er beginnt sie zu küssen. Nasse Küsse, wie die eines Kindes oder eines Hundes. »Trink nicht«, sagt er. »Ich möchte gern ein Glas trinken«, sagt sie. »Jeden Tag, überall, wohin ich komme. So ist das.« Er wirft sie auf den Rücken. Alles, was dann geschieht, ist viel zu kompliziert, rein physisch betrachtet, denn wie kann man einen Menschen mißhandeln, ohne daß es auf dem Körper Spuren hinterläßt? Man muß systematisch und brutal zu Werke gehen, aber ohne jemals zuzuschlagen, nur brechen, drücken, hinunterpressen ... Überrumpelt ... ist das nicht das falsche Wort? Sie ist beinahe dankbar. Denn sie ist so ruhig und klug und stark, daß sie nicht in Panik gerät. Sie schreit nicht. Sie schlägt nicht. Hält bloß still. Verbissen. Es dauert Stunden.

An diesem Abend gibt es noch weniger zu essen als an anderen Abenden. Als sie fertig sind, liegt die Dunkelheit dicht vor dem Fenster. Die kleine Stadt La Rochelle schläft. Bloß keinen Alptraum kriegen. Da trinkt sie ihren Rum. Er ist eingeschlafen. Nicht nur seine Füße riechen, sondern der ganze Typ, wie Roquefort. Ihr fällt ein, daß sie gelesen hat, daß Franzosen die phantasievollsten Liebhaber sind und sich am wenigsten waschen.

Ihr Körper ist wie gerädert. So hat er sie angepackt, die Arme geschlossen, die Gurgel zugedrückt, am Haar gezogen – keine Spuren. Ihr auch ins Gesicht gespuckt und »Hure, Luder!« gebrüllt.

Jetzt, da er so friedlich mit seinem aschblonden Kopf auf dem Kissen schlummert, könnte sie einfach die Rumflasche nehmen und da an der Schläfe seine Ruhe öffnen. Aber Frauen machen so etwas nicht. Das gehört nicht zum guten Ton.

Sie frühstücken am nächsten Tag unten im Speisesaal. Er gibt ihr sein Croissant. Er liest mit großem Interesse die Tageszeitung. Sie studiert eine Touristenbroschüre über La Rochelle.

Sie bringt ihn zum Bahnhof. Er hat für sie das Hotelzimmer für zwei weitere Nächte bezahlt. Sie ist dafür dankbar, als habe sie die beiden zusätzlichen Nächte verdient. Als habe sie irgendwie einen Aufschub verdient.

Aus dem Finnlandschwedischen von Dagmar Mißfeldt

Die Autorinnen und Autoren

Kim Fupz Aakeson, geb. 1958 in Kopenhagen. Der fremd erscheinende Name »Fupz« ist eine Verballhornung des Namens seines Vaters, »Fobian«, die ihm als Karikaturist und Zeichner sehr zupaß kam. Nach der Schule und vielen Reisen hat Kim Fupz Aakeson zunächst die verschiedensten Jobs gemacht, bis er als Zeichner und Karikaturist entdeckt wurde. Er absolvierte ein Studium an der Filmhochschule und schreibt seit 1982 in den verschiedensten Genres, u. a. Bilderbuch, Comic, Filmskript und auch Kurzgeschichte und Roman. Besonders für seine Kinderbücher hat er in Dänemark verschiedene Preise bekommen. Auch in Deutschland stand sein Jugendbuch *»Ulla und alles«* (2000 im aare-Verlag erschienen) auf der Auswahlliste für den Deutschen Jugendliteraturpreis, ansonsten sind mehrere Kinder- und Bilderbücher von ihm auf deutsch erschienen. Die Erzählung *»Der Löwe«* wurde entnommen dem Buch *»Dyrekredsen«*, das 1996 von ihm erschien, sie ist übersetzt worden von Christel Hildebrandt.

Hans Alfredson, geb. 1931 in Malmö, unternahm schon als Schüler erste schriftstellerische Versuche, studierte Literatur, Kunstgeschichte und Philosophie, ist als Produzent für Radio- und Fernsehsendungen tätig, lebt in Stockholm und schreibt neben Theaterstücken Romane und Kurzgeschichten, das hier ist seine erste Übersetzung ins Deutsche.

ARNE BERGGREN, geb. 1960 in Oslo, hat als Musiker gearbeitet und diverse Platten und Musikvideos produziert. Außerdem hat er Drehbücher geschrieben, in verschiedenen Zeitungen und Zeitschriften Artikel veröffentlicht und war für Verlage und Werbeagenturen tätig. Er debütierte 1991 mit der Novellensammlung »Frøken brenner«, schreibt seitdem Romane und Kurzgeschichten für Kinder, Jugendliche und Erwachsene.

Die Finnlandschwedin ANNE-MARIE BERGLUND, geboren 1952 in Helsinki, schreibt Prosa und Lyrik. Sie debütierte 1977 mit einer Gedichtsammlung. Sie thematisiert eine weibliche Suche und Verwirklichung von Träumen, die mit Leiden in Zusammenhang stehen. Ihre weiblichen Figuren sind einsame Frauen, die auf unterschiedliche Weise Extase und Ausgrenzung erleben. Leben I ist der Sammlung *Spegeln* (Stockholm 1997) entnommen, und damit liegt erstmals eine deutsche Übersetzung eines ihrer Texte vor.

Der Lyriker und Erzähler ELMER DIKTONIUS (1896, Helsinki – 1961, ebenda), den Brecht einen »finnischen Horaz« nannte, als er ihn im Exil kennenlernte, gehörte der schwedischsprachigen Minderheit Finnlands an, schrieb aber auf finnisch wie auf schwedisch. Er hatte in den zwanziger Jahren, die sozialrevolutionären Töne des deutschen Expressionismus aufnehmend, der Literatur seines entlegenen Landes »ein Fenster nach Europa zu öffnen« versucht. Er gilt als einer der ersten modernen Lyriker der skandinavischen Welt. Im Unterschied zu vielen bürgerlichen Modernisten begriff Diktonius die alte Gesellschaftsordnung nicht nur als erstarrte und überlebte Konvention, sondern auch als »verrotteten Humanismus«, auf dem die Revolution eine neue, sozialistische Gesellschaft aufbauen sollte. Diese sozialrevolutionäre Einstellung zieht sich durch sein gesamtes Werk, so auch durch den Roman *Janne Kubik* (1932, dt. 1990 in der

Übersetzung von K.-J. Liedtke), aus dem das Kapitel *»Kein Spritt«* in diesem Band vorliegt.

SIGMUND DOKSUM, geboren 1949, lebt in Dänemark, debütierte 1976 mit einer Gedichtsammlung, hat seither Sammlungen von Kurzgeschichten und Jugendbücher veröffentlicht. *»Spargel«* ist seine erste Übersetzung ins Deutsche (Originaltitel: *»Asparges«*, erschienen in der Zeitschrift »Forfatteren«).

UNNI DROUGGE, geb. 1957, lebt in Stockholm, kommt aus der Musikszene, gilt als Zeitungskolumnistin und Romanautorin als eine Art Enfant terrible der schwedischen Literatur. In deutscher Übersetzung liegen die Romane *»Meine Freundin sieht das anders«* und *»Hella Hell«* vor (beide Europa-Verlag).

MARIANNE FASTVOLD, geb. 1951, veröffentlichte ihre erste Sammlung von Kurzgeschichten 1991, 1994 erschien ihr auch international erfolgreicher Roman *»Død som en dronte«* (deutsch 1996, *»Tot wie eine Dronte«*, Kabel Verlag), auf norwegisch liegt bisher ein weiterer Roman vor. Die Erzählung *»Fleisch und Liebe«* stammt aus dem Buch *»Dame i Svev«* (1991).

Die Schriftstellerin, Drehbuchautorin, Schauspielerin und Sängerin ANNA-LEENA HÄRKÖNEN (geb. 1965 in Ostbottnien) schrieb ihr erstes Buch, einen Jugendroman, *Häräntappoase* (deutscher Titel: *»Der traurige Skorpion«*, Berlin 1989), bereits mit 18 Jahren. Sie erhielt für dieses später auch verfilmte Werk in der legeren Umgangssprache der Jugendlichen über Probleme mit Eltern, Schule und vor allem mit dem jeweils anderen Geschlecht den finnischen Literaturpreis für das beste Debüt des Jahres. Ihr dritter Roman *Akvaariorakkautta* von 1991 (dt.: *»Aquariumsliebe«*, München 1994) war in Finnland und Schweden ein Bestseller. Auf deutsch liegt auch ihr satirischer Mutter-Tocher-Roman »*Avoimien ovien päivä*« (dt. Titel: »*Herzstechen*«, Stuttgart 2000, Übersetzung: D. Mißfeldt) vor. Die in diesem Band enthaltene Kurzgeschichte »*Der Lottogewinner*« stammt aus ihrer Sammlung *Karusellimatka* aus dem Jahr 1993 und ist von Dagmar Mißfeldt übersetzt worden.

Die Finnin ANNA HEINÄMAA (geb. 1961 in Helsinki) hat zunächst 1989 ihr Studium der Literatur und der russischen Sprache abgeschlossen. Von 1985 bis 1991 lebte sie in Moskau, wo sie u. a. als Reiseleiterin, Dolmetscherin und Aufsicht in einem Spielkasino tätig war. Nach Finnland zurückgekehrt, arbeitet sie seitdem als Schriftstellerin und nebenberuflich als Übersetzerin für Russisch. Ihr Erstlingswerk, der Jugendroman »*Iira*« von 1990, erhielt 1991 den Finnischen Staatspreis. In den vergangenen Jahren sind weitere Romane und auch Hörspiele der finnischen Autorin veröffentlicht worden. In deutscher Übersetzung liegt der Kurzkrimi »*Die Geliebte*« in der Anthologie »*Mord am Fjord*« (München 1994) vor. Ihre Zeit in der ehemaligen Sowjetunion hat Anna Heinämaa mehrfach literarisch verarbeitet, so auch in dem hier von Dagmar Mißfeldt ins Deutsche übertragenen Kapitel »*Ich weiß, was Sie meinen*« aus dem Buch *Marian kirja* (dt.: »*Marias Buch*«, 1991). Seit einiger Zeit lebt Anna Heinämaa auf einem alten Gutshof im Süden Finnlands.

VIGDIS HJORTH, geb. 1957, ungeheuer produktive Autorin, schrieb in den achtziger Jahren zunächst Kinder- und Jugendbücher, seither widmet sie sich in ihren Romanen für Erwachsene vor allem den Wirrungen der modernen Paarbeziehungen. Vielfach ins Deutsche übersetzt, ist zuletzt der Roman »*Drei Frauen und ein Todesfall*«, Goldmann Verlag, 2000 erschienen. Die Skizze »*In Bayern*« *(I Bayern)* stammt aus ihrem Kolumnenband »*En erotisk forfatters bekjennelser*«, 1999, der 2003 im Eiswasser Verlag, Vechta, erscheinen wird, der deutsche Titel steht noch nicht fest).

Svava Jacobsdóttir, geb. 1930, gilt als bedeutendste isländische Autorin der Moderne und wurde mehrmals für den Literaturpreis des Nordischen Rates nominiert. In deutscher Übersetzung liegen bisher nur Novellen in Anthologien vor. Die Erzählung »*Das Fest unter der Steinmauer*«, im Original »*Veizla undir grjótvegg*«, stammt aus dem gleichnamigen Erzählband der Autorin.

Ernst Jensen, geb. 1933 in Dänemark, ausgebildeter Lehrer. Arbeitete von 1959 bis 1985 in Grönland an der Schule. Lebt seitdem wieder in Dänemark, schrieb seine Doktorarbeit über grönländische Kinder in Dänemark in den Sechzigern und Siebzigern. Jensen hat außerdem mehrere Kinder- und Jugendbücher verfaßt.

Jón Sveinbjörn Jónsson, geb. 1955, lebt in Frankreich. Sein erster Gedichtband erschien 1979, seither veröffentlicht er Lyrik, Kinderbücher und Übersetzungen aller Art. Die Erzählung »*Familie, 1974*« wurde speziell für diesen Band geschrieben.

Janina Katz, geb. 1939 in Polen, lebt seit 1969 in Dänemark. Sie hat mehrere Poesiebände, einige Anthologien, eine Autobiographie, einen Roman und ein Kinderbuch herausgebracht. Außerdem übersetzt sie aus dem Polnischen ins Dänische. Immer wieder gerühmt wird ihr engagierter Stil, ihre eindringliche Sprache. Die Erzählung »*Maxie aus Tczew*« ist dem Buch »*Heltens tykke kone og andre historier*« entnommen, das von Janina Katz 1994 erschien. Sie wurde von Christel Hildebrandt aus dem Dänischen übersetzt.

ODD KLIPPENVÅG, geb. 1951, veröffentlichte seinen ersten Roman 1979. Inzwischen liegen mehr als ein Dutzend Romane und Novellenbände vor. Auf deutsch sind bisher nur Erzählungen in Anthologien erschienen. *»Krümel« (»Smuler«)* stammt aus dem Band *»Ingen Fugl Føniks«* von 1981.

ANN MARGARETH LARSEN, 1954–1994, veröffentlichte zwei Romane und einen Band mit Erzählungen. Die Erzählung *»Der Hund« (»Hunden«)* stammt aus dem Band *»Historier fra et ufordragelig liv«* (1994) und ist ihre erste Übersetzung ins Deutsche.

Anni Ylävaara ist der bürgerliche Name der Underground-Schriftstellerin, Malerin, Musikerin und Filmemacherin ROSA LIKSOM (geb. 1958 in Lappland). Mit nur fünfzehn Jahren brach sie aus ihrem Heimatdorf nach Frankreich und New York auf. In Moskau und in Kopenhagen, genauer im autonomen Stadtteil Christiania, wohnte sie und verdiente sich u. a. als Verkäuferin und Kellnerin ihren Lebensunterhalt. Eines ihrer Studienfächer war Ethnologie mit dem Schwerpunkt der soziologischen Betrachtung des Großstadtbewohners; ein Themenbereich, den sie oft literarisch umsetzt. Ihren literarischen Durchbruch hatte sie 1985 mit *»Yhden yön pysäkki« (»Halt für eine Nacht«)*, einer Sammlung von Prosaskizzen. Mit ihren skurrilen, grausamen und verblüffenden Geschichten erregte sie bald im internationalen Literaturbetrieb Aufsehen und wurde in Finnland 1986 zur Künstlerin des Jahres gewählt. Ins Deutsche übersetzt wurden die Bücher *»Unohdettu vartti«* von 1988 (dt. Titel: *»Verlorene Augenblicke«*, Hamburg 1992), *»Tyhjän tien paratiisit«* von 1989 (dt. Titel: *»Schwarze Paradiese«*, Hamburg 1991) und *»Crazland«* (dt. Titel: *»Kreisland«*, Frankfurt 1999). Aus dem Band *»Bama Lama«* von 1997 stammt die Miniatur dieser Anthologie, die Dagmar Mißfeldt übersetzte.

ULF LUNDELL, geb. 1949 in Schweden, ist nicht nur Schriftsteller, sondern vor allem Rocksänger, Gitarrist und Songschreiber. 1976 erregte er mit dem Debüt-Bestseller »*Jack*« großes Aufsehen. Mehrere Romane Lundells – ein später Beat-Autor – sind gleichzeitig Gegenwartsschilderungen und Selbstspiegelungen. Doch viel mehr ist ULF LUNDELL als Rockmusiker bekannt. Seinen sentimentalen Song »*I öppna landskap*« *(»In offenen Landschaften«),* in dem er das sommerliche Schweden idyllisiert, kennt jedes Kind und ist mittlerweile zu so etwas wie der zweiten Nationalhymne Schwedens geworden. In dem vorliegenden Buch ist erstmals ein Lundell-Text auf deutsch in der Übersetzung von Dagmar Mißfeldt abgedruckt.

HENRIK NORDBRANDT, geb. 1945, bekannt vor allem als Lyriker, hat über 20 Gedichtsammlungen veröffentlicht, war viermal für den Literaturpreis des Nordischen Rates nominiert, bekam ihn 2001 für die Lyriksammlung »*Drömmebroer*«. Schreibt außerdem Kurzgeschichten und Kinderbücher, wohnt in Kopenhagen, hat in Italien und der Türkei gelebt.

ARILD NYQUIST, geboren 1937 in Oslo, debütierte 1963, läßt sich in keine literarische Schublade pressen. Phantasie, Sprachspielereien und Humor, unterlegt von dunklem Ernst, sind wichtige Elemente seiner Texte. Arild Nyquist ist sehr originell und sehr norwegisch. Der Text »*Wein in Kabelvåg*« stammt aus der Sammlung »*Kollvikabrev*« (»Briefe aus Kollviken«) von 1978 und ist beim Verlag Aschehoug in Oslo erschienen.

HANNU SALAMA (geb. 1936, Kouvola), in erster Linie Prosaschriftsteller, aber auch Verfasser einiger Gedichtbände und einer Biographie. Er erregte 1964 mit seinem zweiten Roman, in der Manier Millers, »*Juhannustanssit*« *(»Mittsommertanz«),* großes Aufsehen, für den er 1966 wegen

»vorsätzlicher Gotteslästerung« verurteilt und von Präsident Kekkonen begnadigt wurde. Die Rezeption des Buches und die gesellschaftlichen Folgen sind als sogenannter »kirjasota« *(Bücherkrieg)* oder »*salamasota*« *(Salamakrieg)* in die Literaturgeschichte eingegangen. Bis 1990 durfte der Roman auch wegen der erotischen Szenen nur zensiert erscheinen. Im Jahr 1972 erntete er mit seinem sechsten Roman »*Siinä näkijä missä tekijä*« (dt. »*Wie gesehen, so geschehen*«) harsche Kritik, diesmal besonders von der politischen Linken. Salama schilderte hier verbotene kommunistische Untergrundaktivitäten während des Zweiten Weltkrieges, an denen die Elterngeneration beteiligt war. Salamas zwischen 1976 und 1981 entstandener Romanzyklus trägt den ironischen Titel »*Finlandia*« und ist eine heftige Rebellion gegen die Konventionen der Gesellschaft wie der Literatur. 1975 erhielt er den Literaturpreis des Nordischen Rates. Die Kurzgeschichte »*Vor Weihnachten*« (1974) übertrug Dagmar Mißfeldt ins Deutsche.

Der Lyriker, Prosaist und Übersetzer PENTTI SAARIKOSKI (1937, Impilahti – 1983, Joensuu) war die Leitfigur der literarischen Entwicklung im Finnland der sechziger Jahre. Den Durchbruch schaffte er 1962 mit dem Gedichtband *Mitä tapahtuu todella?* (dt.: »*Was geschieht wirklich?*«). Es ist das bedeutendste Werk der radikalen, politisch engagierten Lyrik jener Jahre. Er verwarf den Ästhetizismus des Modernismus und die Idee vom Gedicht als Ergebnis solider handwerklicher Arbeit. Zudem näherte er seine Werke der Alltagssprache an und ließ bewußt die damit verbundene Unbestimmbarkeit und Offenheit zu. Statt sprachlich-ästhetischer Konstrukte schrieb Saarikoski Gedichte, die unmittelbar Stellung zu aktuellen gesellschaftlich-politischen Themen bezogen. Beeinflußt war Saarikoski von den Werken der Autoren, die er auch ins Finnische übersetzt hatte, wie z. B. von J. D. Salingers »*The Catcher in the Rye*«, James

Joyces »*Ulysses*«, aber auch von Henry Millers »*The Clossus of Maroussi*« und »*Tropic of Cancer*«, die 1962 in Saarikoskis Übersetzung erschienen und im puritanischen Finnland sofort beschlagnahmt wurden. Aus dem 1967 veröffentlichten Band »*Aika Prahassa*« *(dt.:* »*Die Zeit in Prag*«*)* ist das hier abgedruckte Kapitel entnommen. Die Übertragung ins Deutsche erfolgte durch Dagmar Mißfeldt.

PETER SEEBERG, 1925–1999, einer der meistgelesenen dänischen Autoren der Gegenwart, schreibt Romane und Erzählungen, die zumeist in seiner jütländischen Heimat spielen, auf deutsch sind erschienen die Romane »*Der Traum vom guten Hirten*«, 1973, »*Am Meer*«, 1981 und »*Die Frau im Fluß*« (1983), lebte in Kopenhagen.

LAILA STIEN, geb. 1946, gilt als eine der größten Novellenkünstlerinnen Norwegens, hat außerdem einen Roman und mehrere Jugendbücher veröffentlicht und sich als Übersetzerin aus dem Samischen profiliert. Auf deutsch liegen neben Texten in Anthologien die Jugendbücher »*Wie pflücke ich eine Butterblume*«, 1997, und »*Mein Bruder, der Champion*«, 2003, beide Sauerländer, vor. Unsere Erzählung stammt aus dem Band »*Vekselsang*«, 1999.

Die Herausgeberinnen

GABRIELE HAEFS (geb. 1954 in Wachtendonk), CHRISTEL HILDEBRANDT (geb. 1952 in Lauenburg) und DAGMAR MIßFELDT (geb. 1964 in Hamburg). Die drei Literatur-Übersetzerinnen aus Hamburg übertragen nicht nur bekannte nordische Schriftstellerinnen und Schriftsteller ins Deutsche, sondern sind bereits ein eingespieltes Team und haben schon einige Anthologien zu verschiedenen Themen herausgegeben.

Racheengel

Krimigeschichten aus Skandinavien. Herausgegeben von Gabriele Haefs, Christel Hildebrandt und Dagmar Mißfeldt. 256 Seiten. Serie Piper

Von den isländischen Familiensagas bis zu den erfolgreichen Krimis der Gegenwart – das Thema Rache hat in der skandinavischen Literatur eine lange Tradition. Hier sind über zwanzig Geschichten der interessantesten Autorinnen und Autoren versammelt: von Arne Dahl, Karin Fossum und Levi Henriksen bis zu Leena Lehtolainen und Åke Edwardson. Sie erzählen von Racheengeln, die erst Ruhe geben, wenn das Unrecht gesühnt ist.

»Wer nordisch-kühle Rachegefühle kosten will, dem sei dieses Buch empfohlen. Wenn der Leser vielleicht selbst Rachegedanken hegt, hier kann er sie beim Lesen abreagieren oder lernen, was er besser nicht täte ...«

05/2248/01/L

Aber das ist eine andere Geschichte – Das große Michael Ende Lesebuch

Herausgegeben von Andrea und Roman Hocke. 352 Seiten. Serie Piper

Mit seinen Figuren Jim Knopf, Momo und der Kindlichen Kaiserin schrieb Michael Ende sich in die Herzen junger und junggebliebener Leser. Noch Jahre nach seinem viel zu frühen Tod 1995 ist er einer der beliebtesten und erfolgreichsten deutschen Schriftsteller der Nachkriegszeit. Dieses große Michael Ende Lesebuch präsentiert das Beste und Schönste aus seinem Werk und bringt uns den Künstler, den Denker und den Menschen Michael Ende nahe. Abgerundet mit bisher unveröffentlichten Texten aus der »Unendlichen Geschichte«, ist es eine Fundgrube für Fans, Wiederentdecker und Neueinsteiger.

05/2033/01/R

SERIE PIPER

Elche am Fjord

Die schönsten norwegischen Wintergeschichten. Herausgegeben von Holger Wolandt. Aus dem Norwegischen von Gabriele Haefs, Christel Hildebrandt, Annika Krummacher, Lotta Rüegger und Holger Wolandt. 272 Seiten. Serie Piper

Schneemänner und winterliche Skiausflüge, unvermutete Begegnungen und ein völlig überraschender Silvesteranruf – all das finden Sie in dieser Zusammenstellung der schönsten und hintergründigsten Wintergeschichten aus Norwegen. Viele bekannte Namen sind enthalten: von Karin Fossum und Jo Nesbø über Jan Kjærstad und Morten Harry Olsen bis zu Klassikern wie Knut Hamsun und Jonas Lie. Sie alle entführen den Leser in die geheimnisvollste Zeit des Jahres im hohen Norden.

05/2166/01/L

Schwedische Appetithappen

Die schönsten kulinarischen Geschichten. Herausgegeben von Holger Wolandt. Aus dem Schwedischen von Hedwig M. Binder, Susanne Dahmann, Annika Krummacher, Lotta Rüegger und anderen. 272 Seiten, mit Rezepten. Serie Piper

Vom sommerlichen Smörgåsbord bis zum traditionellen Weihnachtsessen spannt sich der kulinarische Bogen in dieser einzigartigen Sammlung. Holger Wolandt hat die schönsten Geschichten rund ums Essen zusammengestellt – von schwedischen Klassikern wie Carl Michael Bellman, August Strindberg oder Hjalmar Söderberg bis zu den großen Autorinnen und Autoren der Gegenwart: Henning Mankell, Astrid Lindgren, Per Olov Enquist und Kerstin Ekman. Im Anhang finden sich die leckersten Rezepte zum Nachkochen. Und bei eingelegtem Hering, Janssons Versuchung und dem obligatorischen Schnaps kann man nur noch wünschen: »Skål och smaklig måltid!«

05/2167/01/R

SERIE PIPER

Freche Weihnachtsengel

Schöne Bescherungen. Herausgegeben von Nicola Sternfeld. 224 Seiten. Serie Piper

Zum Fest der Liebe darf man sich etwas wünschen. Wer das ganze Jahr brav war, bekommt an Heiligabend vom Weihnachtsmann viele Geschenke. Julia ist besonders gespannt: Erfüllt sich ihr Herzenswunsch von einem hübschen Mann, bett- und alltagstauglich? Wirklich brav war sie ja nicht … Oder Franziska: Sie behält den feschen Weihnachtsmann gleich da und macht es sich mit ihm unterm Christbaum gemütlich. Erfolgsautorinnen wie Gaby Hauptmann, Susanne Mischke oder Franziska Stalmann erzählen von verführerischen Nikoläusen, Weihnachtsmännern und blonden Engeln, die das Fest der Liebe wörtlich nehmen.

05/1875/01/L

Freche Weihnachtsbengel

Schöne Bescherungen. Herausgegeben von Nicola Sternfeld. 224 Seiten. Serie Piper

Ohne freche Weihnachtsbengel wäre das Fest der Liebe nur halb so schön: Mit Punschtrinken und leckeren Plätzchensünden vertreiben wir uns die Adventszeit und zählen die vierundzwanzig Türchen, bis wir uns endlich ins kleine Schwarze werfen und den feschen Weihnachtsmann begrüßen dürfen. Da ist zum Beispiel der attraktive Sportstudent Jens, der als Weihnachtsmann seine Kasse aufbessert und bei seinem ersten Besuch gleich in den Armen von Laura versinkt, oder Stefan, der seine Barbara mit einem ganz besonderen Geschenk überrascht … Erfolgsautorinnen erzählen von frechen Weihnachtsbengeln, die uns das Fest der Liebe versüßen.

05/1876/01/R

Süßer die Katzen nie schnurren

Die schönsten Katzengeschichten zum Fest. Herausgegeben von Jone Heer. 224 Seiten. Serie Piper

Wie schläft es sich wohl in der Nacht vor Weihnachten als Mensch im Feliday Inn? In was für Nöte kann einen ein gebildeter Kater bringen? Und wird der geliebte Stubentiger wohl dies Jahr Ihren Geschmack bei der Auswahl des richtigen Weihnachtsgeschenks treffen? Berühmte Autorinnen und Autoren von Ruth Rendell und Robert Gernhardt bis zu Ian McEwan, T. S. Eliot und Klaus Modick schreiben über winterliche Samtpfoten und Stubentiger.

Eine unterhaltsame und einzigartige Sammlung von Geschichten für die schönste Zeit des Jahres.

05/2270/01/L

Sergio Bambaren

Stella

Ein Weihnachtsmärchen. Aus dem Englischen von Barbara Röhl. 94 Seiten mit 10 farbigen Illustrationen von Heinke Both. Serie Piper

Die kleine Taube Stella leidet darunter, anders als alle anderen zu sein, denn statt eines schneeweißen Federkleides schillert ihr Gefieder in allen Farben des Regenbogens. Doch ausgerechnet sie hat den Menschen eine ganz besondere Botschaft zu überbringen.

Der Bestsellerautor Sergio Bambaren erzählt voller Wärme davon, was jeder einzelne zu geben vermag, wenn er an sich selbst und den Sinn der Schöpfung glaubt. Zauberhafte Illustrationen machen dieses Buch zu einem wunderschönen Weihnachtsgeschenk.

Vom Autor des Weltbestsellers »Der träumende Delphin«

05/1527/01/R

SERIE PIPER

SERIE PIPER

Helge Timmerberg

Tiger fressen keine Yogis

Stories von unterwegs. Mit einem Vorwort von Sibylle Berg. 256 Seiten. Serie Piper

Daß Helge Timmerbergs Leben eigentlich ein einziger langer, wilder und bunter Trip durch innere und äußere Welten ist, davon zeugt dieses Buch. Er hat Waffenschieber, Flamencotänzerinnen und Drogenbarone getroffen, ist nach Indien, Japan, Marokko und Andalusien gereist, um in seinen Stories den Geist verschiedener Kulturen, Länder und Menschen einzufangen. Schräg, manchmal nachdenklich, aber niemals langweilig sind die erfolgreichen und abenteuerlichen Reisereportagen dieses modernen Nomaden.

»Es ist in der Tat so, daß man beim Lesen anfängt, die guten Sätze zu unterstreichen, und bald ist die Hälfte des Buchs unterstrichen, und dann schaut man sich die restlichen Sätze an und stellt fest, daß die eigentlich auch sehr gut sind.«
Süddeutsche Zeitung

05/1890/01/L

Jakob Hein

Antrag auf ständige Ausreise

Mythen der DDR. 160 Seiten mit 30 Illustrationen von Atak. Serie Piper

Erich Honecker wollte seine sozialistische Heimat in Richtung Westen verlassen und soll dazu einen förmlichen Ausreiseantrag gestellt haben? Im legendären Transitabkommen hat es eine teuflische Geheimklausel gegeben, nach der die DDR westdeutsche Kinder bei Verlassen der Transitautobahn automatisch zur Adoption freigeben durfte? Die Geschichte der Deutsche Demokratischen Republik steckt voller unglaublicher Geschichten – die unerhörtesten davon versammelt der Schriftsteller und gebürtige Leipziger Jakob Hein in diesem Buch!

»Das ist ein Schreiben, das auf der Achse Robert Gernhardt, Eckhard Henscheid, Max Goldt liegt.«
Tagesanzeiger

05/2153/01/R